A

Affaires à suivre

Cours de français professionnel
de niveau intermédiaire

HACHETTE
Français langue étrangère
http://www.fle.hachette-livre.fr

Couverture : Peplum

Conception graphique et réalisation : Anne-Danielle Naname

Illustrations : Philippe Outin

Photos et crédit photographique : Club Méditerranée p. 46 et Lucas Schiffres
pour les autres photos

Secrétariat d'édition : Cécile Botlan

Cartographie : Philippe Valentin

Photogravure : Tin Cuadra

Remerciements de l'éditeur aux sociétés suivantes : Accor, Arthur Andersen, Badoit, Evian, Exposima, General Merchants, Image Sept, Nina Ricci, Teletech.

Remerciements aux personnes suivantes pour leur contribution : Annie Berthet, Elisabeth Bonvarlet, Anne Couvert, Isabelle Lallemand et Urs Widmer.

Pour découvrir nos nouveautés, consulter notre catalogue en ligne,
contacter nos diffuseurs, nous écrire, rendez-vous sur Internet :
www.fle.hachette-livre.fr

ISBN : 2-01-155164-1
© Hachette Livre 2001, 43, quai de Grenelle, F75905 Paris Cedex 15

Avant-propos

Affaires à suivre est un cours de français professionnel qui couvre 150 heures environ et qui mène l'étudiant au niveau intermédiaire (niveau « seuil » ou B1 du cadre européen commun de référence). Il fait suite à la méthode *Comment vont les affaires* et prépare aux nouveaux examens de la Chambre de Commerce et d'Industrie de Paris : le CFP (Certificat de Français Professionnel) et le DFA 1 (Diplôme de Français des Affaires 1er degré). *Affaires à suivre* permet de travailler à son rythme, et d'acquérir les savoir-faire et savoir-être en milieu professionnel.

Affaires à suivre propose trois modules de cinq unités chacun : **Découvertes**, **Pratiques** et **Ouvertures** qui reprennent différents aspects de la vie économique et de la vie des entreprises. Chaque module peut être traité séparément, ce qui laisse à l'enseignant une autonomie dans le choix des thèmes et des objectifs linguistiques. Dans chaque unité, les mêmes rubriques sont reprises, ce qui permet à l'apprenant de se repérer facilement tout au long de son apprentissage.

Affaires à suivre a pour particularité de présenter l'apprentissage de la langue sous la forme d'un certain nombre de tâches à effectuer. L'apprenant réagit à des situations professionnelles notamment au travers de la rubrique « Cas pratiques » qui développe les savoir-faire professionnels.

Affaires à suivre propose aussi à la fin de chaque unité une rubrique « Testez-vous » pour préparer activement le CFP et le DFA 1. Le cahier d'entraînement permet de se préparer à ces deux examens.

Affaires à suivre est avant tout un outil indispensable et complet pour l'apprentissage de la langue française en milieu professionnel et l'obtention du CFP et du DFA 1 de la CCIP. Il est le garant et l'assurance de votre propre succès.

Guilhène MARATIER-DECLETY
Directrice des Relations Internationales/Enseignement
Chambre de Commerce et d'Industrie de Paris

Les examens de français des affaires et des professions

Les examens de français des affaires et des professions testent l'aptitude à utiliser le français dans plusieurs domaines de la vie professionnelle et à des niveaux différents

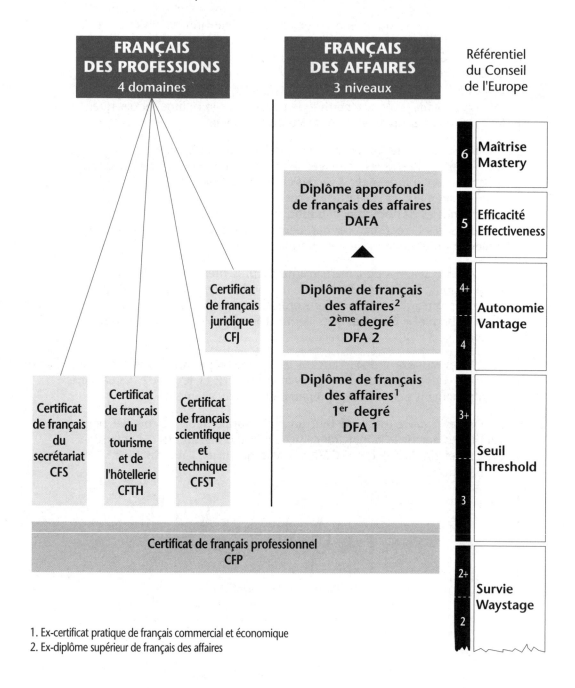

1. Ex-certificat pratique de français commercial et économique
2. Ex-diplôme supérieur de français des affaires

Sommaire

Module 1
Découvertes

Module 2
Pratiques

Module 3
Ouvertures

La France économique

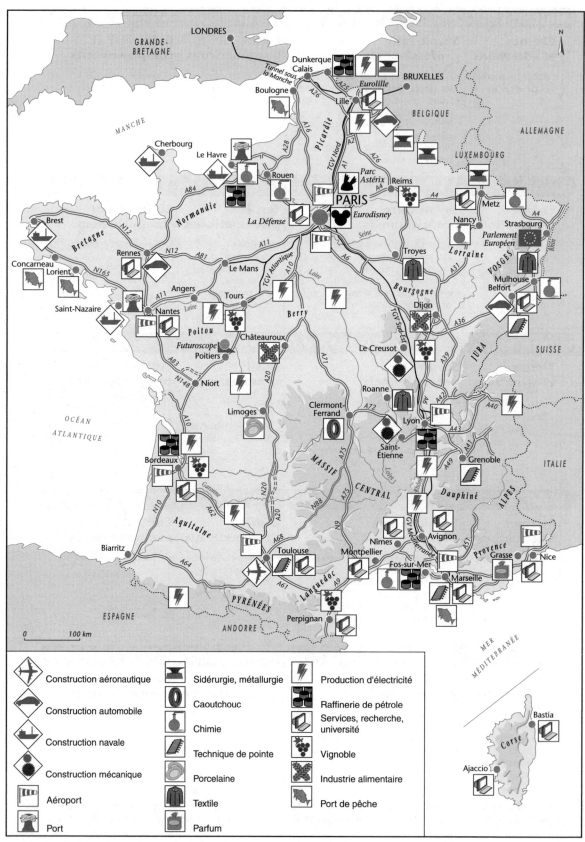

module 1

Découvertes

Contrats d'apprentissage

unité 1

Accueillir un visiteur

Thèmes et situations	Savoir-faire professionnels	Outils grammaticaux	Documents professionnels
• L'accueil dans l'entreprise	• Se présenter à l'accueil • Demander l'identité d'un visiteur • Accueillir un visiteur • Filtrer / éconduire • Faire patienter • Orienter un visiteur	• Éviter des répétitions : deux pronoms compléments	• Ordre de mission, message téléphonique • Annuaire interne • Fiche de visite, notes, badge

unité 2

Découvrez l'entreprise

Thèmes et situations	Savoir-faire professionnels	Outils grammaticaux	Documents professionnels
• L'organigramme de l'entreprise • L'entreprise : activité, forme juridique, chiffres-clés…	• Présenter des collègues, des collaborateurs • Parler de son travail • Présenter l'entreprise	• Donner des précisions : les pronoms relatifs qui, que, où, dont • Les pronoms relatifs composés	• Présentation sur Internet, articles de presse, rapport d'activité, fiches de renseignements • Tableau des principales formes juridiques des entreprises françaises

unité 3

L'environnement de l'entreprise

Thèmes et situations	Savoir-faire professionnels	Outils grammaticaux	Documents professionnels
• Les locaux de l'entreprise • L'accès à l'entreprise	• Demander et indiquer son chemin • S'orienter dans l'entreprise • Organiser son espace de travail	• Situer un lieu : les prépositions de localisation • Exprimer un besoin, une nécessité. • Faire des recommandations	• Articles de presse, plans, e-mails • Fiche de renseignements

unité 4

Rechercher un emploi

Thèmes et situations	Savoir-faire professionnels	Outils grammaticaux	Documents professionnels
• Recherche d'un emploi • Entretien d'embauche	• Parler de son travail, de son expérience, de ses projets • Commenter des graphiques • Rédiger une annonce • Rédiger un curriculum vitæ, une lettre de motivation	• Raconter des actions passées : le passé composé et l'imparfait • L'accord du participe passé	• Lettres de motivation, curriculum vitæ, petites annonces, site Internet • Graphiques

unité 5

Les relations dans le travail

Thèmes et situations	Savoir-faire professionnels	Outils grammaticaux	Documents professionnels
• Les conditions de travail : le salaire, les congés, les horaires, la formation • Le licenciement	• Demander un congé • Parler de ses conditions de travail • Comprendre un règlement intérieur, une procédure de licenciement	• Indiquer une action possible mais pas certaine : le subjonctif présent / passé	• Règlement intérieur • Lettres d'engagement, de licenciement, de demande de congé formation

Accueillir un visiteur

situations

1 Bienvenue chez *Infotec*

Société **Infotec** Annuaire interne			
Personne	**Fonction**	**Bureau**	**Étage**
M. Pierre Brisard	directeur informatique	112	1er
M. Marc Delarue	directeur administratif et financier	225	2e
M. Jean Dialo	responsable des ventes	117	1er
M. Benoît Ferniot	responsable du marketing	224	2e
M. Christian Hubert	directeur général	116	1er
Mme Isabel Mendes	responsable de projets	114	1er
Mme Claire Mérat	contrôleur de gestion	227	2e
Mme Françoise Picard	directrice des ressources humaines	226	2e
Mme Carla Pons	secrétaire	223	2e
M. Toi Tran	responsable de la fabrication	113	1er
Mme Chrystèle Véron	directrice commerciale	115	1er

Quatre visiteurs se présentent à l'accueil de la société *Infotec,* fabricant de logiciels.

Dialogue 1

– Bonjour Monsieur.
– Bonjour Madame. Je suis Bertrand Coste de l'agence de publicité *Eurosis.* J'ai rendez-vous avec M. Ferniot à 10 h 30.
– Un petit instant, s'il vous plaît. J'appelle son secrétariat.
...
– Madame Pons ? C'est l'accueil. M. Coste de l'agence de publicité *Eurosis* est arrivé. Il a rendez-vous avec M. Ferniot.
– Bien. Je viens le chercher immédiatement. Pouvez-vous le prier d'attendre un instant ?
...
– Si vous voulez bien attendre, M. Ferniot va vous recevoir dans quelques minutes.

situations

Dialogue 2

– Bonjour Monsieur.

– Bonjour Madame. J'aimerais rencontrer votre directeur s'il vous plaît.

– Vous êtes Monsieur... ?

– Monsieur Morot des établissements *Datanet*.

– Vous avez rendez-vous ?

– Non, mais je suis de passage à Genève et j'aimerais lui présenter notre nouvelle gamme d'imprimantes.

– Je suis désolée mais c'est impossible pour le moment. M. Brisard, notre directeur informatique, est en réunion toute la matinée. Vous serait-il possible de repasser en fin d'après-midi vers 18 heures ? Je le préviendrai.

– Bon d'accord. Je vous laisse notre brochure. Pourriez-vous la lui remettre avant ce soir ?

– Bien sûr. Vous pouvez me la donner. Je la lui transmettrai.

– Je vous remercie. Au revoir Madame.

Dialogue 3

– Ah ! vous voilà, Monsieur Duroc.

– Oui. Bonjour Madame. Mme Pons m'a appelé. Elle doit m'attendre.

– Oui... en effet. Son ordinateur est en panne depuis hier soir et elle a des documents urgents à taper. Vous pouvez monter. Son bureau se trouve au deuxième étage, juste en face de l'ascenseur. Je la préviens de votre arrivée.

Dialogue 4

– Bonjour Madame.

– Bonjour Mademoiselle. Que puis-je faire pour vous ?

– J'ai reçu une convocation. Je dois passer un entretien d'embauche avec Mme Picard.

– Votre nom, s'il vous plaît ?

– Claire Dautry.

– Oui, un moment s'il vous plaît... En effet, vous avez rendez-vous à 14 h 30. Je la préviens. Je vous en prie, asseyez-vous. On va venir vous chercher.

❶ Avez-vous bien compris ?

Écoutez les dialogues, choisissez dans la liste et notez la lettre du visiteur qui correspond à chaque situation.

Situation 1 : ...   Situation 3 : ...

Situation 2 : ...   Situation 4 : ...

a. Une candidate à un emploi   e. Un publicitaire

b. Un directeur des ressources humaines   f. Une secrétaire

c. Un directeur   g. Un réparateur

d. Une hôtesse d'accueil   h. Un représentant

situations

❷ **Une hôtesse accueillante**

Accueillir un visiteur, c'est savoir le recevoir, le renseigner, l'orienter, parfois l'éconduire et aussi filtrer les visites.

1. Associez le mot à sa définition.

orienter •   • refuser la demande de quelqu'un
filtrer •   • contrôler, s'assurer que le visiteur / la visiteuse peut être reçu(e)
éconduire •   • diriger jusqu'à la personne ou jusqu'au service concernés

2. Que fait l'hôtesse d'accueil ? Que dit-elle ? 🔲
a. Écoutez les dialogues et cochez la (les) bonne(s) réponse(s).

	Situations			
	1	2	3	4
Elle salue le visiteur / la visiteuse	X			
Elle lui demande son identité				
Elle l'oriente				
Elle filtre les visites	X			
Elle éconduit le visiteur / la visiteuse				
Elle le (la) fait patienter	X			
Elle lui fixe un rendez-vous				

b. Écoutez et trouvez les expressions dans les dialogues. 🔲
1. Pour accueillir le visiteur.
2. Pour lui demander son identité.
3. Pour lui demander de patienter.
4. Pour filtrer les visites .
5. Pour éconduire le visiteur.
6. Pour l'orienter.

❸ **Le badge**
Vous travaillez à l'accueil et vous devez établir un badge d'accès pour chaque visiteur.
Lisez les quatre situations, observez l'annuaire interne (page 11) et complétez la fiche de visite.

Société **Infotec**

Destinataire : ....
Service : ....
Bureau : ....   Étage : ....
Nom du visiteur : ....
Fonction : ....
Société : ....
a rendez-vous à .... heures ....
n'a pas rendez-vous ☐
Objet de la visite : ....
....
....
....

Société **Infotec**   VISITEUR
Nom du visiteur : Claire DAUTRY
Nom de la personne visitée : Françoise PICARD
(signature au dos SVP)
Date : 15/3
Heure d'entrée : 14 h 30
Heure de sortie :

outils · outils · outils

Comment dire

● **Se présenter à l'accueil**
- Bonjour, Madame / Mademoiselle / Monsieur.
- Je suis Mme... de la société... / des établissements...
- J'ai rendez-vous avec...
- Je dois rencontrer / voir votre directeur / Mme...
- Je suis attendu(e) par...

● **Accueillir et demander l'identité d'un visiteur**
- Bonjour Madame / Mademoiselle / Monsieur.
- Que puis-je faire pour vous ? – Vous désirez ?
- Puis-je vous être utile ? – Je peux vous aider ?
- Vous êtes Mme... ?
- Pouvez-vous me donner votre nom ?
- Vous êtes de quelle société ?

Comment dire

● **Orienter un visiteur**
- Son bureau se trouve au troisième étage...
- Le bureau de... est à votre gauche / à votre droite en sortant de l'ascenseur.
- Vous montez au deuxième étage, ce sera la troisième porte sur votre gauche.
- C'est juste en face de l'ascenseur.
- Vous prenez l'ascenseur jusqu'au deuxième étage.
- Vous allez prendre l'escalier.

❶ La bonne direction

Vous devez indiquer aux visiteurs d'*Infotec* où se trouve le bureau de la personne qu'ils souhaitent rencontrer.

Regardez l'annuaire interne (page 11) et le plan. Jouez les scènes à deux.

1. Mme Tambrin vient présenter une nouvelle publicité à M. Ferniot.
2. M. Girard, expert comptable, doit vérifier les comptes de l'entreprise avec Mme Mérat.
3. M. Ivanov apporte les résultats du dernier test produit à Mme Mendes.
4. Mlle Tania est une nouvelle employée : elle doit signer son contrat de travail avec Mme Picard.
5. M. Lebrun vient assister au conseil d'administration, il a rendez-vous avec M. Hubert.

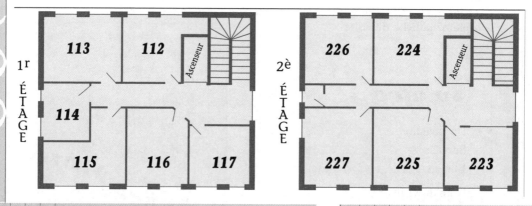

Comment dire

● **Filtrer des visites et éconduire**
- Vous avez / aviez rendez-vous ?
- À quel sujet souhaitiez-vous rencontrer / voir M. ... ?
- Puis-je connaître le motif de votre visite ?
- Mme... ne peut pas vous recevoir } aujourd'hui.
      est en réunion / occupée } actuellement.
      est absente } pour toute la journée.
      n'est pas dans son bureau

Comment dire

● **Faire patienter**
- Si vous voulez bien attendre,...
- M. ... va vous recevoir dans quelques minutes.
- Je vous en prie, asseyez-vous.
- La secrétaire de M. ... vient vous chercher.
- Un instant, s'il vous plaît.

❷ À l'accueil de la société *Infotec*

Vous travaillez à l'accueil de la société *Infotec*.
Regardez les documents qui sont sur votre bureau et jouez les scènes à deux.

> ### Note
>
> *Je suis en rendez-vous à l'extérieur. Je ne serai pas là avant 16 h.*
> *Jean Dialo*

> ### Message téléphonique
>
> **À :** Mᵐᵉ Isabel Mendes
> **De :** M. Pierre Brisard
> **Objet :**
> M. Brisard a un empêchement d'ordre personnel, il ne viendra pas au bureau aujourd'hui.
> Il vous demande de recevoir les visiteurs éventuels.

1. M. Costa, représentant de la société *Intext*, a rendez-vous à 15 h 30 avec M. Dialo, le responsable des ventes.

2. Mᵐᵉ Gildas de chez *Publicis* n'a pas de rendez-vous. Elle souhaite voir d'urgence la directrice commerciale, Mᵐᵉ Véron, pour mettre au point la prochaine campagne publicitaire.

3. M. Hervé de la société *Infonet* vient présenter un nouveau modèle d'ordinateur au directeur informatique, M. Brisard.

> ### Ordre de mission
>
> Nom : **Véron**
> Prénom : **Chrystèle**
> Pays de mission : **Suède**
> Durée : **5 jours**

Deux pronoms compléments qui se suivent

- Pour éviter des répétitions, on peut remplacer un nom complément d'objet direct et un nom complément d'objet indirect par les pronoms correspondants.

Ordre des pronoms dans la phrase : COI + COD
Je veux que tu me le rendes.
Pierre te l'a donné.
La secrétaire vous les apporte tout de suite.
Pouvez-vous nous la vendre ?

> **COD + COI**
> **Quand le COI est à la 3ᵉ personne (lui, leur) :**
> *Le directeur le lui avait pourtant dit.*
> *Vous les leur remettrez demain.*
>
> **Avec le verbe à l'impératif affirmatif :**
> *donne-le-moi, donne-la-lui, donnez-les-nous…*

❸ Pour ne pas répéter plusieurs mots
Écoutez la situation 2 (p.12) et répondez.

1. Qui prononce les paroles suivantes ?
   – Pourriez-vous **la lui** remettre ?
   – Vous pouvez **me la** donner.

2. Que représentent dans la situation les pronoms en couleur ?

3. Cochez la bonne réponse.
   Les pronoms compléments indirects sont :
   toujours placés en 2ᵉ position ☐
   cela dépend ☐
   toujours placés en 1ʳᵉ position ☐

❹ Des documents à transmettre
Vous travaillez à l'accueil de la société *Infotec*. Plusieurs personnes vous demandent de transmettre des documents.

Écoutez les phrases et répondez.

Exemple : – Pourriez-vous donner ce catalogue à M. Hubert ?
*– Bien sûr, je **le lui** donne tout de suite.*

Des conseils à suivre

❶ À vous de retrouver le bon conseil !
Associez chaque photo au texte qui correspond.

a.

1. L'hôtesse doit prendre la parole la première avec une formule d'accueil et demander immédiatement à chaque visiteur ce qu'il désire. Si elle est déjà occupée, elle doit faire comprendre par un signe ou un sourire qu'elle a remarqué le nouvel arrivant et qu'elle va s'occuper de lui au plus tôt.

2. La réception est une vitrine pour l'entreprise. Ce qui exige que l'hôtesse ait une tenue correcte, un minimum de politesse et surtout qu'elle montre son désir de satisfaire la clientèle. Elle doit se concentrer sur ce que dit le visiteur.

b.

c.

3. La simple politesse exige que la conversation avec le visiteur ne soit pas interrompue avant la fin. S'il faut vraiment répondre à la question d'un collègue ou tout simplement décrocher le téléphone qui sonne, l'hôtesse ne devra pas oublier de s'en excuser.

d.

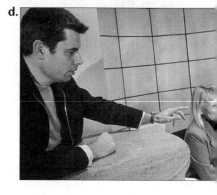

4. Le comptoir de la réception ne doit pas être encombré de papiers, de catalogues ou de paquets. Il doit être aussi propre que possible. Pour être encore plus accueillant, on peut aussi y placer un joli bouquet de fleurs.

❷ Formation
Une nouvelle hôtesse d'accueil vient d'être embauchée dans votre entreprise.
Vous lui donnez des conseils pour bien accueillir les visiteurs : vous lui dites ce qu'il faut faire et ce qu'il ne faut pas faire.
Jouez la scène.

2 Avez-vous le sens de l'accueil ?

Dites à quels conseils correspondent les différents commentaires.

Conseils

1. Avant la visite, il est nécessaire de confirmer à votre visiteur le rendez-vous par écrit.
2. L'entrée du bâtiment doit être visible et repérable.
3. Le hall d'accueil doit être convivial et chaleureux.
4. Il faut que l'hôtesse d'accueil soigne le premier contact.
5. Limitez le plus possible le délai d'attente.
6. Veillez à indiquer le trajet pour rejoindre votre bureau.
7. À la fin de l'entrevue, vous devez raccompagner votre visiteur.

Commentaires

a. N'encombrez pas le hall d'accueil de plantes vertes, de tableaux ou d'autres décorations. Prévoyez un endroit où le visiteur pourra s'asseoir avec des sièges confortables et des journaux, un téléphone, des boissons chaudes et froides.

b. Utilisez le plus possible votre logo, indiquez le chemin à suivre avec des flèches : dans une zone industrielle tous les bureaux se ressemblent.

c. Proposez un taxi à votre visiteur. Remerciez-le de sa venue et n'oubliez pas d'envoyer les documents demandés.

d. Sauf cas exceptionnel, il ne faut pas faire attendre le visiteur plus de dix minutes. Il ne suffit pas que l'hôtesse chargée de faire patienter présente ses excuses. Elle doit proposer un café, annoncer un délai précis et rappeler à la personne concernée que son visiteur attend.

e. Précisez votre adresse, l'heure du rendez-vous et vos coordonnées ; joignez un plan d'accès qui indique le meilleur itinéraire, les transports en commun, la station de taxi et le parking les plus proches.

f. Évitez tout ce qui crée une « frontière » entre le visiteur et le personnel d'accueil : un comptoir trop haut, une paroi de verre... Donnez chaque jour à l'accueil la liste des visiteurs.

g. L'idéal est de venir chercher soi-même le visiteur à l'accueil ou d'envoyer son assistante, au moins à la sortie de l'ascenseur. C'est à la signalétique, aux couloirs bien éclairés et dégagés de cartons ou de machines, au sourire des personnes qui prennent le temps de vous renseigner qu'on reconnaît les entreprises qui savent recevoir les visiteurs.

D'après *L'Entreprise*, n°117.

3 Un questionnaire de satisfaction

Pour savoir si leurs clients sont bien accueillis, les hôteliers et les restaurateurs peuvent leur présenter un questionnaire de satisfaction. Badoit, une marque d'eau minérale servie dans les restaurants, propose de les aider à rédiger ces questionnaires.

cas pratiques

Huit conseils pour faire simple, rapide et efficace

1. Choisissez trois ou quatre points précis de l'accueil : l'attente, l'hôtesse, la salle…

2. Faites court : le questionnaire doit pouvoir être rempli en quelques minutes, pour ne pas décourager le répondant et être facile à traiter.

3. Préférez les questions à choix multiple aux questions ouvertes.

4. Laissez tout de même une question ouverte pour que vos visiteurs puissent s'exprimer librement et faire des suggestions.

5. Prévoyez une zone facultative où les visiteurs préciseront leurs coordonnées.

6. Expliquez au début du questionnaire le but de l'enquête (améliorer le service) et remerciez le répondant pour sa collaboration.

7. N'imposez pas le questionnaire, mais laissez-le à la disposition des visiteurs au comptoir d'accueil, dans une salle d'attente, au secrétariat des étages… N'oubliez pas de prévoir de quoi écrire, à portée de la main. Chercher un stylo est déjà une démarche !

8. Exploitez les résultats de l'enquête : retenez quelques points d'amélioration qui serviront de base de discussion avec votre équipe.

D'après les formations de Badoit à la qualité de service dans la restauration.

Vous travaillez dans un restaurant.
En vous appuyant sur les six premiers conseils de ce document, rédigez le questionnaire qui vous permettra de savoir si vos clients sont bien accueillis dans votre établissement.

Entraînez-vous à l'oral

● **À votre service !**
Vous travaillez dans une agence de location de voitures. Vous accueillez les clients et vous les renseignez sur les tarifs.
– Un(e) client(e) souhaite louer une voiture pour emmener sa famille en week-end.
– Un homme d'affaires a besoin d'une voiture pour la journée en arrivant à l'aéroport de Nice.
– Un couple veut faire un voyage de dix jours en France et désire laisser la voiture dans une autre ville que celle du départ.
Jouez la scène.

Cat.	Modèles	FORFAIT WEEK-END			FORFAIT SEMAINE		FORFAIT AFFAIRES	
		2 jours	3 jours	4 jours	5-6-7 jours	jour supp	1 jour	km supp.
A	Opel Corsa 3 portes, Renault Twingo	171,51 €	173,79 €	211,90 €	277,44 €	34,15 €	102,90 €	0,31 €
C	Renault Mégane, Volkswagen Golf	215,72 €	218 €	251,54 €	342,99 €	42,23 €	129,58 €	0,31 €
E	Renault Safrane, Opel Omega, Volkswagen Passat	343,01 €	345,30 €	402,47 €	518,30 €	63,72 €	174,55 €	0,38 €
M	Mercedes E 240 Élégance	564,06 €	566,35 €	707,36 €	899,40 €	110,68 €		0,53 €
N	Volkswagen Combi	501,71 €	504 €	548,51 €	652,44 €	80,34 €		0,33 €
O	Renault Espace, Citroën Évasion	407,04 €	409,33 €	466,49 €	603,66 €	74,24 €	219,53 €	0,33 €

• Ces tarifs incluent : 250 km par jour ; la TVA ; le retour à l'agence de départ.
• Le forfait affaires inclut le supplément Aéroport.
• Le retour du véhicule dans une agence différente de celle de départ est possible. Dans ce cas un montant forfaitaire de 60,98 € est à ajouter au prix de la location.

Infos

Jeu-test

Êtes-vous accueillant ?

	oui	non
1. Allez-vous chercher votre visiteur dans le hall d'entrée ou à l'ascenceur ?	☐	☐
2. Êtes-vous facile à identifier (par un badge, un nom sur la porte…) ?	☐	☐
3. Arrêtez-vous votre travail ou la discussion en cours pour commencer la réunion à l'heure ?	☐	☐
4. Avez-vous pensé à réserver une salle ou à dégager une place suffisante dans votre bureau ?	☐	☐
5. Vous levez-vous pour accueillir le visiteur et lui proposer une place avant de vous asseoir à côté (et non en face) de lui ?	☐	☐
6. Avez-vous donné la consigne de ne pas être dérangé pendant l'entretien ?	☐	☐
7. Avez-vous préparé les documents nécessaires à la réunion ?	☐	☐
8. Pensez-vous à lui proposer à boire, et avez-vous prévenu votre secrétaire qu'elle devait prévoir des boissons ?	☐	☐
9. Vous efforcez-vous de le mettre à l'aise et de répondre à ses attentes : rassurer celui qui est inquiet, répondre vite à celui qui est pressé ?	☐	☐

SALLE DE RÉUNION

JE VOUS RACCOMPAGNE ?

	oui	non
10. Raccompagnez-vous votre visiteur (au moins jusqu'à l'ascenceur) ?	☐	☐
11. Envoyez-vous immédiatement les documents promis, avec un mot de remerciement pour la visite ?	☐	☐
12. Dans les couloirs, pensez-vous à sourire, à saluer, à tenir la porte de l'ascenceur, à aider le visiteur perdu ?	☐	☐

D'après L'Entreprise, n° 117.
Voir résultats en retournant le livre.

Plus de 10 « oui » → Vous avez le sens de l'accueil. Bravo !
De 6 à 9 « oui » → Vous savez être poli. Un petit effort et vous serez chaleureux.
Moins de 5 « oui » → Votre froideur risque d'en décourager plus d'un. Faites un effort et souriez.

unité

Accueillir un visiteur

testez-vous

❶ **Que fait l'hôtesse d'accueil ?** 📼

Écoutez les phrases, choisissez dans la liste et notez la lettre qui convient.

Personne 1 : ...   **a.** Elle salue le visiteur.
Personne 2 : ...   **b.** Elle demande l'identité du visiteur.
Personne 3 : ...   **c.** Elle filtre les visites.
Personne 4 : ...   **d.** Elle éconduit le visiteur.
Personne 5 : ...   **e.** Elle oriente le visiteur.
                      f. Elle s'assure que le visiteur peut être reçu.
                      g. Elle fait patienter le visiteur.

❷ À *L'entrecôte*

Lisez l'entretien de la responsable de la communication de la chaîne de restauration *L'entrecôte* et cochez la bonne réponse.

À *L'entrecôte*, l'hôtesse d'accueil est l'ambassadrice de l'entreprise, elle est chargée du premier contact. Elle n'a pas le droit à l'erreur. Il faut préparer l'accueil avant l'ouverture du restaurant, vérifier la disposition des cartes, saluer les clients, leur indiquer le temps d'attente, leur offrir un apéritif et les placer dans le bon ordre avant de les confier aux soins de la serveuse. C'est aussi l'hôtesse d'accueil qui raccompagnera les clients jusqu'à la porte. Il est nécessaire de personnaliser l'accueil, de faire patienter les enfants avec des crayons et des dessins à colorier, de s'adapter à chaque client, de changer les vêtements décontractés du midi pour une tenue plus habillée le soir et de garder toujours le sourire. L'accueil tient dans ce conseil « accueillez le client comme un parent ou un ami ».

	Vrai	Faux	Non mentionné
1. À *L'entrecôte*, c'est la serveuse qui reçoit les clients.	☐	☐	☐
2. Pour faire patienter les clients, on leur offre une boisson.	☐	☐	☐
3. Les hôtesses portent le même uniforme toute la journée.	☐	☐	☐
4. Tous les clients repartent avec un cadeau publicitaire.	☐	☐	☐
5. L'hôtesse s'occupe du client à son arrivée et à son départ du restaurant.	☐	☐	☐

❸ **Que faire ?**

Lisez les documents et cochez la bonne réponse.

Note

De : Monsieur Dubois (poste 115) _____
À : l'accueil _____

Objet :
Je pars d'urgence en province. _____
Le commercial de la Maison Hervé __
doit venir à 16 h 30. _____
Contactez Monsieur Briand, il le _____
recevra. _____

1. Cette note est destinée à :
   a. M. Dubois.
   b. M. Briand.
   c. le commercial.
   d. l'hôtesse d'accueil.

2. Que faut-il faire ?
   a. Fixer un autre rendez-vous.
   b. Réorienter le visiteur.
   c. Éconduire le visiteur.
   d. Filtrer les visites.

3. Quand peut-on consulter le médecin ?
   a. Il est nécessaire de prendre rendez-vous pour une consultation le mardi matin.
   b. Le médecin reçoit tous les après-midi de la semaine sans rendez-vous.
   c. Le médecin propose des consultations sur rendez-vous chaque jour de la semaine sauf le dimanche.
   d. Il est possible d'obtenir une consultation sans rendez-vous le samedi matin.

Docteur Vlachos
Médecine générale

Consultations
du lundi au vendredi
de 9 h à 11 h
Sur rendez-vous
le soir et le samedi matin

Découvrez l'entreprise

▶1 Parlons entreprise

L'ENTREPRENEUR DU MOIS

Franck Martial,
fondateur de Technosite SA,
jeune pousse (start-up)

Pierre Duc : *Technosite SA*, c'est une start-up de plus ?

Franck Martial : Oui et non. *Technosite SA* a été la première société en France de services informatiques spécialisée dans la création et la maintenance de sites Internet pour les PME / PMI.

PD : Où est implanté *Technosite SA* ?

FM : Notre siège social se trouve aujourd'hui dans le 11ᵉ arrondissement de Paris. Nous avons un deuxième site à Rennes où nous avons implanté une filiale.

PD : Comment voyez-vous l'évolution de votre société ?

FM : Au début, nous avons commencé notre activité avec une équipe de 10 salariés. Aujourd'hui, *Technosite SA* est une entreprise qui emploie 30 personnes. Nous sommes actuellement en pleine expansion et nous envisageons d'augmenter nos effectifs de 30 % l'année prochaine. En ce qui concerne nos résultats de l'année dernière, nous avons réalisé un chiffre d'affaires hors taxes de 8 millions d'euros, dont 3 millions à l'exportation et nous avons dégagé un résultat net de 2 millions d'euros. Le semestre dernier nous avons enregistré une progression de 50 % de nos ventes. Pour le moment, nous détenons 12 % du marché français mais nous espérons doubler notre part de marché d'ici deux ans.

PD : Le salaire moyen d'un jeune ingénieur chez vous ?

FM : Le salaire de départ que nous offrons est d'environ 64 000 euros par an.

---

❶ Vous connaissez les sigles ?
Reliez.

PME-PMI •	• chiffre d'affaires
SA •	• petites et moyennes entreprises petites et moyennes industries
HT •	• pour cent
€ •	• société anonyme
CA •	• hors taxe
% •	• euro

Fiche de renseignements

• Raison sociale (nom) de l'entreprise : ....

• Siège social : ....

• Nom du dirigeant fondateur : ....

• Secteur d'activité : ....

• Produits ou services proposés : ....

Note
* La branche ou le **secteur d'activité** : l'ensemble des entreprises spécialisées dans la production d'un même bien ou d'un même service.
Exemple : *la branche automobile, le secteur automobile.*

❷ En résumé

Lisez l'article et complétez la fiche de renseignements ci-dessus.

• Raison sociale (nom) de l'entreprise : …
• Siège social : …
• Nom du dirigeant fondateur : …
• Secteur d'activité* : …
• Produits ou services proposés : …

• Nombre actuel de filiales : …
• Chiffre d'affaires total : …
• Part de marché français détenue : …
• Résultat net : …
• Effectif actuel de l'entreprise : …

situations

2 Vous faites quoi chez *Europharma* ?

Dans la salle de réunion de la société *Europharma*, une société qui fabrique des produits pharmaceutiques, Philippe Gaspard, président-directeur général, présente Max Berthier à ses collaborateurs.

Bonjour. Notre réunion est consacrée ce matin au projet KB d'installation du nouveau système informatique. Mais tout d'abord, je vous présente Max Berthier, consultant du cabinet Consultex. M. Berthier travaillera en étroite collaboration avec nous. Maintenant, je demande à chacun de se présenter. Qui veut commencer ?

Moi je veux bien. Bonjour, mon nom est Ahmed Dian. Je suis responsable du département financier et j'ai élaboré le budget du projet KB.

Je m'appelle Christine Lefort. Je suis chargée de la maintenance et de la gestion du parc informatique dont le futur logiciel KB.

 Catherine Ménard. Mon travail consiste à gérer la carrière et la formation de notre personnel. Je m'occupe aussi du recrutement.

Je suis Pierre Fernandez. Je suis responsable des ventes en France et à l'étranger.

 Arnaud Duchemin, je suis chargé d'étudier le positionnement de nos produits sur le marché et de diriger les études de marché. Et j'ai aussi la responsabilité de la promotion.

Je suis Bruno Legrand et, comme vous le savez, j'ai la responsabilité de l'entreprise.

Laure Di Marco, assistante de M. Gaspard. Mon travail consiste surtout à organiser l'emploi du temps de M. Gaspard et à taper son courrier.

❶ Avez-vous bien compris ?

Écoutez les présentations et répondez par vrai ou faux.

	Vrai	Faux
1. La réunion est consacrée à l'examen d'un projet informatique.	☐	☐
2. M. Berthier appartient à la société *Europharma*.	☐	☐
3. Les collaborateurs de M. Berthier se présentent.	☐	☐

② L'organigramme de la société *Europharma*

Écoutez les présentations et complétez l'organigramme avec les noms des personnes.

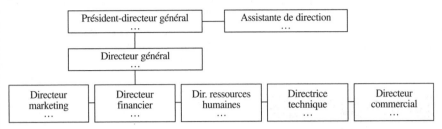

③ Que font-ils à leur poste ?

Écoutez les présentations et cochez la ou les bonnes réponses.

Fonctions / Tâches	Directeur marketing	Directrice des ressources humaines	Directeur commercial	Directrice technique	Directeur financier
la formation		X			
la maintenance					
les ventes en France et à l'export					
la gestion des carrières					
le budget					
les études de marché					
la gestion du matériel informatique					
la promotion					
le recrutement					

④ Qui fait quoi ?

1. Faites correspondre chaque tâche professionnelle à la personne qui convient.

1. Rédiger des petites annonces d'offre d'emploi.
2. Accueillir et orienter les visiteurs.
3. Organiser des campagnes publicitaires.
4. Rendre visite à la clientèle.
5. Dresser le bilan (chiffre d'affaires, résultat).
6. Conduire les entretiens d'embauche.
7. Vendre des produits.
8. Trouver des financements.
9. Planifier l'agenda du directeur.
10. Filtrer les appels téléphoniques.

a. La directrice des ressources humaines
b. Le directeur financier
c. L'attaché(e) commercial(e)
d. Le directeur marketing
e. La standardiste
f. La secrétaire

2. Présentez les personnes à M. Farouk, un client égyptien.
Vous êtes Philippe Gaspard et vous le présentez aux membres du personnel.
Exemple : « Je vous présente Mme Ménard, notre directrice des ressources humaines. C'est elle qui conduit les entretiens d'embauche… »

outils · outils

❶ Pour donner des précisions

Dans l'article « l'entrepreneur du mois », Franck Martial donne des précisions sur sa société.

Lisez l'interview de Frank Martial (p. 21) et trouvez les phrases dans lesquelles il donne des précisions sur :

– l'implantation de la filiale,
– le nombre actuel de salariés,

– le chiffre d'affaires à l'exportation,
– le salaire de départ d'un ingénieur.

Les pronoms relatifs
qui, que, où, dont

Pour apporter une précision sur quelqu'un ou quelque chose, on utilise le pronom relatif.

- Qui ➡ sujet du verbe :
  Technosite SA est une entreprise qui emploie 30 personnes.

- Que ➡ COD (complément d'objet du verbe) :
  Le salaire de départ que nous offrons est d'environ 64 000 euros par an.

- Dont ➡ un complément construit avec *de* :
  Nous avons réalisé un chiffre d'affaires hors taxe de 8 millions d'euros dont 3 millions à l'exportation.

- Où ➡ complément de lieu ou de temps :
  Nous avons un deuxième site à Rennes où nous avons implanté une filiale.

---

❷ Témoignage

Yann, ingénieur en informatique, nous parle de l'entreprise où il travaille.

Complétez ce qu'il dit.

« *Cyberco.2000-SA* est une jeune entreprise … **(1)** développe une activité liée à la création de logiciels de simulation. C'est une société … **(2)** je travaille depuis un an et … **(3)** le siège social se trouve à Bordeaux. C'est une boîte très dynamique … **(4)** favorise les initiatives personnelles et … **(5)** chaque personne est valorisée et responsabilisée. Actuellement *Cyberco.2000-SA* est une entreprise … **(6)** recrute de nouveaux employés et … **(7)** je recommande vraiment à tout jeune diplômé en informatique. »

❸ Vous connaissez ?

Trouvez l'intrus dans chaque liste.

1. Une entreprise, une société, une boîte*, une filiale, un secteur, une firme.
2. Travailler, sortir, bosser*, s'occuper de.

Comment dire

● **Présenter l'entreprise**

– Nous sommes une entreprise de…
– Notre société est spécialisée dans…
– Notre siège social est situé / implanté…
– Nous avons dégagé un résultat net de… euros.
– Nous détenons… % du marché.
– Nous envisageons de + infinitif
– Le chiffre d'affaires s'élève à… euros.
– L'entreprise compte… personnes.

❹ À vous !

Présentez à un ami ou à un client l'organisation et les caractéristiques de l'entreprise où vous travaillez ou d'une entreprise que vous connaissez.

Note
* **Mots familiers.** Pour travailler, on peut dire « **bosser** » et pour entreprise « **boîte** ».

Les pronoms relatifs composés

• **Pour donner des précisions sur des choses, des idées, on peut utiliser un pronom relatif composé après les prépositions *avec, pour, en, dans*... :**
L'entreprise dans laquelle je travaille est une start-up.

	masculin	féminin
singulier	lequel	laquelle
pluriel	lesquels	lesquelles

• **Il y a contraction entre le relatif et les prépositions *à* et *de* (à côté de, à cause de...) sauf au féminin singulier :**
M. Berthier auquel j'ai téléphoné n'est pas libre.

	masculin	féminin
singulier	auquel / duquel	à / de laquelle
pluriel	auxquels / desquels	auxquelles / desquelles

! **Pour les personnes, on utilise généralement *qui* :**
La secrétaire avec qui je travaille est en congé.
M. Berthier à qui j'ai téléphoné n'est pas libre.

➏ Un rapport

Après une semaine de travail pour la société *Europharma*, le consultant Max Berthier fait un bref rapport à Philippe Gaspard.

Complétez le rapport avec les propositions relatives qui conviennent.

Le projet ... **(1)** a présenté des difficultés ... **(2)**. L'équipe ... **(3)** se montre très motivée. Elle n'hésite pas à faire des heures supplémentaires ... **(4)**. Les ingénieurs ... **(5)** sont très compétents et efficaces. Je pense que nous pourrons respecter les délais très courts ... **(6)**.

a. auxquels nous devons faire face
b. avec laquelle je travaille
c. avec qui nous travaillons
d. auxquelles nous apporterons des solutions
e. pour lesquelles il faudra prévoir une compensation financière
f. sur lequel nous travaillons depuis huit jours

➎ Des précisions sur le projet KB

Après les présentations, Philippe Gaspard, PDG d'*Europharma,* donne au consultant Max Berthier des précisions sur le projet KB.

1. Complétez les phrases à l'aide des mots suivants : les ingénieurs – un projet – les collaborateurs – la raison

1. C'est ... auquel nous nous intéressons particulièrement.
2. C'est ... pour laquelle nous devons faire de notre mieux pour réussir.
3. Ce sont ... avec qui vous travaillerez tous les jours.
4. Ce sont ... à qui nous avons confié les installations techniques du logiciel.

2. Quel est le pronom relatif utilisé dans chaque phrase ? Qu'est-ce qu'il représente ? Quelle est sa fonction ?
Exemple : 1. Auquel - le projet - COI (complément d'objet indirect)

Comment dire

● **Parler de son travail/ Présenter des collègues/ des collaborateurs**
– Être chargé(e) de + nom / + infinitif
– S'occuper de + nom / + infinitif
– Être responsable de + nom
– Mon / son travail consiste à + infinitif
– Travailler comme + nom

➐ Micro-trottoir 📼

Écoutez l'interview et complétez avec les expressions pour parler de son travail.

1. ... attachée commerciale pour la maison *Senteurs Sud*.
2. ... la vente de parfums à Paris et en banlieue.
3. ... tout le côté financier à l'international.
4. ... saisir les commandes des clients.
5. ... chez *Tout-Import,* une chaîne de magasins de meubles et d'objets de décoration.

➑ Et vous ? Que faites-vous dans la vie ?

Dites ce que vous faites dans la vie. Si vous travaillez, quel poste vous occupez, dans quelle société, où...
Jouez la scène.

unité

Découvrez l'entreprise

cas pratiques

▶1 Vidéo-culture Max

Au Salon des Entrepreneurs, vous interrogez Philippe Chapel, président de *Vidéo-culture Max*, une entreprise de conception de jeux vidéo. Avant l'interview, vous allez préparer les questions.

VIDÉO-CULTURE MAX

Production de jeux vidéo grand public, culturels et éducatifs

Création	: 1994	**Effectif** :	145 personnes
Sites de production	: Nantes et Angers		

Positions

Résultat net	: 15 millions d'euros
Part de marché France	: 16% (3ᵉ en France) **Export :** Italie, Allemagne, Benelux, Espagne, États-Unis, Mexique, Japon, Corée et Taïwan
Prévisions vente	: +30%

Communication

Campagne presse et télévision :
2 fois par an

Présence Salons professionnels :
3 fois par an

Évolution du chiffre d'affaires

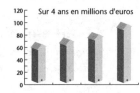

Sur 4 ans en millions d'euros

Répartition des activités

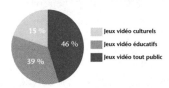

- Jeux vidéo culturels (15 %)
- Jeux vidéo éducatifs (39 %)
- Jeux vidéo tout public (46 %)

Société anonyme au capital de 38 112 euros • 24 rue Jacques Demy, 44000 Nantes

❶ Préparation de la réunion

Voici des informations à réunir pour connaître une entreprise. À quoi se rapportent-elles ? **Classez-les en mettant une croix dans la bonne colonne.**

	Identité de l'entreprise (nom, capital social...)	Moyens techniques de production	Personnel	Marché Ventes	Communication
Capital social	X				
Effectif					
Pays clients					
Chiffre d'affaires					
Siège social					
Secteur d'activité					
Promotion					
Part à l'exportation					
Concurrence					
Résultat					
Forme juridique					
Nombre d'usines					

❷ L'interview

À l'aide du tableau précédent, rédigez les questions que vous allez poser à Philippe Chapel et classez-les par type d'informations (identité de l'entreprise...).

❸ À vous !

Jouez l'interview.

 2 Les boulangeries Paul

Stratégie Les boulangeries Paul jouent l'antipub

Le boulanger Holder, à Lille, n'a jamais fait de publicité. Son enseigne vedette, *Paul*, vit par elle-même. Et son réseau de quelque 250 boulangeries artisanales (dont une centaine en région parisienne) qui quadrillent l'Hexagone est le meilleur gage d'une notoriété suffisante. « Chez *Paul*, on fabrique tout, nous sommes des artisans. Les farines sont sélectionnées avec soin : 200 agriculteurs sont sous contrat, de même que les meuniers », explique le PDG, Francis Holder, qui a hissé la petite boulangerie de son grand-père au rang de premier boulanger de France. En 1998, son groupe affiche un respectable chiffre d'affaires de 210 millions d'euros, pour un effectif total de 3 000 personnes. Cette année, outre l'ouverture de vingt-six autres *Paul*, Francis Holder lance une entreprise destinée à la franchise : *Saint Preux*. Il met la barre très haut : à terme, cinquante partenariats ou franchises par an en France. À l'ancienne. Moins techniques que *Paul*, ces boulangeries sont particulièrement adaptées au service de proximité. Avec *Saint Preux*, c'est la division industrielle du groupe qui s'implante dans les quartiers animés des villes. Ambiance quasi médiévale, logo inspiré d'une planche de l'*Encyclopédie* de Diderot, l'enseigne affirme sa fidélité aux recettes d'antan. « Chez *Paul*, nous avons cent ans de retard, nous mettons toujours sept heures pour faire notre pain », aiment à répéter les boulangers du groupe Holder.

Chez Paul, on fabrique tout, nous sommes des artisans.

❶ Le bon mot

Trouvez dans le texte les expressions correspondant aux définitions suivantes. Notez-les.

1. Un symbole graphique représentant une marque.
2. Le fait d'être connu.
3. L'ensemble des points de vente.
4. Un signe distinctif sur la devanture des magasins.
5. Qui est fait de façon manuelle.
6. Une forme de commerce associé.
7. Qui est fabriqué comme autrefois.

❷ Qui fait quoi ?

Complétez avec les intermédiaires qui conviennent.

... ➡ Blé ➡ ... ➡ Farine ➡ ... ➡ Pain ➡ *Consommateur*

❸ La fiche de renseignements

Complétez la fiche de renseignements (voir p. 21) sur l'entreprise *Paul*.

- Raison sociale de l'entreprise : ...
- Fonction de Francis Holder : ...
- Nombre de points de vente : ...
- Pays d'implantation : ...
- Secteur d'activité : ...
- Produits fabriqués : ...
- Chiffre d'affaires : ...
- Effectif total : ...
- Enseigne du groupe : ...
- Enseigne des franchises : ...
- Nombre de franchisés prévus : ...
- Lieu d'implantation des franchises : ...

❹ Votre entreprise

Faites une fiche de renseignements sur l'entreprise dans laquelle vous travaillez ou d'une entreprise que vous connaissez.

❺ Votre article

Rédigez un court article sur votre entreprise pour un journal francophone.

▶3 Groupe *Accor*

Observez les pages du site *Accor* sur Internet et rédigez une page de présentation d'un site d'une entreprise de votre choix.

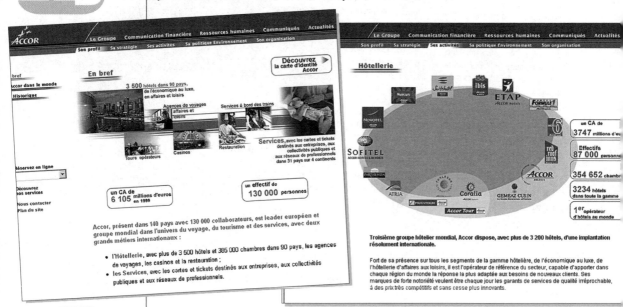

Entraînez-vous à l'oral

Un(e) ami(e) vous invite à une soirée où vous ne connaissez personne. Faites connaissance : présentez-vous professionnellement, présentez la personne qui vous accompagne, demandez ce que les invités font dans la vie, demandez des renseignements sur l'entreprise où ils travaillent, donnez des renseignements sur l'entreprise où vous travaillez.

Jouez la scène.

Les principales formes juridiques des entreprises françaises

STATUT JURIDIQUE	ENTREPRISE INDIVIDUELLE	ENTREPRISE UNIPERSONNELLE À RESPONSABILITÉ LIMITÉE (EURL)	SOCIÉTÉ À RESPONSABILITÉ LIMITÉE (SARL)	SOCIÉTÉ ANONYME (SA)	SOCIÉTÉ EN NOM COLLECTIF (SNC)
Capital	Pas de capital imposé	7 500 euros au minimum	7 500 euros au minimum, divisé en parts sociales	37 000 euros au minimum, divisé en actions	Pas de minimum obligatoire, capital divisé en parts sociales
Nombre d'associés	Un seul	Un seul	2 au minimum 50 au maximum	7 au minimum	2 au minimum Chaque associé a la qualité de commerçant
Responsabilité des associés	Sur les biens personnels	Limitée aux apports	Limitée aux apports	Limitée aux apports	Sur les biens personnels
Dirigeant	Entrepreneur individuel	Gérant	Gérant(s)	P-DG + conseil d'administration ou directoire + conseil de surveillance	Gérant(s)

testez-vous

❶ Présentez *Meca Compos*

Complétez le texte en choisissant le mot qui convient.

Meca Compos créée en 1998 est une entreprise spécialisée dans la ... **(1)** de composants électroniques destinés au ... **(2)** industriel. C'est une société en plein développement qui compte un ... **(3)** de 150 salariés et dont le siège social est situé à Bruxelles. Elle possède deux ... **(4)**, l'une à Bruges et l'autre à Toulouse. L'année dernière *Meca Compos* a réalisé un chiffre d' ... **(5)** de 12 millions d'euros dont 10 % à l'exportation.

1.	**2.**	**3.**	**4.**	**5.**
a. fabrique	**a.** activité	**a.** effectif	**a.** annexes	**a.** activités
b. fabricant	**b.** branche	**b.** montant	**b.** filiales	**b.** affaires
c. fabrication	**c.** secteur	**c.** chiffre	**c.** maisons-mères	**c.** argent

❷ À chacun sa formation 📼

Écoutez les interviews et choisissez la réponse qui correspond à chaque chef d'entreprise.

Exemple : Premier chef d'entreprise 1e, 2b, 3c

1. Quelle est leur formation ?
    a. Juriste
    b. Marin
    c. Professeur
    d. Ingénieur
    e. Cuisinier

2. Quel est le secteur d'activité de leur entreprise ?
    a. Agroalimentaire
    b. Restauration
    c. Informatique
    d. Décoration
    e. Construction navale

3. Quel conseil donnent-ils aux jeunes entrepreneurs pour réussir ?
    a. Le plus important c'est d'avoir une idée.
    b. Il faut faire ce que l'on aime.
    c. Être volontaire est une qualité certaine.
    d. C'est surtout la performance qui compte.
    e. Le temps de travail ne doit pas être limité.

❸ *La Bicyclette gourmande*

Lisez l'article ci-contre et cochez la bonne réponse.

1. *La Bicyclette gourmande*
    a. appartient pour 50 % à une multinationale.
    b. est dirigée par Bruno Voyer grâce à son mariage avec la fille d'un entrepreneur.
    c. a été créée par un entrepreneur amoureux de l'environnement.

2. L'activité de l'entreprise est
    a. d'organiser des randonnées pédestres ou à vélo.
    b. de publier un guide gastronomique des meilleurs restaurants.
    c. de vendre des bicyclettes au nom de restaurants célèbres.

3. Cette activité nécessite
    a. des investissements financiers importants.
    b. des services excellents.
    c. un personnel qualifié et nombreux.

4. La clientèle est satisfaite car
    a. un bon tiers revient pour les vacances.
    b. la moitié revient régulièrement.
    c. plus d'un quart revient annuellement.

La Bicyclette gourmande

En créant *La Bicyclette gourmande*, Bruno Voyer s'est fait plaisir. En 1993, cet ingénieur, cadre dans une multinationale, décide de marier ses trois passions : la nature, le sport et la découverte. Son employeur le laisse consacrer 50 % de son temps au lancement d'une petite structure très légère et flexible, avec statut d'agence de voyages dans un petit village alsacien de 400 habitants. Bruno Voyer investit dans du matériel de randonnée, des bicyclettes équipées et de l'informatique pour la centrale de réservation. Puis il embauche deux salariés. Les véhicules supplémentaires sont loués et les guides sont embauchés selon les besoins. *La Bicyclette gourmande* propose dix destinations. Elle fait visiter à une clientèle internationale et plutôt riche, en deux roues, mais également à pied, les environs du lac de Côme en Italie ou du lac des Quatre-Cantons en Suisse. La Provence et l'Alsace sont aussi au catalogue, avec des arrêts gastronomiques dans des établissements réputés. Principal avantage de cette activité : elle nécessite peu de capitaux, mais la réussite dépend de la qualité des prestations qui doivent donner toute satisfaction aux clients. *La Bicyclette gourmande* est largement bénéficiaire : 25 % à 30 % des clients reviennent chaque année.

D'après *L'Entreprise*, n° 166.

L'environnement de l'entreprise

situations

1 Rendez-vous chez *FPS*

Hervé Jacquemard, consultant, doit assurer une formation informatique chez *France Pétrole Services (FPS)* au Havre. Il téléphone au service technique de *FPS*.

Hervé Jacquemard : Allô, bonjour, je suis bien au service technique du groupe *FPS* ?
Pierre Lebot : Oui tout à fait. Bonjour Monsieur, je peux vous aider ?
HJ : Je suis Hervé Jacquemard, consultant du cabinet *Consultex*, je vous appelle pour réserver une salle de travail pour 22 personnes. C'est pour la formation informatique de mardi prochain de 9 h à 17 h.
PL : Ah oui, je sais, le responsable de la formation m'a informé de votre venue. Tout est déjà prévu. La formation se déroulera en salle 500 dans le bâtiment D au 5e étage.
HJ : C'est parfait, il faudra également installer 22 pc* avec accès au réseau de l'entreprise... Euh... j'aurais également besoin d'un vidéo projecteur, d'un grand écran et d'un caméscope, pour la vidéo conférence. Pourriez-vous y penser ?
PL : Pas de problème.
HJ : Mais, dites-moi où se trouve le bâtiment D, je viendrai en voiture...
PL : C'est très simple, quand vous entrez par la grille principale, avenue Jean Jaurès, arrêtez-vous au poste de contrôle. On vous donnera un badge visiteur ainsi que votre numéro de place de parking souterrain... Le parking se trouve tout de suite à votre droite après le poste de contrôle... Quand vous sortez du parking par l'ascenseur, vous verrez juste devant vous le bâtiment H... Le bâtiment D se trouve à droite du bâtiment H, en face du bâtiment A... Il y a une grande enseigne *FPS*.
HJ : Je note... en face du bâtiment A.
PL : Et surtout n'oubliez pas votre badge car tout le site est sécurisé.
HJ : D'accord. Eh bien, merci beaucoup. Au revoir Monsieur.
PL : Je vous en prie, au revoir Monsieur.

❶ Avez-vous bien compris ?

Écoutez le dialogue. Trouvez le bâtiment D. Quel est le numéro sur le plan : 1, 2 ou 3 ?

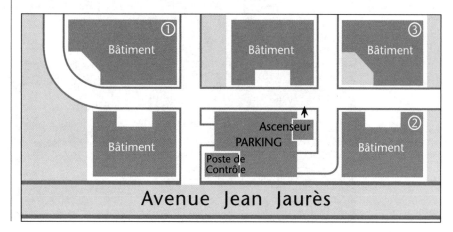

Note
* PC : personnal computer (ordinateur individuel)

unité

L'environnement de l'entreprise

❷ Un e-mail* de confirmation 📼

Après sa conversation téléphonique avec Hervé Jacquemard, M. Lebot lui envoie un e-mail de confirmation.

Écoutez le dialogue et complétez le texte de cet e-mail.

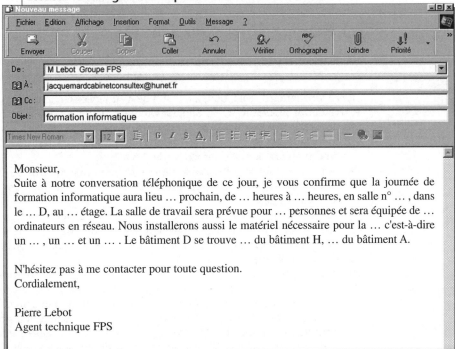

Monsieur,

Suite à notre conversation téléphonique de ce jour, je vous confirme que la journée de formation informatique aura lieu … prochain, de … heures à … heures, en salle n° … , dans le … D, au … étage. La salle de travail sera prévue pour … personnes et sera équipée de … ordinateurs en réseau. Nous installerons aussi le matériel nécessaire pour la … c'est-à-dire un … , un … et un … . Le bâtiment D se trouve … du bâtiment H, … du bâtiment A.

N'hésitez pas à me contacter pour toute question.
Cordialement,

Pierre Lebot
Agent technique FPS

▶2 À la recherche de bureaux 📼

Monsieur Christian Leroy, directeur général de la maison de prêt-à-porter *Estivale*, a pris rendez-vous avec M. Jacques Pelletier, responsable de *Pro-Immo*, une agence immobilière à Paris, spécialisée dans la location et la vente de bureaux professionnels.

Note
* E-mail (mél) :
messagerie électronique

situations

Jacques Pelletier : Donc, si je vous comprends bien, votre société a le projet de quitter ses locaux actuels de Pontoise et souhaite s'installer dans le centre de Paris...

Christian Leroy : Tout à fait, nous recherchons une nouvelle implantation au centre de Paris pour notre siège social. Nous voulons être situés dans un arrondissement proche des quartiers d'affaires. Il nous faut un espace plus important, plus spacieux et plus pratique au niveau des transports.

JP : Et que recherchez-vous exactement comme espace ? Quelle surface ?

CL : Nous souhaiterions acquérir une surface de 1 000 à 1 200 m² sur trois étages, si possible dans un immeuble de prestige. L'idéal serait de pouvoir modifier le deuxième étage pour l'aménager en espace ouvert. Ah, nous cherchons aussi à louer des places de parking pour une dizaine de voitures, dans le même bâtiment ou à côté. En tout cas, il est impératif pour nous d'être implantés au cœur du quartier des banques et proches des grands hôtels. Nous devons souvent recevoir des clients étrangers ou organiser des repas d'affaires dans Paris.

JP : Je comprends. Et vous avez une idée de budget ?

CL : Pas précisément mais comptez entre 5 et 6 millions d'euros.

JP : Oui, ce sont effectivement les prix. Eh bien, je pense qu'actuellement nous avons quelque chose qui pourrait vous convenir dans le 9e arrondissement, près de la gare Saint-Lazare.

❶ **Avez-vous bien compris ?**

Écoutez le dialogue et répondez par vrai ou faux.

	Vrai	Faux
1. M. Leroy veut quitter Paris pour installer son siège social à Pontoise.	☐	☐
2. Le plus important pour M. Leroy est d'avoir des bureaux en espace ouvert.	☐	☐
3. M. Pelletier lui fait une proposition.	☐	☐

❷ **La fiche client**

À la suite de son entretien avec M. Christian Leroy, Jacques Pelletier établit une fiche de renseignements client.

Écoutez le dialogue et complétez la fiche.

Pro-Immo

Fiche client

- Société : ....
- Nom du client : ....
- Budget : ....
- Type d'immeuble : ....
- Surface recherchée : ....
- Lieu souhaité : ....
- Environnement : ....
- Type de local souhaité : ....
- Achat : oui ☐ non ☐
- Renseignements complémentaires : ....
....
....

❶ Le quartier Saint-Lazare

M. Pelletier, de l'agence immobilière, présente le quartier à M. Leroy.

Lisez les phrases, observez le plan et répondez par vrai ou faux.

Reformulez la bonne réponse si vous répondez « Faux ».

	Vrai	Faux
1. Les bureaux sont à proximité de la gare Saint-Lazare.	☐	☐
2. Pour vos clients étrangers, vous avez un bus direct pour l'aéroport (Roissybus) en face de l'église de la Madeleine.	☐	☐
3. En sortant des bureaux, à droite, vous trouvez la rue de Mogador.	☐	☐
4. La station de métro Chaussée-d'Antin est au cœur du quartier des grands magasins.	☐	☐
5. Dans le quartier, vous pouvez prendre le RER* à la station de métro Trinité.	☐	☐

Note : * RER (Réseau Express Régional)

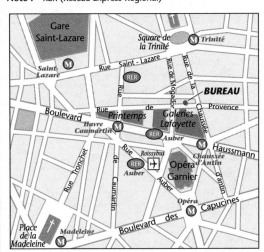

Comment dire

● **Situer un lieu**

– En face de la banque
– À côté du métro
– Au centre de la capitale
– Dans le village d'entreprises
– Au cœur du quartier des banques
– À droite du poste de contrôle
– À proximité de / proche des grands hôtels parisiens
– À l'extérieur du bâtiment principal
– À gauche du bâtiment D
– Au-dessus du magasin
– Au-dessous des bureaux

Comment dire

● **Orienter quelqu'un et donner des directions**

– Prenez la première rue à droite / la deuxième rue à gauche
– Vous devez : continuer tout droit
  tourner à gauche / à droite
  aller jusqu'au carrefour / jusqu'au feu / jusqu'au rond-point
  traverser l'avenue / le carrefour
  passer devant / derrière – longer le bâtiment

❷ Les signes

Associez les dessins aux indications.

1. Tourner à gauche.
2. Aller jusqu'au feu.
3. Traverser le boulevard Haussmann.
4. Passer devant la gare Saint-Lazare.
5. Continuer tout droit.

❸ Des candidats pour un entretien

La secrétaire de M. Leroy explique à des candidats le chemin à suivre pour se rendre au siège de l'entreprise (cf. plan ci-dessus).

Jouez les scènes.

– Un candidat arrive gare Saint-Lazare.
– Un autre candidat sort du métro place de l'Opéra.
– Un autre candidat descend à Auber.
– Le dernier arrive à pied de la place de la Madeleine.

Comment dire

● **Demander un service à quelqu'un**
– Pourriez-vous m'indiquer / me dire où se trouve...
– Pour aller...
– Je voudrais obtenir des renseignements concernant...
– À quel service dois-je m'adresser pour...
– Pourriez-vous penser à + nom / + infinitif
– Pourriez-vous m'apporter / me procurer...

Exprimer un besoin, une nécessité
Faire des recommandations

• **Verbe + infinitif**
Je dois passer un entretien d'embauche.
Nous devons souvent recevoir des clients.
N'oubliez pas d'apporter votre badge.

• **Forme impersonnelle + infinitif**
Il faut louer des places de parking.
Il est indispensable / nécessaire / important de quitter ces locaux.
Il est impératif / obligatoire de réserver cette salle.
Il est conseillé / déconseillé / recommandé d'être dans le centre de Paris.

• **Forme impersonnelle + subjonctif**
Il est nécessaire que vous soyez présents à la formation.
Il faut que je prévienne le responsable.

❗ Avec un nom
J'ai besoin d'une adresse.　　*Il me faut un plan du quartier.*

❹ **Aidez M. Hernandez !** 📼
Max Hernandez, agent commercial, doit se rendre dans la zone industrielle de Chambéry dans les entrepôts d'un client, mais il s'est perdu. Il demande son chemin à quelqu'un.

Écoutez-le et trouvez sur le plan les entrepôts de la société *Pompair*.

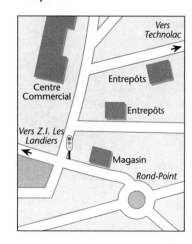

❺ **Un bureau bien aménagé**
Voici cinq recommandations pour améliorer le bien-être au bureau.
Trouvez pour chacune d'elles l'endroit qui convient sur le dessin.

1. Vous avez besoin d'un siège réglable pour permettre un soutien du dos.

2. Il est nécessaire que vous placiez l'ordinateur en face de vous.

3. Il faut installer votre bureau parallèlement aux fenêtres pour que la lumière provienne de côté.

4. Il est recommandé d'avoir un plan de travail assez grand pour manipuler facilement le matériel.

5. Il est impératif de s'équiper de matériels silencieux : préférez, par exemple, les imprimantes à laser.

outils

unité

L'environnement de l'entreprise

1 À chacun son espace

❶

1. Le bureau paysager se présente comme un grand espace collectif, que se partagent les employés d'un même service ou d'un même département de l'entreprise. L'absence de fermetures ou de cloisons permet une circulation plus facile des personnes et rend plus fluide et directe la communication entre les salariés. En revanche, cette organisation impersonnelle de l'espace n'offre pas d'intimité aux individus et ne permet pas de s'isoler pour se concentrer et de travailler en toute tranquillité.

2. Le bureau individuel garantit la confidentialité, préserve une certaine intimité et permet aux salariés de ne pas être dérangés par la proximité de leurs collègues. Mais ce type d'aménagement isole l'employé, entraîne une multiplication de déplacements et donc ne facilite pas la circulation de l'information.

3. Dans l'espace semi-ouvert, les postes de travail sont délimités par des cloisons de différentes hauteurs. Ils possèdent une partie isolée et une partie ouverte sur l'espace collectif. Chaque salarié dispose de son propre espace d'intimité et reste en contact direct avec ses collègues. Les activités de travail en équipe ou en groupe se font à l'extérieur dans des salles de réunions ou de conférences. Ce mode d'organisation facilite les phases de travail individuel et les moments de concertation collective.

❷

4. Dans ce mode d'aménagement, aucun employé ne possède son espace particulier. Chaque espace ou poste de travail peut être occupé par différents individus. Il est donc impératif de prévoir son emploi du temps et de réserver un emplacement en fonction de ses besoins. Le bureau est totalement dépersonnalisé et peut convenir à des consultants qui travaillent chez le client. Ce type d'organisation permet de réduire la surface et donc les investissements.

❸

❹

❶ Avez-vous bien compris ?

Lisez le texte et complétez le tableau comme dans l'exemple.

Ce type de bureau	permet la concentration	préserve la confidentialité	favorise le travail en équipe	favorise les échanges et la circulation de l'information	permet de faire des économies
Photo 1			X	X	
Photo 2					
Photo 3					
Photo 4					

❷ Quel type d'espace choisir ?

Vous êtes chargé de changer l'organisation de l'espace de travail de l'entreprise où vous travaillez actuellement. Vous avez contacté un architecte d'intérieur pour vous conseiller. Celui-ci vous propose les quatre modes d'aménagements ci-dessus. Vous discutez des avantages et des inconvénients de chaque proposition.

Jouez la scène.

2 Vous savez indiquer le chemin ?

Vous devez envoyer un e-mail à M. Devaux, chargé des relations publiques de la Chambre de Commerce et d'Industrie de la région Nord-Pas-de-Calais pour lui expliquer les possibilités d'accès à la zone industrielle Artois-Flandres (SIZIAF). Il doit se rendre en voiture depuis Lille dans cette zone, le 22 mai prochain, pour une visite.

Rédigez cet e-mail.

Entraînez-vous à l'oral

❶ Un bureau mal aménagé

Vous venez d'être recruté dans une entreprise. Vous devez recevoir de nombreux visiteurs et vous organisez des réunions avec des commerciaux. Voici le plan de votre nouveau bureau. L'aménagement ne vous convient pas. Vous allez trouver le responsable administratif et demandez un meilleur agencement.

À vous d'argumenter pour obtenir satisfaction. Jouez la scène.

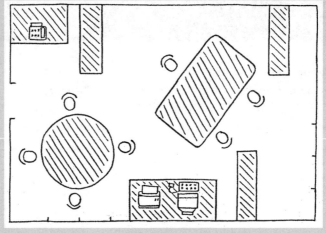

❷ Un bureau idéal

Décrivez au groupe votre bureau.

Son aménagement vous convient-il ? Si vous deviez réorganiser votre espace de travail, quelles seraient vos recommandations (mobilier, matériel, surface, couleurs, personnalisation, éclairage, etc.) ?

Les pépinières d'entreprises

Une pépinière, c'est, au sens premier du mot, un terrain sur lequel on fait pousser de jeunes arbres dans les meilleures conditions possibles avant de les planter dans un jardin, une forêt.

De la même façon, les pépinières d'entreprises, financées par les collectivités locales (conseils généraux, mairies…) et les chambres de commerce, permettent aux jeunes entreprises de profiter d'une formation et de services pendant la période de lancement de l'entreprise. Elles ont aussi pour but de développer l'emploi local.

La pépinière doit remplir cinq missions auprès du créateur d'entreprise :

▶ **1** Lui offrir aide et conseil dès la phase d'élaboration de son projet.

▶ **2** Lui apporter une formation à son nouveau métier de chef d'entreprise.

▶ **3** Servir d'intermédiaire entre le créateur et son environnement.

▶ **4** Mettre à sa diposition des locaux qui correspondent aux besoins de son entreprise (bureaux, mais aussi locaux industriels ou commerciaux).

▶ **5** Mettre à sa disposition des services communs (secrétariat, accueil téléphonique, documentation, salle de réunion, télécopieur, photocopieur, etc.).

La durée du séjour officiellement autorisée dans une pépinière d'entreprises est de quatre ans, mais ce délai est souvent dépassé.

❶ Cinq personnes parlent de leur cadre de travail 📼

1. La personne est-elle satisfaite de son cadre de travail ?

Écoutez les personnes et choisissez la bonne réponse : A = oui ; B = non ; C = indifférent.

	A	B	C
Personne 1	☐	☐	☐
Personne 2	☐	☐	☐
Personne 3	☐	☐	☐
Personne 4	☐	☐	☐
Personne 5	☐	☐	☐

2. Quel est le cadre de travail de chacune de ces personnes ?

Choisissez dans la liste et notez pour chaque personne la lettre qui correspond à la bonne réponse.

Personne 1 : ...
Personne 2 : ...
Personne 3 : ...
Personne 4 : ...
Personne 5 : ...

a. Un bureau cloisonné
b. Un bureau à espace ouvert
c. Un guichet
d. Un bureau à espace semi-ouvert
e. Un bureau non attribué
f. Le domicile
g. Un magasin

❷ *Spray* : la vie de bureau comme vous l'aviez rêvée

Lisez le texte ci-contre et cochez la bonne réponse.

1. Quelle est l'activité de l'entreprise ?
  a. La vente de jouets sur Internet.
  b. La maintenance d'ordinateurs.
  c. La communication sur Internet.

2. Comment sont aménagés les bureaux ?
  a. Ce sont des bureaux à espace ouvert.
  b. Ce sont des bureaux à espace fermé.
  c. Ce sont des bureaux à espace semi-ouvert.

3. Quelle est la tenue vestimentaire des employés ?
  a. Le costume-cravate est obligatoire.
  b. La tenue décontractée est recommandée le week-end seulement.
  c. Les vêtements fantaisistes sont acceptés.

4. Quand les employés peuvent-ils bénéficier des infrastructures ?
  a. Le week-end seulement.
  b. Le soir après le travail.
  c. 24 heures sur 24 s'ils le souhaitent.

Spray : la vie du bureau comme vous l'aviez rêvée

Ambiance : goûter d'enfants. Au plafond, des ballons roses et blancs. En fond sonore, une musique entraînante. Un peu partout, des gens habillés comme s'ils allaient à la Techno Parade. Pas de murs : on peut donc voir les uns rivés à leur écran, d'autres travailler en petits groupes, d'autres encore prendre le café sur d'immenses canapés en velours rouge. Nous sommes à Stockholm, au siège mondial de *Spray*.

Spray est une start-up. Vous direz que ceci explique cela, et que, une fois grande, elle deviendra une entreprise normale, avec des messieurs en cravate et des dames en tailleur, des bureaux fermés pour les chefs et de l'ordre en tout. Eh bien, rien n'est moins sûr ! D'abord, parce que *Spray* n'est déjà plus toute petite. Après cinq ans d'existence, elle peut s'enorgueillir d'employer 2 000 personnes, d'être le premier portail Internet en Scandinavie, d'être présente dans cinq pays européens et d'avoir le soutien financier de grands groupes internationaux. Ensuite, et surtout, parce que la décontraction et la fantaisie sont ici entretenues, favorisées, pensées. Nous ne sommes pas dans le « non-management » habituel des start-ups, mais bel et bien dans un nouveau management. On peut y croire ou pas, on peut douter que la « méthode *Spray* » devienne le modèle de demain, mais une chose est certaine : c'est du jamais vu et ce n'est pas pour le plaisir de l'anticonformisme. Mais par raison. Ainsi en est-il de l'importance accordée au confort des locaux. Ceux de la filiale française, située dans le quartier de la Bourse, offrent un sauna, une salle de gym et une immense cuisine en bois blond accessibles aux salariés à n'importe quel moment du jour ou de la nuit. Pourquoi tant d'efforts afin que les bureaux ne ressemblent pas à des bureaux ? L'explication remonte aux débuts de l'entreprise. Un des premiers problèmes de *Spray* fut la pénurie de personnel. Comment attirer et fidéliser ? « Un projet passionnant, une croissance spectaculaire, de bons salaires et des stock-options pour tout le monde, ce n'était pas assez, explique Tomas Fellböm, président de *Spray France*. Il fallait quelque chose de plus. » Ce plus, les fondateurs qui ne sont pas suédois pour rien ont décidé que ce serait la qualité de la vie. Ils y ont réfléchi dans les moindres détails : éclairage, fauteuils confortables, lieux de repos et de détente, contraintes vestimentaires minimales.

D'après Management, n°65.

---

5. Pourquoi a-t-on donné de l'importance à l'aménagement des bureaux ?
  a. Pour trouver de nouveaux employés.
  b. Pour répondre à la pression des syndicats.
  c. Par souci du bien-être des employés suédois.

Rechercher un emploi

situations

⊕1 Quelques annonces

Société	: BOY
Réf.	: ss-ejo9
Position	: Responsable Marketing - CDI
	Notre groupe utilise Internet pour offrir des services et une information de qualité aux petites et moyennes entreprises.
Description	: Vous devez mettre au point notre stratégie marketing. Vous êtes responsable de l'image et du développement du site Internet. Enfin, vous fournissez les informations nécessaires à l'élaboration de nouveaux produits et au développement.
Salaire	: 55 000 – 61 000 euros
Début	: Immédiat
Contact	: Vincent Rappoport - DRH / e-mail : vrappoport@free.fr

a.

b.

JH, 4 ans exp. librairie, passionné littérature, aimant contact, cherche poste en librairie en CDD ou CDI. Tel : 01 45 62 10 53

Société de Parc de Loisirs et d'Attractions en région parisienne recherche
SECRÉTAIRE DE DIRECTION BILINGUE ANGLAIS pour CDI

Niveau bac + 2, quatre ans d'exp. souhaitable, anglais courant, connaissance de l'espagnol si possible, maîtrise de l'outil informatique, sens des responsabilités, esprit d'initiative et disponibilité. **Missions** : assister notre nouveau directeur commercial dans la préparation des contrats commerciaux, gestion de fichiers clients.

Envoyer lettre, CV, prét. sous réf. FB17 à PRO-ANNONCES, 129 bd Raspail, 75006 Cedex 06 qui transmettra.

c.

Association des diplômés de SUP de CO Bordeaux.
Nos offres d'emploi.
Vous qui cherchez un nouvel emploi, mettez votre CV en ligne.

d.

❶ Vous connaissez les abréviations ?

Reliez.

1. Prét.	**a.** Références
2. DRH	**b.** Prétentions*
3. CDI	**c.** Baccalauréat plus 2 années d'études supérieures
4. Exp.	**d.** Contrat à durée déterminée
5. CV	**e.** Expérience
6. réf.	**f.** Direction des ressources humaines
7. CDD	**g.** Curriculum vitæ
8. BAC + 2	**h.** Contrat à durée indéterminée

❷ Pour trouver un emploi

1. Lisez les documents et cochez la bonne réponse. (Pour l'un des documents les deux réponses sont possibles.)

	a	b	c	d
Offre d'emploi	☐	☐	☐	☐
Demande d'emploi	☐	☐	☐	☐

Note
* Prétentions : salaire souhaité

2. Connaissez-vous d'autres moyens de trouver un emploi ?
   Discutez entre vous.

situations

2 Sophie Médiani répond à une annonce

Sophie MÉDIANI
118 rue Jean-Jaurès,
86000 Poitiers

PRO-ANNONCES
129 bd Raspail
75006 Paris Cedex 06

Vos références : FB17
Objet : poste de secrétaire de direction bilingue

Poitiers, le 19 septembre...

Madame, Monsieur,

Votre offre d'emploi, parue dans le journal PRO-ANNONCES du 16 septembre dernier, m'a vivement intéressée et je vous propose d'examiner ma candidature.

Mon expérience m'a conduite à tenir plusieurs postes de secrétariat bilingue dans différents secteurs. Celui des loisirs me passionne. En effet, c'est un secteur dynamique qui permet de démontrer des capacités d'adaptation, le goût du service client et une grande disponibilité.

Ainsi, j'ai mis à profit dans un parc de loisirs concurrent mes connaissances de l'anglais en le pratiquant chaque jour et j'ai développé avec succès mon sens de l'organisation avec la gestion de nombreuses visites de professionnels du tourisme. Ces qualités associées à une bonne maîtrise de l'informatique sont les atouts que je me propose de mettre à votre service. Le salaire souhaité serait entre 28 000 et 30 000 euros en brut par an.

Je me tiens donc à votre entière disposition pour vous exposer plus précisément, lors d'un entretien, mes motivations à assister efficacement votre nouveau directeur commercial.

Dans l'attente de votre réponse, je vous prie de croire, Madame, Monsieur, en l'assurance de ma considération distinguée.

S Médiani

❶ À quelle annonce répond Sophie Médiani ?
Regardez les documents (page 41) et notez le numéro : ...

❷ Le plan de la lettre de motivation
Avant de rédiger sa lettre de motivation, Sophie a fait un plan.
Remettez ce qu'elle écrit dans l'ordre.
1. Elle exprime sa motivation.
2. Elle prend congé avec une formule de politesse.
3. Elle sollicite un entretien d'embauche.
4. Elle rappelle la source d'information et pose sa candidature.
5. Elle fait part de ses compétences et de ses qualités.

Sophie MEDIANI
24 ans, célibataire

118 rue Jean-Jaurès, 86000 Poitiers
Tél : 05.23.65.98.77
E-mail : soph.médiani@yahoo.fr

Secrétaire de Direction Bilingue Anglais

Expérience professionnelle

FUTUROSCOPE - Parc européen de l'image (Poitiers). 2 400 000 visiteurs par an
• Depuis novembre 2000 : Secrétaire de direction : préparation des visites des
  professionnels du tourisme, tenue de l'agenda, filtrage téléphonique
• Septembre à novembre 2000 : Hôtesse d'accueil, bilingue anglais pour des touristes
  anglophones

IRISH FERRIES - Dublin
• Septembre 1999 à août 2000 : Hôtesse d'accueil, bilingue français-anglais au terminal
  maritime de Dublin : orientations, informations, réservations

Formation

1999 : BTS (brevet de technicien supérieur) de secrétariat commercial bilingue obtenu
        à Limoges
1997 : Baccalauréat, série SES (sciences économiques et sociales)

Langues
Anglais : courant, écrit, parlé
Allemand : notions scolaires

Connaissance informatique
Logiciels Word, Excel, Power Point

Centres d'intérêt
Passionnée de cinéma (Présidente du ciné-club étudiant de l'université de Limoges)

❸ **Avez-vous bien compris ?**

1. Complétez le tableau suivant :

	Informations contenues dans la petite annonce	Le profil de Sophie	Les « plus » de Sophie par rapport à l'annonce
Activité de l'entreprise Implantation			
Nature du poste Fonctions			
Formation du candidat Expérience Personnalité			

2. Vous travaillez à la direction des ressources humaines. Retenez-vous la candidature
de Sophie ? **Dites pourquoi et discutez entre vous.**

3 Un entretien d'embauche

Sophie Médiani est convoquée à la direction des ressources humaines du *Parc Astérix.*

● **Avez-vous bien compris ?**

Écoutez le dialogue et répondez par vrai ou faux.

Au cours de cet entretien d'embauche, le chargé de recrutement
pose des questions à Sophie sur...   Vrai   Faux
1. sa formation initiale ?   ☐   ☐
2. sa motivation à présenter sa candidature ?   ☐   ☐
3. ses prétentions de salaire ?   ☐   ☐
4. ses activités professionnelles ?   ☐   ☐
5. ses compétences linguistiques ?   ☐   ☐
6. les points positifs et négatifs de sa personnalité ?   ☐   ☐

outils · outils

Le passé composé

Pour raconter des actions passées.
Vous avez décidé de lui donner des responsabilités ; c'est ce qui m'intéresse.

Formation : verbe auxiliaire au présent + participe passé
J'ai effectué un stage.

• Avec l'auxiliaire *être* :
  – Les verbes pronominaux. *Je me suis inscrite à un BTS.*
  – Les verbes suivants : aller, venir, monter, descendre, entrer, sortir, retourner, arriver, rester, partir, tomber, naître, mourir, passer et leurs composés (revenir). *Vous êtes allée à Dublin ?*

• Avec l'auxiliaire *avoir* : tous les autres verbes. *Elle a acquis une plus grande expérience.*

❶ Le parcours de Mathilde

Mathilde, une collègue de Sophie Médiani, raconte ce qu'elle a fait comme études.

Conjuguez les verbes au passé composé.

Après ma deuxième année de BTS, j'… (*faire*) un stage de trois mois comme assistante comptable chez *Montillac*, une société de négoce en vins à Bordeaux. Là, j'… (*pouvoir*) acquérir une expérience en gestion. Ensuite, je … (*rester*) à Bordeaux et j'… (*continuer*) mes études. J'… (*commencer*) une licence. Pendant un an, parallèlement à mes études, j'… (*travailler*) à temps partiel le week-end chez le même négociant en vins. Après ma licence de gestion, je … (*rentrer*) chez *Montillac* en CDI comme comptable.

L'accord du participe passé

• Avec l'auxiliaire *être*, il s'accorde avec le sujet.
  Elles sont parties.
  Dans le cas des verbes pronominaux l'accord se fait avec le pronom COD.
  Je me suis inscrite.

  ❗ Quand le pronom est COI, le participe passé est invariable.
  Nous nous sommes parlé (parler à quelqu'un).

• Avec l'auxiliaire *avoir*, il ne s'accorde pas.
  Elle a poursuivi des études de gestion.

  ❗ Il s'accorde avec le COD s'il est placé avant le verbe.
  Quelles études avez-vous suivies ?
  La lettre que tu as écrite. Ils les ont contactés.

Comment dire

● **Parler de sa formation, de son expérience professionnelle**
  – J'ai fait des études de…
  – J'ai étudié… pendant…
  – Je me suis spécialisé(e) en…
  – J'ai travaillé chez… / pour…, pendant… ans.
  – J'ai fait / effectué un stage de… / comme…
  – J'ai eu l'occasion de + infinitif
  – Cette expérience m'a permis de + infinitif
  – Je suis chargé(e) de / en charge de + infinitif / + nom

❷ À vous !

Comme Mathilde, parlez de votre formation, de votre expérience professionnelle. Vous pouvez utiliser le passé composé et des mots tels que : d'abord, puis, ensuite…

❸ Entre collègues

Sophie raconte son entretien d'embauche à sa collègue de bureau.

Faites l'accord si nécessaire.

Paola Fresco : Alors, comment s'est passé… ton entretien ?
Sophie Médiani : Très bien ! Le recruteur m'a demandé… mes motivations pour le poste.
PF : Et alors ?
SM : Alors, je lui ai parlé… de mon expérience au *Futuroscope*, de l'Irlande, de ma carrière. Nous avons discuté… pendant une heure. Puis, son directeur m'a convoqué… et finalement il m'a rappelé… hier.
PF : Qu'est-ce qu'il t'a dit… ?
SM : Je suis pris… ! C'est super non ? Je les ai convaincu… rapidement.

L'imparfait

Pour évoquer des situations, des habitudes, des ambiances, pour décrire au passé…
Je devais m'occuper des passagers.

Formation
Radical à partir du « nous » du présent de l'indicatif + les terminaisons de l'imparfait :
-ais, -ais, -ait, -ions, -iez, -aient
Nous partons ➜ *Il partait*

❹ **Ce que Rachid Fouazi avait l'habitude de faire**
Rachid Fouazi explique à un recruteur son expérience d'ingénieur chez *France Telecom*.

Conjuguez les verbes à l'imparfait.

Quand je … (*travailler*) chez *France Telecom*, ma mission … (*consister*) à concevoir le système Intranet de la Direction régionale de *France Telecom* en Alsace. J'… (*être*) chargé de mettre en ligne la documentation commerciale, je … (*devoir*) aussi en assurer la diffusion.

❺ **Les actions, les tâches et la personnalité de Sophie Médiani** 📼

1. Écoutez le dialogue et complétez ces phrases.

Sophie Médiani : En Irlande, mon expérience comme hôtesse d'accueil bilingue … **(1)** de développer mes qualités relationnelles. J'…, bien sûr, … **(2)** ma pratique de l'anglais. Je … **(3)** exigeante avec moi-même et persévérante ; je … **(4)** une grande force de travail.
Nicolas Joseph : Dites-moi, en quoi … **(5)** votre travail en Irlande ?
SM : J'… **(6)** chargée d'effectuer les réservations, je … **(7)** m'occuper des passagers à l'embarquement et au débarquement des bateaux. C'… **(8)** une expérience qui m'… **(9)** de découvrir une autre culture.

2. Caractérisez les propos de Sophie Médiani. Dites :
    a. quand elle parle de ses actions passées, **b.** quand elle décrit ses tâches au passé, **c.** quand elle parle d'elle.

Imparfait, présent ou passé composé

- Quand on parle au passé, on peut utiliser dans une même phrase le passé composé et l'imparfait.
  Quand j'étais dans cette société, on m'a donné des responsabilités.

- Le passé composé indique un changement, une rupture par rapport à des habitudes, à une situation.
  Monsieur Marec était à son poste quand le directeur lui a demandé de venir dans son bureau.

- Quand on parle au présent, l'utilisation du passé composé exprime la relation étroite avec la situation présente.
  Je consulte l'offre d'emploi dans le journal que j'ai acheté ce matin.

Comment dire

● **Pour parler de ses savoir-faire professionnels et de ses centres d'intérêt**
- J'ai acquis des compétences en… / dans le domaine de…
- Je possède une bonne expérience de…
- Je maîtrise bien…
- Je parle couramment l'espagnol…
- J'ai un bon niveau en… / de…
- Je suis capable de + infinitif
- Je m'intéresse à + nom
- Je suis passionné(e) de + nom

❻ **www.emailemploi.fr**

Complétez le texte de la publicité suivante. Choisissez le temps qui convient.

Cela … (*faire*) déjà quelques mois que vous … (*perdre*) votre emploi ou que vous … (*chercher*) un nouvel élan. Une seule adresse, www.emailemploi.fr. Vous … (*recevoir*) par e-mail toutes les offres correspondant à votre profil et votre CV … (*être*) consultable par les entreprises.
… (*Faire*) comme Anne B. qui … (*être*) au chômage et qui … (*retrouver*) un emploi grâce à www.emailemploi.fr : « J' … (*être*) licenciée il y a six mois alors, je … (*s'inscrire*) à www.emailemploi.fr, et j' … (*trouver*) un emploi une semaine plus tard. »

unité

4

cas pratiques

Rechercher un emploi

 1 ## Votre lettre de candidature et votre curriculum vitæ

● **Changer de travail et de pays**

Vous souhaitez quitter votre emploi actuel pour venir travailler en France.

Choisissez parmi ces deux annonces celle qui vous intéresse le plus. Rédigez votre CV avec une lettre de motivation.

Times New Roman ▼ 12 ▼	

Société	MAGTEAM
Référence	Commercial - 0123-EF
Type	CDI
Position	Commercial
Description	Nous sommes une jeune société, indépendante et en plein développement (actuellement 10 salariés), opérant dans le conseil en entreprise et les prestations informatiques depuis 2 ans. Nous recherchons un commercial (BAC + 2 ou plus) pour prendre en charge la prospection et le développement d'un portefeuille de clients. Vos qualités de dynamisme et votre sens du contact, après une première expérience dans le secteur informatique, sont des atouts.
Ville	PARIS
Salaire	Fixe* + commissions
Début	Immédiat
Contact	Mme Guérin
Adresse	9, rue de Provence PARIS 75009
E-mail	recrute@magteam.fr

Club Med

re-joindre

Cette année, que diriez-vous de changer de vie ? Au Club Med, on retrouve l'envie de satisfaire dans chaque geste, chaque détail.
Nous sommes des professionnels talentueux, disponibles et souriants car, avant tout, nous sommes responsables du bonheur des autres.

Le Club Med recrute pour ses villages en France :

Restauration

(cuisiniers, bouchers, pâtissiers, serveurs, plongeurs)
Pour ces postes, vous avez un CAP*. Vous êtes professionnel, mobile et vous justifiez, de préférence, d'une première expérience dans votre métier ou dans l'hôtellerie.

Nous recherchons également des :
Assistants gestion H/F
Vous assistez le gestionnaire dans les tâches administratives et comptables d'un village : tenue de la comptabilité, suivi économique et contrôle interne.
Pour ces postes, vous avez bac + 2 minimum et au moins 21 ans. Vous justifiez idéalement d'une première expérience et maîtrisez l'anglais.

Nous venons recruter près de chez vous très bientôt, appelez-nous pour postuler, du lundi au vendredi, au 0 825 35 25 25, en précisant la référence À NOUS PARIS

Des métiers qui changent la vie !

Notes
* **Un fixe :** salaire identique chaque mois
* **CAP :** certificat d'aptitude professionnelle

cas pratiques

2 Une offre d'emploi d'un cabinet de recrutement

LE GROUPE

Il est spécialisé dans la fabrication et la distribution de mobilier pour l'Image et le Son et possède plusieurs usines en France.

Leader sur ses marchés, le groupe réalise un chiffre d'affaires de 23 millions d'euros et est en forte expansion.

Sa clientèle : grossistes et revendeurs spécialisés. L'activité Export représente 15 % du chiffre d'affaires et est centrée sur l'Union européenne et l'Europe centrale.

LE POSTE : Responsable export (ventes et marketing)

Rattaché au directeur général, le responsable export :
– définit et applique sur le terrain la stratégie commerciale et marketing ;
– développe, sélectionne et dynamise le réseau de distributeurs et d'importateurs ;
– négocie avec les principaux clients ;
– anime la force de vente export ;
– étudie, décrit, évalue les marchés et les conditions de concurrence locale.

LE COLLABORATEUR RECHERCH

– Âgé environ de 30 ans, il possède une formation supérieure type BAC + 4.
– Il présente aujourd'hui une pratique de la vente et du développement commercial en Europe. Il maîtrise l'allemand et l'anglais.
– Homme de terrain, autonome, imaginatif et entreprenant, c'est un développeur et un animateur.

Le poste est basé en région lyonnaise. Il implique une grande disponibilité pour des déplacements.

La rémunération sera fonction de l'expérience acquise. Les perspectives d'évolution de ce poste sont très attractives.

❶ Avez-vous bien compris ?

Lisez le document et choisissez la bonne réponse.

1. L'entreprise recrute
   a. un directeur général.
   b. un représentant.
   c. un responsable des ventes à l'étranger.

2. L'entreprise vend
   a. aux revendeurs.
   b. aux détaillants.
   c. aux particuliers.

3. Quelles sont les fonctions du candidat recruté ?
   a. Il doit définir la politique financière.
   b. Il doit rechercher des partenaires financiers à l'étranger.
   c. Il a la responsabilité du réseau commercial.

❷ À vous de recruter !

Votre entreprise implante une filiale en France.

Imaginez un poste à pourvoir et rédigez l'offre d'emploi correspondante. Comme sur le modèle ci-dessus, présentez d'abord votre entreprise, puis le poste et enfin le profil recherché.

4.3 Votre entretien d'embauche

● **Quelques conseils utiles**

Voici une liste de questions qu'un recruteur peut vous poser.

Faites correspondre à chacune de ces questions le conseil donné par un spécialiste en recrutement.

1. Parlez-moi de vous ?
2. Quels sont vos objectifs à long terme ?
3. Quels sont vos points forts ?
4. Quelles sont vos limites ?
5. Quelle rémunération espérez-vous ?
6. Pour quelles raisons quittez-vous votre emploi actuel ?
7. Que pensez-vous de votre ancien patron ?
8. Pourquoi voulez-vous travailler chez nous ?
9. Qu'est-ce qui vous plaît le plus dans le poste que nous proposons ? Qu'est-ce qui vous plaît le moins ?
10. Quelles sont vos activités extra-professionnelles ?

a. Montrez que vous avez une vie équilibrée et évitez de parler de trop d'activités extérieures : on pourrait douter du temps qui vous reste pour travailler.
b. Adaptez votre réponse à la société qui vous reçoit. Maintenez vos ambitions à un niveau réaliste.
c. Donnez au moins trois exemples dans un domaine proche du poste qu'on vous offre.
d. Essayez de connaître les salaires pratiqués dans la société ou dites votre dernier salaire.
e. Racontez votre vie en trois parties : éducation, expérience professionnelle, et ce qui s'est passé au cours des dernières années.
f. Indiquez que beaucoup des activités et des problèmes de la société sont ceux qui vous donnent l'occasion d'apporter quelque chose grâce à votre expérience.
g. Soyez positif. La plupart des responsables n'aiment pas les employés difficiles.
h. Donnez deux ou trois facteurs intéressants mais limitez les aspects négatifs à un ou deux éléments mineurs.
i. Répondez en donnant un point fort dont l'excès peut constituer une faiblesse.
j. C'est une question délicate qu'il faut traiter rapidement. Dites clairement s'il s'agit d'une réduction d'effectifs.

Entraînez-vous à l'oral

Jouez à deux un entretien d'embauche en suivant les conseils donnés par le spécialiste du recrutement.

L'entretien peut faire suite à une annonce du livre.

Le recrutement dans les entreprises

L'utilisation d'Internet par les recruteurs

Recrutez-vous via Internet ?

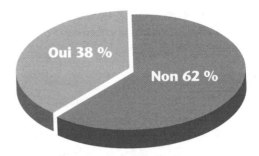

Oui 38 %
Non 62 %

Lorsque vous recrutez par Internet, utilisez-vous…

... les pages emploi des portails* 23 %

... des sites spécialisés 75 %

... le site de votre entreprise 70 %

Note
* Un portail : la page d'accueil d'un site (par exemple, la page d'accueil du journal *Le Monde*).

D'après *Management*, n°65.

Les moyens employés par les jeunes diplômés pour rechercher un emploi

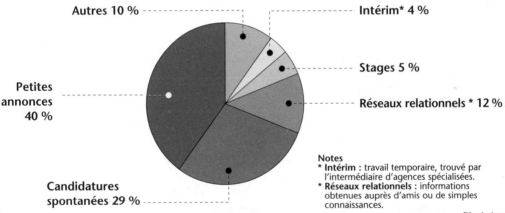

Autres 10 %

Intérim* 4 %

Stages 5 %

Petites annonces 40 %

Réseaux relationnels * 12 %

Candidatures spontanées 29 %

Notes
* Intérim : travail temporaire, trouvé par l'intermédiaire d'agences spécialisées.
* Réseaux relationnels : informations obtenues auprès d'amis ou de simples connaissances.

D'après *Apec*.

Quelques outils pour le recrutement

Classement selon la fréquence d'utilisation

Entretien 99 %

Graphologie* 93 %

Tests d'aptitude 63 %

Questionnaires de personnalité 61 %

Mini-situations de travail 34 %

Note
* Graphologie : étude de la personnalité d'une personne au travers de son écriture.

D'après Ariane Lussato, *Les tests de recrutement*, © PUF, col. « Que sais-je ? » n°3372, 1998.

❶ Une offre d'emploi incomplète

**Complétez l'offre ci-contre en choisissant
le mot qui convient.**

1. **a.** recrutant   **b.** travaillant   **c.** employant
2. **a.** demande   **b.** recherche   **c.** trouve
3. **a.** lié   **b.** dirigé   **c.** rattaché
4. **a.** gestion   **b.** éducation   **c.** conduite
5. **a.** situation   **b.** fonction   **c.** formation
6. **a.** profil   **b.** compétence   **c.** sens
7. **a.** prétentions   **b.** gains   **c.** indemnités

> Groupe international … **(1)** aujourd'hui en France plus de 3 000 collaborateurs … **(2)** pour son site industriel de Marseille son
>
> **Responsable des ressources humaines**
>
> … **(3)** au directeur d'usine, vous êtes responsable de la … **(4)** des ressources humaines d'un site industriel de 300 personnes. Vous intervenez sur tous les aspects de la … **(5)** : juridiques, sociaux, salariaux, ainsi que le recrutement.
>
> À 35 ans environ, de formation supérieure, vous avez une expérience réussie en milieu industriel où vous avez pu démontrer votre … **(6)** des responsabilités, de l'initiative et vos qualités de communication.
>
> Merci d'adresser lettre et CV ainsi que vos … **(7)** à notre conseil, Recruta - 5 rue Saint-Amand, 59800 Lille.

❷ Flash radio

**Écoutez le dialogue et choisissez
la bonne réponse.**

1. L'activité de l'entreprise est de
   a. vendre des services bancaires.
   b. placer du personnel.
   c. fabriquer des téléphones portables.

2. Les profils recherchés
   a. ne demandent aucune qualification spécifique.
   b. exigent un niveau d'études supérieures.
   c. conviennent à des débutants.

3. Les emplois proposés
   a. permettent de se lancer dans la vie professionnelle.
   b. sont des stages rémunérés.
   c. présentent de nombreux inconvénients.

❸ Les débouchés pour les jeunes diplômés par secteur d'activité

Observez le graphique et cochez la bonne réponse.

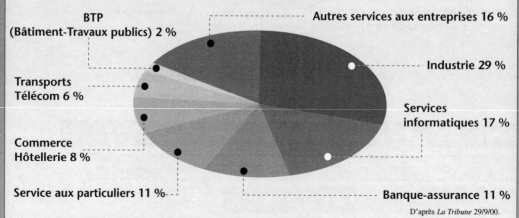

en % en 2000

BTP (Bâtiment-Travaux publics) 2 %

Autres services aux entreprises 16 %

Industrie 29 %

Transports Télécom 6 %

Services informatiques 17 %

Commerce Hôtellerie 8 %

Service aux particuliers 11 %

Banque-assurance 11 %

D'après *La Tribune* 29/9/00.

1. C'est le secteur informatique qui est le principal débouché des jeunes.
2. C'est dans l'hôtellerie qu'il y a le moins de postes à pourvoir.
3. Le secteur industriel recrute davantage que le secteur bancaire.
4. Le secteur banque-assurance est le premier recruteur.

Les relations dans le travail

situations

▶1 Informations

a.

Pragem

Élections des délégués du personnel

Le vendredi 21 juin ont lieu les élections des délégués du personnel…

b.

Note d'information
Le comité d'entreprise vous informe que la médiathèque est ouverte de 11 h à 14 h. Nous vous rappelons que les prêts sont d'une durée de huit jours.

c.

EMPLOI

Les 35 heures

Chez Sodexis, dans le cadre de la loi des 35 heures, un accord avec une réduction de 15 % du temps de travail a été conclu. En échange, les salariés ont accepté des horaires variables avec maintien des salaires. Dix emplois ont été créés.

d.

Augmentation du SMIC de 2 % au 1er juillet

e.

Revalorisation du traitement des fonctionnaires de 1 %

g.

Fichier Edition Affichage Insertion Format Outils Message ?

Envoyer | Couper Copier Coller Annuler Vérifier Ortho...

De : CITEM
À :
Cc :
Objet : FO – CFDT

Grève des commerciaux suite aux 28 suppressions de postes prévues. Rendez-vous le 2 mars à la cafétéria pour un communiqué de vos délégués.

f.

M. Yvon Le Tail a démissionné ce matin de son poste de ministre de l'Économie et des Finances

h.

CGT
Non aux licenciements dans le secteur bancaire !

Note
* Des syndicats français
CGT (Confédération générale du travail)
CFDT (Confédération française démocratique du travail)
FO (Force ouvrière)

❶ Où trouve-t-on ces informations ?
Dites s'il s'agit d'une information interne ou externe à l'entreprise (notez la lettre) ?
Interne : a,… Externe : …

situations

❷ Connaissez-vous ces expressions ?

Regroupez les expressions qui ont un rapport avec : 1) les rémunérations, 2) le temps de travail, 3) les conditions de travail.

un bulletin de paie – un plein-temps – une augmentation – une indemnité de transport – un jour ouvré – le temps partiel – des heures supplémentaires – l'emploi – un comité d'entreprise – des pourboires – un contrat de travail – une grève – un jour férié – les cotisations patronales – le salaire minimum interprofessionnel de croissance (SMIC) – un délégué du personnel – un traitement – un contrat à durée déterminée (CDD) – un jour chômé – un mi-temps – une formation – les 35 heures – le chômage – un recrutement – les horaires variables – la paie – un licenciement – une démission – un contrat à durée indéterminée (CDI) – le salaire

❸ Les contraires

Trouvez pour chaque mot une expression de sens contraire.
(Plusieurs réponses sont possibles.)

un licenciement : …   une réduction : …   un jour férié : …
un plein-temps : …   l'emploi : …

➤2 À la direction des ressources humaines 📼

Mme Marine Gregoff, directrice des ressources humaines d'*Europost*, reçoit M. Sylvain Aubourt.

Marine Gregoff : Bonjour Monsieur Aubourt.

Sylvain Aubourt : Bonjour Madame.

MG : Je vous en prie, asseyez-vous. Vous êtes engagé comme chef de projet informatique dans notre filiale de Marseille. Toutes mes félicitations.

SA : Merci.

MG : Vous avez reçu votre contrat de travail, je suppose ?

SA : Oui, tout à fait. À ce propos, j'avais une ou deux questions à vous poser.

MG : Bien sûr, allez-y.

SA : J'ai noté que ma rémunération annuelle brute est fixée à 50 000 euros. Or, dans mon dernier entretien de recrutement, j'ai dit que mes prétentions s'élevaient à 51 500 euros. Pensez-vous qu'il soit envisageable de revoir mon salaire à la hausse ?

MG : Je crains que cela ne soit pas possible pour le moment. N'oubliez pas que vous recevrez une prime d'intéressement sur les résultats de l'entreprise dès la première année après la période d'essai qui, je vous le rappelle, est de trois mois.

SA : D'accord. Autre chose, en ce qui concerne la visite médicale d'embauche…

MG : Ne vous inquiétez pas. Il faut que l'on vous convoque. Je m'en occupe. Vous avez d'autres questions ?

❶ Avez-vous bien compris ? 📼

Écoutez le dialogue et répondez par vrai ou faux.

	Vrai	Faux
1. M. Sylvain Aubourt vient à un entretien de recrutement.	☐	☐
2. Il est finalement d'accord avec le salaire proposé.	☐	☐
3. Mme Gregoff lui propose une rémunération supplémentaire.	☐	☐
4. M. Sylvain Aubourt doit passer une visite médicale d'embauche.	☐	☐

❷ **Le contrat de travail**

Le contrat de travail peut prendre la forme d'une lettre d'engagement.

Écoutez le dialogue (page 52) et complétez la lettre d'engagement de Sylvain Aubourt.

> Monsieur,
>
> Nous avons le plaisir de vous confirmer que vous êtes engagé chez *Europost*, 13 allée de Chevreuse 78000 Versailles, à partir du 10 novembre 2001, par ……… **(1)** de travail à durée indéterminée, sous réserve de la visite ……… **(2)** d'embauche.
>
> Vous exercerez la fonction de ……… **(3)**.
>
> Votre engagement ne sera définitif qu'à l'issue d'une ……… d'……… **(4)** de trois mois au cours de laquelle chacune des parties pourra mettre fin au contrat à tout moment.
>
> En rémunération de votre activité, vous recevrez un ……… **(5)** annuel de 50 000 euros pour un horaire hebdomadaire de 35 heures. Vous recevrez en outre une ……… **(6)** d'intéressement accordée au personnel selon les conventions en vigueur dans l'entreprise.
>
> Votre lieu de travail sera à Marseille, dans notre ……… **(7)**.
>
> Nous vous remercions de bien vouloir nous retourner un exemplaire de la présente sur lequel vous aurez fait précéder votre signature de la mention « lu et approuvé ».
>
> Recevez, Monsieur, nos meilleures salutations.
>
> La directrice des ressources humaines

❸ Un congé de formation

Yasmina Lambert téléphone à Matthieu Léonetti, délégué du personnel chez *Europhone*.

Yasmina Lambert : Oui, bonjour Monsieur, je vous appelle pour obtenir des informations concernant un congé de formation de huit mois. Euh, j'aimerais connaître les conditions à remplir pour que ce congé puisse m'être accordé.

Matthieu Léonetti : Alors, vous êtes chez nous depuis combien de temps ?

YL : Humm…, ça fait seize mois. Je m'occupe de la commercialisation du nouveau portable.

Les conditions à respecter pour l'obtention d'un congé individuel de formation

Il faut que le salarié ait 24 mois d'ancienneté, consécutifs ou non, dans la branche professionnelle dont 12 mois dans son entreprise actuelle. Il est impératif qu'il ait respecté un délai minimum de 6 mois entre deux stages de formation. Enfin, la demande de congé doit être faite par écrit, 3 mois avant le début du stage si celui-ci est d'une durée supérieure ou égale à 6 mois. Le salaire versé à la personne en congé de formation correspond à 80 % du salaire brut.

ML : Et avant, qu'est-ce que vous faisiez ?

YL : J'ai travaillé pendant trois ans dans une entreprise de téléphonie mobile comme agent commercial…

ML : Et, est-ce que vous avez déjà suivi une formation depuis six mois ?

YL : Oui, j'ai suivi il y a quatre mois une formation informatique de quinze jours.

ML : Bon, vous souhaiteriez partir en congé de formation dans combien de temps ?

YL : D'ici trois mois.

ML : Eh bien, écoutez, je vais vous envoyer un e-mail afin que vous puissiez prendre connaissance des conditions. Et essayez de me rappeler la semaine prochaine.

● **Avez-vous bien compris ?**

Yasmina Lambert peut-elle obtenir un congé de formation ?

Écoutez le dialogue, lisez l'e-mail et complétez le tableau.

Conditions d'obtention en mois	En général	Yasmina Lambert
Ancienneté dans la même activité	…	…
Délai entre deux stages	…	…
Délai de demande de congé	…	…
Ancienneté dans l'entreprise actuelle	…	…
Durée du stage demandé	…	…

Subjonctif ou indicatif ?

- Le subjonctif indique une action possible mais pas certaine.
  Il souhaite que le directeur le reçoive le plus tôt possible.
  - Formation du subjonctif présent :
    radical de la 3e pers. du pluriel du présent de l'indicatif
    + terminaisons : -e, -es, -e, -ions, -iez, -ent.
    Écrire – ils écriv-ent ➡ *Il est indispensable que vous écriviez au directeur du personnel.*
  - Les sujets doivent être différents : *Je crains que sa candidature ne soit pas acceptée.*
    Mais : *Je crains de ne pas accepter cette proposition.*

- L'indicatif indique une certitude, une forte probabilité.
  Il est certain que la grève se termine demain. Nous pensons qu'il obtiendra un CDI.

Quelques verbes irréguliers au subjonctif :
être *(que je sois)*,
avoir *(que j'aie)*,
aller *(que j'aille)*,
faire *(que je fasse)*,
savoir *(que je sache)*,
pouvoir *(que je puisse)*.

❶ Pour exprimer…
Relevez les subjonctifs dans le dialogue et l'e-mail de la situation 3 (p. 53).
Qu'est-ce qu'ils expriment : une volonté, une nécessité, une intention, un but… ?

Comment dire

● **Exprimer une nécessité, une obligation, une interdiction**
- Il faut + que + subjonctif. *Il faut que le salarié ait 24 mois d'ancienneté.*
- Devoir / Être tenu de + infinitif. *Vous êtes tenu de passer une visite médicale d'embauche.*
- Il faut + infinitif. *Il leur faudra s'adapter aux nouvelles techniques.*
- Il est interdit de + infinitif. *Il est interdit de passer des coups de téléphone personnels.*

● **Exprimer une volonté, un souhait, un désir, un sentiment**
- Souhaiter + que + subjonctif. *Nous souhaiterions que vous fassiez des heures supplémentaires.*
- Il est préférable + que + subjonctif. *Il est préférable que vous envoyiez votre courrier rapidement.*
- Ça me fait plaisir + que + subjonctif. *Ça me fait plaisir que vous soyez à notre réunion aujourd'hui.*

Attention : Espérer + que + indicatif (souvent futur). *J'espère qu'il viendra.*

❷ Ce que l'on entend chez la directrice des ressources humaines
Reliez ces parties de phrases et dites si l'on utilise l'indicatif ou le subjonctif.

1. Je sais que
2. Je crains que
3. Pensez-vous qu'
4. Je suis sûre qu'
5. J'aimerais que

a. il ait une expérience suffisante pour ce poste ?
b. Marina est très compétente.
c. il prendra ses congés en mars.
d. vous me donniez une réponse positive.
e. le personnel fasse grève.

❸ Le règlement chez *Europhone*
Vous êtes recruté(e) par la société *Europhone* et vous prenez connaissance du règlement intérieur.
Faites des phrases comme dans l'exemple.
Exemple : Garder le secret professionnel (être tenu de – vous) ➡ *Vous êtes tenu(e) de garder le secret professionnel.*
1. Observer les notes de service (devoir – vous)
2. Recevoir des visites personnelles dans l'entreprise (être interdit de)
3. Respecter les horaires (il faut que – vous)
4. Tenir les bureaux rangés (être impératif de)
5. Faire un travail personnel dans les locaux (être strictement interdit que – vous)

Comment dire

● **Exprimer une crainte, un doute**
– Avoir peur + que + subjonctif.
J'ai peur que les nouveaux produits arrivent sur le marché.
– Douter + que + subjonctif.
Je doute que votre demande soit acceptée.

● **Pour exprimer un but, une intention**
– Pour que / Afin que + subjonctif.
*La durée légale du temps de travail a été réduite à
35 heures pour que de nouveaux emplois puissent êtres créés.*
– Pour / Afin de + infinitif.
*Le conseil d'administration s'est réuni afin d'établir une
nouvelle politique salariale.*

❹ **À vous de parler !**
Vous avez demandé à votre responsable du personnel de travailler à mi-temps afin de consacrer plus de temps à votre famille. Vous n'êtes pas certain(e) que votre demande soit acceptée. Vous faites part de votre inquiétude à votre collègue et ami(e) qui vous donne son point de vue et vous rassure.
Jouez la scène.

❺ **La lettre de demande de congé formation**
Le correcteur orthographique de l'ordinateur n'a pas fonctionné.
Corrigez les fautes.

Monsieur le directeur,

Je me permets de solliciter un congé individuel de formation pour *amélioré* **(1)** mes compétences informatiques dans le cadre d'un stage intensif de 15 jours. Ce stage, organisé par le centre CTS Informatique, se déroulera du 1er au 15 avril à raison de sept heures par jour.

Pour que le dossier de prise en charge de mon salaire *peut* **(2)** être accepté, il serait utile que vous me *répondrez* **(3)** rapidement. En effet, il est indispensable que cette formation *a* **(4)** lieu avant les vacances si vous souhaitez que je *serai* **(5)** opérationnel avec le nouveau matériel.

J'espère que vous *donniez* **(6)** une suite favorable à ma demande et dans l'attente de votre réponse, je vous prie d'agréer, Monsieur le directeur, l'expression des mes sentiments respectueux.

Hubert Gontrand

Le subjonctif passé

• Il indique une action antérieure à celle de la proposition principale.
• Formation :
auxiliaire *être* ou *avoir* au subjonctif présent + participe passé.
Il est surpris que le responsable marketing soit déjà parti en congé.
Il faut que vous ayez formulé votre demande avant trois mois.

❻ **Mme Bergman, contrôleuse de gestion, recherche un assistant**
Elle parle du profil recherché à Mme Gregoff à la DRH (direction des ressources humaines) qui va préparer l'annonce.
Complétez au subjonctif présent ou passé.

« Je souhaiterais une personne qui ...... *(faire)* une école supérieure de commerce et qui ...... *(déjà travailler)* dans le même secteur. Il est vraiment indispensable qu'elle ...... *(suivre)* une bonne formation en comptabilité et en informatique. Ça m'intéresse aussi que la personne ...... *(pratiquer)* pendant quelques années la comptabilité analytique. Je doute que les candidats ...... *(pouvoir)* réunir tous ces critères. L'important est que vous ...... *(trouver)* rapidement. »

unité

5

1 Les différentes formes de congés

❶ À chacun son congé !

Écoutez les différents salariés. Puis, à l'aide du tableau suivant, dites à quel type de congé correspond chacun des souhaits exprimés.

Personne 1 : ......   Personne 2 : ......   Personne 3 : ......
Personne 4 : ......   Personne 5 : ......

Types de congés	Objectifs du congé
1. Congé pour convenance personnelle	→ Permettre au salarié de prendre du recul par rapport à son travail.
2. Congé de maternité	→ Permettre à la mère de se reposer et de s'occuper de son enfant.
3. Congé parental d'éducation	→ Permettre au salarié de s'occuper de l'éducation de son enfant.
4. Congé individuel de formation	→ Permettre au salarié d'augmenter son niveau de compétences.
5. Congé annuel	→ Permettre au salarié de se reposer en cours d'année.

❷ À vous de demander un congé

Dans le cadre de votre entreprise, vous souhaitez obtenir maintenant un congé individuel de formation (CIF).

Rédigez la lettre de demande de congé que vous adresserez au responsable de la formation de votre entreprise.

2 Le licenciement

❶ Procédure applicable en cas de licenciement pour cause personnelle

Associez le dessin et la bonne légende pour suivre l'ordre de la procédure. Formulez ensuite les étapes de la manière suivante.

Exemple : Il faut que le directeur du personnel envoie une lettre recommandée...

❶

❷

DÉLAI : CINQ JOURS !
❸

❹

UN JOUR APRÈS L'ENTRETIEN !
❺

❻

a. Envoi de la lettre recommandée informant du licenciement (début du préavis).

b. Délai après réception de cinq jours au minimum.

c. Projet de licenciement. L'employeur est tenu de convoquer le salarié.

d. Délai minimal d'un jour après le jour de l'entretien.

e. Entretien. Le salarié a la possibilité de se faire assister par un représentant du personnel.

f. Envoi de la lettre de convocation en recommandé avec accusé de réception.

❷ Une autre forme de licenciement

Top Dogs met en scène des cadres dirigeants licenciés du jour au lendemain. Abandonnés, ils se retrouvent dans une agence de reconversion " outplacement " qui doit les réinsérer dans la vie professionnelle. Elle leur fait subir une remise en confiance, grâce à une psychothérapie de groupe, des confessions publiques, des jeux de rôles. Cette pièce, écrite par l'auteur suisse Urs Widmer, a été produite dans plus de cent théâtres différents dans plusieurs pays. Daniel Benoin la met en scène en France. L'auteur de la pièce nous explique son projet :

« En janvier 1996, je préparais une pièce avec Volker Hesse. Nous voulions parler de cette forme particulière de chômage qui touche les cadres supérieurs, les "Top Dogs", ces hommes et ces femmes du management qui bénéficiaient avant leur licenciement de salaires élevés et de tous les autres avantages que leur offre notre société. Ce phénomène étant nouveau, nous avons fait une enquête dans le monde du management. Nous voulions rencontrer le plus grand nombre de cadres licenciés et des agences de "outplacement" nous ont aidés dans nos recherches. Ces agences, qui sont une invention américaine, vivent des scrupules de beaucoup de chefs d'entreprise qui doivent licencier un personnel extrêmement compétent et travaillant depuis de nombreuses années dans l'entreprise : elles reçoivent beaucoup d'argent des directions de ces entreprises pour aider les ex-salariés dans la recherche d'un nouvel emploi (environ 19 000 euros par personne). Un bureau de "outplacement", ce n'est pas une agence d'emploi. Il accompagne le licencié. Il lui apporte un soutien moral, lui donne de solides moyens logistiques : secrétaire, télécopieur, photocopieur, ligne téléphonique… Pour l'ancien cadre dirigeant, on dirait que rien n'a changé. D'ailleurs, même au niveau du langage, on entretient cette illusion. Car un manager n'est pas licencié, il "quitte la société" ; il ne cherche pas une nouvelle place, mais il "s'occupe de sa carrière". »

D'après *Saison 2000 du Théâtre de Chaillot* – Paris.

Lisez le texte ci-dessus et choisissez la bonne réponse.

1. Quelle est l'activité d'une agence de reconversion ?

   a. Aider les employés licenciés à retrouver un emploi.

   b. Diffuser des petites annonces.

   c. Faire passer des entretiens de recrutement pour les entreprises.

2. Quels sont les clients de l'agence de reconversion ?

   a. Tous les salariés.

   b. Les cadres dirigeants.

   c. Les entreprises.

3. Pourquoi fait-on appel aux agences de reconversion ?

   a. Pour recruter de nouvelles personnes compétentes.

   b. Pour se donner bonne conscience.

   c. Pour la formation continue.

unité

5 Les relations dans le travail — cas pratiques

3 Le règlement intérieur

❶ Les différents articles du règlement intérieur

......
Art. 2 : La durée du travail
Art. 3 : Règles et fonctionnement du service
Art. 5 : Relations dans le travail
......
Art. 7 : Infractions susceptibles d'entraîner le licenciement sans préavis ni indemnité
Art. 8 : Dispositions relatives à la discipline
......
Art. 12 : Publicité
Art. 13 : Sécurité
......

Extrait de l'article 7
Toutes les infractions énumérées sont susceptibles d'entraîner le licenciement immédiat sans préavis ni indemnité :
– refus d'obéissance,
– dépréciation volontaire du matériel et des locaux,
– perception de rémunérations cachées de fournisseurs ou de clients,
– ivresse manifeste en service,
– attitude insolente, injures, violence physique…

Associez ces phrases aux articles du règlement intérieur.

a. Le personnel témoin d'un début d'incendie doit immédiatement donner l'alerte.
b. Il est strictement interdit de manquer de respect au personnel ainsi qu'à la clientèle.
c. L'horaire est affiché sur les lieux de travail. Le personnel est tenu de s'y conformer. L'adoption d'un horaire variable permet d'aménager ses heures d'entrée et de sortie.
d. Tout employé est tenu de passer, au moins une fois par an, un examen médical. Le refus de s'y conformer peut entraîner des sanctions allant jusqu'au licenciement sans préavis ni indemnité.
e. Tout salarié est dans l'obligation d'observer les notes de service de la direction.

❷ Le motif du licenciement
Pour licencier du personnel, il faut que le motif soit réel et sérieux. Ces personnes risquent-elles un licenciement ?

Cochez la bonne réponse. Oui Non
1. Le chauffeur livreur est arrivé dans l'entreprise complètement soûl après avoir bu une bouteille de whisky. ☐ ☐
2. Le chef de service s'est battu physiquement avec un employé. ☐ ☐
3. La secrétaire a voulu déplacer l'imprimante et l'a fait tomber. L'appareil doit être remplacé. ☐ ☐
4. La nouvelle employée n'a pas voulu se rendre à la visite médicale obligatoire. ☐ ☐
5. Le chef des achats a touché un « pot de vin » d'un fournisseur. ☐ ☐
6. La standardiste a eu deux légers retards cette semaine. ☐ ☐

Entraînez-vous à l'oral

Mécontent de certaines de vos conditions de travail dans votre entreprise, vous exprimez vos remarques personnelles à votre délégué syndical. Voici des raisons d'exprimer votre mécontentement et de proposer des solutions.
Imaginez la conversation entre le délégué et deux collègues salariés. Jouez la scène.

Non aux salaires bloqués depuis 5 ans !
Non à la cantine d'entreprise obligatoire !
Oui au rétablissement des tickets restaurant !
Oui au paiement des heures supplémentaires ou à la récupération en jours de congé au choix du salarié !

Une enquête sur le temps de travail

Cette enquête a été menée auprès d'actifs (salariés, travailleurs indépendants...) qui travaillent à temps plein.

Le temps de travail dans certains pays européens
Combien d'heures travaillez-vous par semaine ?

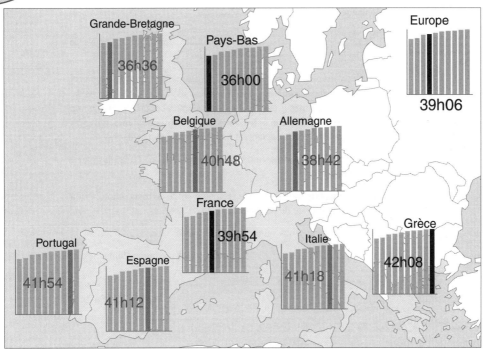

Le temps et l'argent

De manière générale, de quoi avez-vous le sentiment de manquer le plus : de temps ou d'argent ?

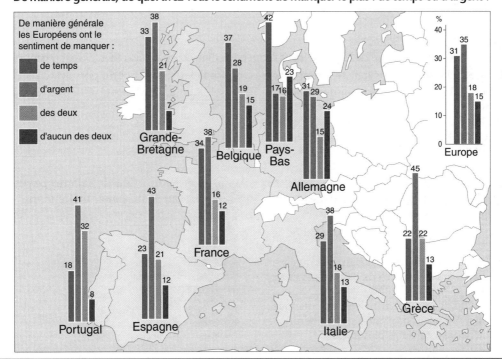

❶ Une lettre de licenciement

Lisez la lettre et choisissez la bonne réponse.

> Monsieur,
>
> À la suite de notre entretien du 17 septembre, nous avons le regret de vous confirmer votre licenciement pour faute grave.
>
> En effet, vous n'avez pas tenu compte de nos nombreux avertissements relatifs à vos absences répétées. En outre, vous avez manifesté votre impatience et usé de termes grossiers avec une cliente, ce qui a provoqué un scandale dans tout le magasin. Ces faits constituent une faute grave et témoignent du non-respect du règlement intérieur et du contrat de travail.
>
> En conséquence, à la réception de cette lettre, vous ne ferez plus partie de notre personnel.
>
> Votre certificat de travail et votre reçu pour solde de tout compte sont à votre disposition au service du personnel.
>
> Recevez, Monsieur, nos salutations distinguées.
>
> Le directeur des ressources humaines

	Vrai	Faux	Non mentionné
1. Cette lettre est adressée au chef des ventes de l'entreprise.	☐	☐	☐
2. Les deux personnes se sont rencontrées avant cette lettre.	☐	☐	☐
3. Le destinataire de la lettre est licencié pour de graves erreurs de facturation.	☐	☐	☐
4. Avant de partir, le destinataire de la lettre pourra prendre des documents.	☐	☐	☐

❷ Les 35 heures

On vient de mettre en place les 35 heures dans l'entreprise. Cinq collègues discutent. Qu'expriment-ils ?

Écoutez, choisissez dans la liste et faites correspondre la lettre à la bonne personne.

Personne 1 : ...
Personne 2 : ...
Personne 3 : ...
Personne 4 : ...
Personne 5 : ...

a. un doute
b. une certitude
c. une interdiction
d. une obligation

e. une volonté
f. un sentiment
g. une crainte

❸ Qui sont les salariés payés au SMIC ?

Observez le graphique et choisissez la bonne réponse.

1. Près d'un quart des 26-30 ans gagne le SMIC.
2. C'est dans la tranche des plus âgés qu'il y a le plus grand nombre de salariés payés au SMIC.
3. Les moins de 26 ans paient leur manque d'expérience par une rémunération inférieure à celle des plus âgés.

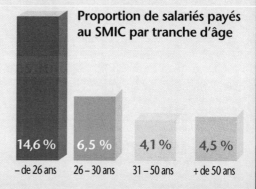

Proportion de salariés payés au SMIC par tranche d'âge

– de 26 ans	26 – 30 ans	31 – 50 ans	+ de 50 ans
14,6 %	6,5 %	4,1 %	4,5 %

module
2

Pratiques

Contrats d'apprentissage

unité

6 Prendre contact par téléphone

Thèmes et situations	Savoir-faire professionnels	Outils grammaticaux	Documents professionnels
• Les différents échanges téléphoniques	• Prendre et transmettre des messages simples • Filtrer et orienter les appels • Identifier l'interlocuteur et sa demande • Conclure et prendre congé	• Situer une action dans le temps / une durée : les marqueurs temporels • Le gérondif	• Fiches téléphoniques, notes • Agendas

unité

7 Organiser son emploi du temps

Thèmes et situations	Savoir-faire professionnels	Outils grammaticaux	Documents professionnels
• Prendre rendez-vous par téléphone • Gérer son emploi du temps	• Fixer, reporter et annuler un rendez-vous • Établir un planning	• Exprimer l'antériorité dans le futur et le passé : le futur antérieur et le plus-que-parfait	• Fiches téléphoniques, notes • Agendas • Carton d'invitation, carte de visite professionnelle

unité

8 Organiser un déplacement

Thèmes et situations	Savoir-faire professionnels	Outils grammaticaux	Documents professionnels
• Participer à un congrès • Organiser un séminaire	• Comprendre une lettre d'invitation, un programme de visite • Faire / annuler des réservations • Remplir un dossier d'inscription, une fiche de suivi séminaire • Informer et s'informer sur l'organisation d'un séminaire • Établir une liste de contrôle de tâches • Faire des suggestions sur des aspects de son pays / sa région	• Développer des hypothèses : le conditionnel présent et passé	• Lettre d'invitation, lettre de demande de renseignements • Notes, programme de visites • Dossier d'inscription, fiche de suivi séminaire

unité

9 Marché et résultats de l'entreprise

Thèmes et situations	Savoir-faire professionnels	Outils grammaticaux	Documents professionnels
• Le marché de l'entreprise et les études de marché • La situation financière de l'entreprise et ses résultats	• Comprendre un communiqué financier • Comprendre et rédiger un compte rendu • Comprendre un questionnaire, commenter des résultats • Rédiger une lettre d'accompagnement à un questionnaire	• Comparer et hiérarchiser une qualité, une quantité : les comparatifs et les superlatifs	• Communiqué financier • Compte rendus, graphiques, histogrammes… • Questionnaires, bilan

unité

10 Fabrication et mode d'emploi

Thèmes et situations	Savoir-faire professionnels	Outils grammaticaux	Documents professionnels
• Un processus de fabrication • Un mode d'emploi	• Comprendre et expliquer un processus de fabrication • Comprendre un exposé • Comprendre et expliquer un mode d'emploi	• Exprimer les actions d'un processus : la forme passive… • Exprimer la finalité, le but recherché : pour, afin de…	• Compte rendu, mode d'emploi • Site Internet, lettre de demande de renseignements • Processus de fabrication

Prendre contact par téléphone

situations

➔ 1 Vous avez un message sur votre répondeur 📼

❶ « *Bonjour, vous êtes bien sur la messagerie vocale de Marc Grimbert. Je suis actuellement indisponible. Laissez-moi vos coordonnées et je vous rappellerai dès mon retour. Merci.* »

❷ « *Message urgent, pour toi Éric... . En vérifiant les données du système, j'ai constaté de graves problèmes de calcul. Rappelle-moi vite sur mon portable au 06.25.34.56.15.* »

❸ « *Oui, bonjour, Marine Juliard de la société Eurotel. J'essaie de vous joindre depuis deux jours sur votre ligne directe et sur votre portable mais je tombe toujours sur votre messagerie. J'espère que vous avez pu lire les modifications du contrat. Je continue le rapport tout en attendant les données définitives. Je vous rappelle dans une heure pour en discuter. À tout à l'heure.* »

❹ « *Vous êtes bien au service Téléphone Info de la SNCF. En raison d'une grève du personnel, de nombreux trains sont retardés ou annulés sur le réseau banlieue et les grandes lignes. Le trafic restera très perturbé pendant 24 heures. La SNCF vous prie de l'excuser pour la gêne occasionnée et met tout en œuvre afin de rétablir une situation normale.* »

DRRiiiNG !

❺ « *Oui Christian, bonjour, Anne-Sophie à l'appareil... Un bref message pour répondre à ton e-mail de ce matin... La première partie du projet se déroule sans problème... Notre équipe travaille en intégrant les demandes du client... Je t'envoie mon compte rendu par e-mail pour plus d'informations... à plus tard.* »

❻ « *RTS Informatique, bonjour. Vous êtes bien au 01.25.23.56.88. Nos bureaux sont ouverts pendant la semaine, du lundi au vendredi de 8 h 45 à 12 h et de 13 h à 17 h 45. En dehors de ces horaires, veuillez laisser votre message après le signal sonore. Merci.* »

● Avez-vous bien compris ? 📼

Écoutez ces messages téléphoniques. Cochez la bonne réponse.

	Messages					
	1	2	3	4	5	6
Qui parle ?						
Une personne qui appelle.	☐	☐	☐	☐	☐	☐
Une personne qui est appelée.	☑	☐	☐	☐	☐	☐
Que dit la personne ?						
Elle se présente.	☑	☐	☐	☐	☐	☐
Elle donne une information.	☐	☐	☐	☐	☐	☐
Elle s'excuse.	☐	☐	☐	☐	☐	☐
Elle propose de laisser un message.	☑	☐	☐	☐	☐	☐
Elle propose de rappeler.	☑	☐	☐	☐	☐	☐
Elle demande à être rappelée.	☐	☐	☐	☐	☐	☐

1-2 Un message pour Madame Leroux

Monsieur Fourniaud téléphone à la société *Amax*.

Standardiste : Société *Amax,* bonjour.
Patrick Fourniaud : Bonjour, Patrick Fourniaud de la société *Eurofin*, je souhaiterais parler à Mme Leroux.
S : Ne quittez pas, je vous mets en relation... Désolée, le poste de Mme Leroux est occupé, désirez-vous être mis en attente ? Ou sinon, rappelez-la dans cinq à dix minutes...
PF : Eh bien écoutez, je préfère que vous me transfériez sur sa boîte vocale.
S : D'accord, ne quittez pas, au revoir.

Messagerie de Mme Leroux :
« Bonjour vous êtes bien sur la messagerie vocale de Martine Leroux. Je suis absente ou sur une autre ligne pour le moment. Laissez-moi vos coordonnées et je vous rappellerai dès que possible. Merci. »

Voix de l'opératrice :
« Veuillez parler après le signal sonore. À la fin de votre appel, tapez sur la touche étoile ou raccrochez. »

Message de M. Fourniaud :
« Mme Leroux bonjour, Patrick Fourniaud à l'appareil... Comme je n'ai pas reçu de réponse à mon e-mail du lundi 6, je souhaiterais que vous me rappeliez le plus rapidement possible. C'est au sujet de notre rendez-vous de lundi prochain avec nos partenaires allemands. Par avance merci, j'attends votre appel. Au revoir. »

Voix de l'opératrice :
« Pour réécouter votre message, appuyez sur la touche 1. Pour effacer et réenregistrer votre message, appuyez sur la touche 2. Pour quitter la messagerie, raccrochez. »

❶ Avez-vous bien compris ?

Écoutez la conversation téléphonique et cochez la bonne réponse.

Que fait la personne ?	M. Fourniaud	La standardiste	Mme Leroux	L'opératrice
	Qui parle ?			
Elle se présente.	✔			
Elle filtre les appels.				
Elle propose de mettre en attente.				
Elle demande un transfert de l'appel.				
Elle promet de rappeler.				
Elle donne des instructions.				
Elle remercie.				

❷ Un contretemps
Mme Leroux a laissé la note suivante à sa secrétaire, Aline.
Vous êtes Aline et vous laissez un message sur la boîte vocale de M. Fourniaud.

Aline,
Téléphonez d'urgence à M. Fourniaud. Impossible de me libérer lundi. Je pars d'urgence en mission. M. Gibert me remplacera.
Veuillez présenter mes excuses.
Martine Leroux

3 Un correspondant entêté

● **Avez-vous bien compris ?**

1. Écoutez l'entretien et complétez la fiche téléphonique transmise par la secrétaire.

Destinataire :

M. ....

Date .... Heure ....

EN VOTRE ABSENCE

M. ....

Société : ....

Tél : .... Fax : ....

○ Est venu   ○ Désire vous voir   ○ Rappellera

○ A téléphoné   ○ Rappeler   ○ Urgent

Objet : ....

....

....

---

2. Pendant cet échange téléphonique, que fait la secrétaire de Mme Ladure ?

Écoutez l'entretien et répondez par vrai ou faux. Justifiez vos réponses.

	Vrai	Faux
a. Elle se montre impolie avec M. Zerca.	☐	☐
b. Elle fait comprendre à M. Zerca que Mme Ladure ne souhaite pas lui parler.	☐	☐
c. Elle donne satisfaction à M. Zerca.	☐	☐
d. Elle fait correctement son travail de secrétaire.	☐	☐
e. Elle fait du filtrage téléphonique.	☐	☐
f. Elle met en attente la communication.	☐	☐
g. Elle explique pourquoi Mme Ladure n'est pas disponible.	☐	☐
h. Elle propose à M. Zerca d'écrire.	☐	☐

3. Écoutez l'entretien et remettez dans l'ordre les étapes de cette conversation téléphonique.

a. La secrétaire identifie l'objet de l'appel. ...
b. La secrétaire identifie l'émetteur de l'appel. ...
c. L'émetteur de l'appel se présente. ...
d. L'émetteur salue et donne le nom de la personne souhaitée. *1*
e. La secrétaire promet que la personne demandée rappellera. ...
f. La secrétaire filtre l'appel. ...
g. L'émetteur demande à communiquer directement avec la personne souhaitée. ...
h. L'émetteur donne le motif de son appel. ...

Prendre contact par téléphone

Il y a combien de temps ? Dans combien de temps ?

- Pour situer une action dans le passé / dans le futur par rapport au moment où l'on parle.
  - Verbe au passé composé + *il y a...* *J'ai rencontré Mme Ladure il y a huit jours...*

  - Verbe au futur
    - futur proche
    - présent
    - impératif
  + *dans...*
    - *Je la rappellerai*
    - *Je vais la rappeler*
    - *Je rappelle*
    - *Rappelez-la*
  dans cinq à dix minutes.

Depuis combien de temps ?

- Pour indiquer l'origine d'une action, d'une situation actuelle qui continue.
  - Verbe au présent + *depuis...* : *J'essaie de vous joindre depuis deux jours sur votre portable.*
  Il y a... que + verbe au présent : *Il y a une heure qu'il est en ligne.*
  Cela fait... que + verbe au présent : *Cela fait quatre jours que j'essaie de la joindre.*

  ! Quand la phrase est négative, le verbe est souvent au passé :
  Cela fait deux mois que je ne l'ai pas rappelé.

❶ Ils ne sont vraiment pas contents !

Transformez les phrases comme dans l'exemple.
Exemple : J'essaie de vous joindre. (une heure – depuis)
➞ *J'essaie de vous joindre depuis une heure !*
1. Je vous ai déjà téléphoné. *(deux jours – il y a)* –
2. J'attends au téléphone. *(vingt minutes – cela fait... que)*
– **3.** Elle me rappelle. *(deux heures – dans)* – **4.** Je vous dis
que je l'ai rencontré au congrès. *(une semaine – il y a)* –
5. Vous me répondrez. *(un mois – dans)* – **6.** Vous n'avez
pas écouté votre messagerie. *(deux jours – depuis)* – **7.** Il
est toujours en ligne. *(deux heures – cela fait... que)*

Pendant combien de temps ?
Pour combien de temps ?

- Pour indiquer une durée connue à l'avance, donc limitée.
  - Avec *pour* M. Breton est en déplacement *pour une semaine.*
  - Avec *pendant* Le trafic restera très perturbé *pendant 24 heures.*
  Nos bureaux sont ouverts pendant la semaine.

Comment dire

● **Identifier l'interlocuteur / l'objet de l'appel**
– C'est de la part de qui ? – Qui dois-je annoncer ?
– Pouvez-vous me rappeler / m'indiquer votre nom ?
– Puis-je vous renseigner ?
– C'est à quel sujet ? – En quoi puis-je vous être utile ?
– Quel est l'objet de votre appel ?

❷ Tout va bien !
Anne-Sophie Roussel, consultante,
envoie un e-mail à son responsable.

Complétez-le avec : depuis (2 fois) –
il y a – cela fait... que – dans – pendant.

Times New Roman ▾ 12 ▾ ᴱ, | G *I* s A, |

François,
Comme prévu, je t'envoie le rapport de
la première partie de notre mission chez
Énergies de France. ... **(1)** maintenant
deux semaines ... le projet est entré dans
sa phase opérationnelle. ... **(2)** les trois
premiers jours, notre équipe a vérifié la
conformité du projet. Nous avons
rencontré ... **(3)** dix jours – tu t'en
souviens – un très sérieux problème, mais
nos ingénieurs ont trouvé la solution.
Tout est en ordre à présent. ... **(4)** le
début de cette semaine, nous effectuons
les tests d'utilisation du système.
L'ambiance au travail est excellente, je
n'ai jamais vu une collaboration aussi
efficace ... **(5)** deux ans que je suis
consultante. Je pense que nous tiendrons
les délais et que ... **(6)** une semaine
l'opération sera terminée.
Cordialement,
Anne-Sophie

Comment dire

● **Mettre en attente, faire patienter un correspondant, filtrer les appels**
– Ne quittez pas s'il vous plaît. – Veuillez ne pas quitter, merci. – Restez en ligne, merci.
– Le poste que vous demandez est occupé. – M. … est en communication, souhaitez-vous attendre ?
– M. … est en réunion / en rendez-vous, puis-je vous renseigner ?

● **Demander un correspondant**
– Je souhaiterais parler à …. / M. … s'il vous plaît.
– Pouvez-vous / Pourriez-vous me passer Mme … / le poste de … ?

● **Proposer de laisser un message**
– Puis-je prendre un message ? – Voulez-vous laisser un message ?
– Voulez-vous laisser vos coordonnées afin qu'il / pour qu'il vous rappelle ?
– Souhaitez-vous être mis en relation avec sa boîte vocale / sa messagerie ?

● **Laisser un message, ses coordonnées téléphoniques**
– Pouvez-vous dire à… que j'ai appelé ?   – J'aimerais laisser un message à Mme … .
– Pourriez-vous lui transmettre ce message… ?   – Dites-lui de me rappeler au numéro suivant… .
– Mon numéro de téléphone professionnel / privé est le … .

---

❸ La ligne est occupée

Vous téléphonez au standard de l'entreprise *Brun*. Vous demandez à parler à M. Oussam Badois. La standardiste vous dit que la ligne de M. Badois est occupée.

Jouez la scène avec la standardiste et imaginez plusieurs situations.

Exemples : message laissé, mise en attente acceptée, M. Badois rappelle…

Le gérondif

• Le gérondif se forme avec la préposition *en* + le radical du verbe à la première personne du pluriel au présent + *ant* :
nous vérifions → en vérifiant.

• Le gérondif est invariable.

• Le gérondif précédé de *tout* peut souligner la simultanéité ou l'opposition.

Comment dire

● **S'excuser, signaler une erreur**
– Excusez-moi, j'ai dû faire un mauvais numéro.
– Je me suis trompé(e) de numéro.
– Vous avez fait erreur.
– Désolé, il n'y a pas de Mme … à ce numéro.

---

❹ Deux actions liées

Voici trois emplois du gérondif dans les messages de la situation 1 (page 63).

Dites s'ils représentent une opposition (o), une cause (c) ou une simultanéité (deux actions qui ont lieu en même temps) (s).

– **En vérifiant** les données du système, j'ai constaté de graves problèmes de calcul. (…)
– Je continue le rapport **tout en attendant** les données définitives. (…)
– Notre équipe travaille **en intégrant** les demandes du client. (…)

❺ Tout faire en même temps !

Écoutez et transformez comme dans l'exemple.
Exemple : La secrétaire filtre les appels et reste aimable.
→ *Elle filtre les appels en restant aimable.*

❻ Conversations croisées

Six conversations se sont mélangées.

Reliez les phrases et dites qui parle. La secrétaire ou la personne qui appelle ?

1. Bonjour, je voudrais parler à Mme Guérin.
2. Pouvez-vous me rappeler votre nom ?
3. Désolé, il n'y a pas de M. Diouf à ce numéro.
4. Mme Marchand est en réunion toute la matinée.
5. Voulez-vous laisser un message ?
6. Pourriez-vous prendre un message pour M. Farazli ?
a. Dites-lui que j'aurai 20 minutes de retard au rendez-vous.
b. Très bien, je la rappelle cet après-midi.
c. Bien sûr, je vous écoute.
d. C'est de la part de qui ?
e. Excusez-moi, j'ai dû faire un mauvais numéro.
f. Pierre Ferreira.

unité

6 Prendre contact par téléphone

1 L'art de répondre au téléphone

1 Conseils et mauvais exemples

Associez chaque photo au commentaire qui correspond.

❶

❷

❸

❹

❺

❻

a. Les standardistes doivent connaître les personnes et les produits de l'entreprise. Il ne faut pas les isoler dans un bureau.

b. Une règle de politesse essentielle mais trop souvent méconnue : c'est la personne qui vous a appelé qui doit raccrocher la première !

c. Pas question de laisser sonner ! Toutes les études montrent que le correspondant commence à s'impatienter à partir de la troisième sonnerie.

d. Politesse et amabilité s'imposent dans les contacts avec les clients. Ne jamais oublier que le sourire s'entend au téléphone !

e. Chacun doit apprendre à se présenter en décrochant. Cela évite à votre correspondant de vérifier à qui il parle.

f. Huit appels sur dix n'aboutissent pas parce que les destinataires oublient de mettre leur messagerie ou – pire – décrochent pour être tranquilles.

D'après *L'Entreprise*, n° 141.

2 À vous !

Un journal professionnel a testé l'accueil téléphonique dans votre entreprise. Constatant les mauvais résultats de l'enquête, vous établissez une liste de règles à observer.

Rédigez ces règles qui sont destinées aux standardistes et à tous les services en contact téléphonique avec la clientèle.

Exemple : En décrochant, indiquez tout de suite votre prénom, votre nom et saluez.

2 Pourriez-vous me passer... ?

Vous effectuez un stage au standard de la société *Infotec*.

Écoutez les personnes, consultez l'annuaire interne (page 11) et orientez l'appel vers le correspondant qui convient.

3 Au téléphone, ce qu'il faut dire et ne pas dire

Lisez et reliez chacun des énoncés de la première colonne à celui qui lui correspond dans la deuxième colonne.

Ne dites surtout pas
1. Je ne suis pas là pour ça.
2. Je ne sais pas.
3. Combien de fois faut-il vous le dire ?
4. C'est beaucoup trop cher pour vous.
5. Écrivez, on vous répondra.
6. Qu'est-ce que vous voulez ?
7. Rappelez plus tard.
8. Au revoir.
9. Ce n'est pas de ma faute.

Dites plutôt
a. Au revoir, merci d'avoir appelé.
b. De quel budget disposez-vous ?
c. Je n'y suis malheureusement pour rien.
d. Ce n'est pas moi qui m'en occupe, je vous passe le service compétent.
e. Puis-je vous aider ?
f. Je vais me renseigner.
g. Nous tenons compte de chaque lettre qui nous est adressée.
h. C'est peut-être moins pressé.
i. Voulez-vous que je vous explique encore une fois ?

Entraînez-vous à l'oral

❶ La fiche téléphonique

1. Lisez cette fiche téléphonique et jouez la scène à deux (la personne qui appelle et la secrétaire qui prend le message).

Destinataire :
M. *Pierre Monteil*
Date *lundi 8 novembre* Heure *10 h 30*

EN VOTRE ABSENCE

M. *M. Rachid Zitoun*
Société : *Eurofin*
Tél : *06.33.22.55.77* Fax : *01.45.98.22.33*

○ Est venu   ○ Désire vous voir   ○ Rappellera
☑ A téléphoné   ☑ Rappeler   ☑ Urgent

Objet : *Souhaite annuler le rendez-vous de ce jour à 14 h 30 et le reporter à demain même heure. Le dossier n'est pas prêt*

2. M. Pierre Monteil a pris connaissance de la fiche téléphonique. Il consulte son agenda (page 70) et appelle Rachid Zitoun. Jouez la scène.

Pierre Monteil				
9 mardi	8		14	
	9	réunion	15	rendez-vous
	10	dir. financier	16	chez
	11		17	Médiamax
	12		18	
	13		19	
10 mercredi	8		14	
	9		15	
	10		16	
	11		17	h30 départ
	12		18	aéroport
	13	Laurent Duteil	19	-20h vol pour Bangkok

Rachid Zitoun				
9 mardi	8		14	
	9		15	
	10		16	
	11	déj.	17	h30 candidat
	12	fournisseurs	18	poste resp.
	13	à la Défense*	19	marketing
10 mercredi	8		14	Toulouse
	9		15	➡ vendredi
	10	h30	16	
	11	réunion au	17	
	12	siège social	18	
	13		19	

❷ Je ne suis là pour personne !

Lisez la note et jouez les conversations téléphoniques.

Marie-Pierre,

– Veuillez ne me passer aucune communication ce matin. Je suis en réunion de comité de direction. Annulez tous les rendez-vous de la matinée.

– Je pars demain pour une semaine à Nice. Me réserver une place sur le premier vol du mardi matin. ⟶ retour vendredi soir et une chambre d'hôtel.

– Si M. Jacques Lemuhe de la société Mecarisque me demande, je ne suis pas là. Ce monsieur, que j'ai rencontré au salon Assurtout, a laissé plusieurs messages sur ma boîte vocale. Je compte sur vous pour faire barrage. Merci.

M. Jambart

12 Jeudi		
	8 h 00	
	30	Martin
	9 h 00	(sa demande de congé)
	30	Mme Bourry
	10 h 00	(évaluation à mi-stage)
	30	
	11 h 00	Vincent : préparation
	30	réunion vendredi
	12 h 00	
	30	

	Paris Orly		europair
⟶ Nice		⟵ Nice	
LMMJV	06.50 ⟶ 08.10	LMMJVS	06.40 ⟶ 08.05
LMMJVS	07.10 ⟶ 08.30	LMMJVS	07.10 ⟶ 08.35
LMMJVS	08.10 ⟶ 09.30	LMMJVSD	08.10 ⟶ 09.35
LMMJVSD	16.10 ⟶ 17.30	LMMJVSD	16.10 ⟶ 17.35
LMMJVSD	17.10 ⟶ 18.30	D	16.40 ⟶ 18.05
D	18.40 ⟶ 20.00	LMMJVSD	17.10 ⟶ 18.35
LMMJV-D	19.10 ⟶ 20.30	LMMJVSD	18.10 ⟶ 19.35

Novotel - 8-10 Parvis de l'Europe 04 93 13 30 93 – Fax 04 93 13 09 04
« Piscine panoramique sur le toit »
173 ch 108/145 €
Édifié au cœur de Nice, ce Novotel dispose de chambres modernes d'une tenue impeccable. Depuis la piscine sur le toit, vue sur la mer, le port et l'arrière-pays.

Note
* **La Défense :** quartier d'affaires à l'ouest de Paris.

Que peut faire pour vous un centre d'appel ?

Standard classique, numéro vert*, permanence téléphonique* : les entreprises multiplient les outils téléphoniques de relation-clients. Il est donc intéressant de sous-traiter une partie de ces services auprès d'un centre d'appel.

Les PME, par exemple, peuvent avoir envie d'offrir une permanence de service après-vente 24 heures sur 24 à leurs clients… ou de leur éviter les lignes téléphoniques de leur service commercial toujours occupées. Elles peuvent également vouloir afficher un numéro vert sur leurs produits ou leur site Internet tout en évitant que la standardiste ne reçoive trop de demandes de documentation. Dans tous les cas, la solution de sous-traitance s'impose.

 Standard : l'opérateur passe les appels sur les lignes directes des salariés ou prend les messages. Il peut ensuite les leur transmettre sur leur messagerie ou sur leur téléphone portable.

 Gestion d'un numéro vert : l'opérateur renseigne sur les produits, les prix ou sur les points de vente les plus proches.

 Service commercial : l'opérateur enregistre les commandes, envoie les catalogues…

 Relais service après-vente : le week-end ou la nuit, l'opérateur aide le client en cas de panne et peut contacter un technicien.

 Hot-line : à toute heure, et même le week-end, l'opérateur aide le client à installer, à utiliser, voire à réparer à distance son produit.

 Site de e-commerce : l'opérateur répond aux questions de l'internaute en le rappelant.

 Tri de candidats : l'opérateur reçoit des appels de candidats et s'ils présentent le bon profil, il leur indique l'adresse à laquelle envoyer la candidature.

 Mise à jour de données : vérification et rectification de fichiers-clients.

 Prise de rendez-vous : pour une force de vente, l'opérateur assure le contact avec le donneur d'ordre ou le futur client.

Notes
*Numéro vert : numéro gratuit pour celui qui appelle.
*Permanence téléphonique : hot-line.

D'après *L'Entreprise*, n° 178.

Prendre contact par téléphone

❶ Le répondeur téléphonique 📼

Écoutez ces cinq messages laissés sur le répondeur téléphonique des *établissements Champion*. Choisissez dans la liste et faites correspondre la réponse qui convient à chaque message.

1. Quel est le but de ces messages ?

Message 1 : ...
Message 2 : ...
Message 3 : ...
Message 4 : ...
Message 5 : ...

a. Présenter des excuses.
b. Adresser une réclamation.
c. Donner des conseils.
d. Menacer.
e. Annuler un rendez-vous.
f. Proposer une aide.
g. Demander un rendez-vous.
h. Demander une information.

2. Dites à quel service ou quelle direction chacun de ces messages est destiné.

Message 1 : ...
Message 2 : ...
Message 3 : ...
Message 4 : ...
Message 5 : ...

a. Direction des ressources humaines.
b. Service après-vente.
c. Service de la comptabilité.
d. Direction commerciale.
e. Service administratif.
f. Service des expéditions.
g. Service des achats.
h. Direction générale.

❷ Une fiche téléphonique

Lisez la fiche téléphonique ci-contre et cochez la bonne réponse.

1. a. M. Joannic demande à être rappelé.
  b. Mme Kléber a laissé un message pour M. Joannic.
  c. M. Joannic a donné des instructions à Mme Kléber.
2. a. M. Joannic part en voyage d'affaires au Japon.
  b. M. Joannic confirme sa présence à la réunion.
  c. M. Joannic demande que le dossier Naokoru soit remis aux commerciaux.

Destinataire :
M. *Mme Kléber*
Date *12 octobre* .... Heure *10 h 30*

EN VOTRE ABSENCE

M. *Joannic*
Société : ....
Tél : .... Fax : ....

○ Est venu   ○ Rappeler au ....
☑ A téléphoné   ☑ A laissé le message suivant

Objet : *Il lui est impossible de participer à la réunion des commerciaux de la zone Asie de cet après-midi 15 h. Il demande de lui préparer le dossier Naokoru et de réserver une place sur le vol de Tokyo de dimanche soir. Il passera prendre les billets vendredi matin avant de se rendre au salon du Bourget.*

---

❸ Un entretien téléphonique 📼

Écoutez l'entretien téléphonique et répondez aux questions en cochant la bonne réponse.

1. Qui téléphone ?
  a. La société *Ravex*.
  b. M. Creton.
  c. Mme Desbois.
  d. M. Vo Tran.

2. Quel est l'objet de l'entretien téléphonique ?
  a. Réserver des billets d'avion.
  b. Faire une démonstration.
  c. Fixer un rendez-vous.
  d. Présenter une gamme de produits.

3. Que propose la personne qui reçoit l'appel ?
  a. De rappeler.
  b. D'être rappelée.
  c. D'envoyer une télécopie.
  d. D'organiser un voyage.

4. Quelle est la suite donnée à l'appel ?
  a. Une date de réunion est finalement fixée.
  b. Le voyage professionnel est reporté.
  c. La date de rendez-vous sera fixée plus tard.
  d. L'heure de présentation des produits est confirmée.

Organiser son emploi du temps

1 Des emplois du temps chargés 📼

❶ Que faisons-nous de notre temps ? 📼
Cinq personnes parlent de leur emploi du temps.
Écoutez les témoignages et trouvez la personne à laquelle appartient chacune de ces pages d'agendas.

a. Michel Mérat, directeur export, 52 ans. Marié, un enfant.

6 h 30	Lever
7 h 15	Départ aéroport
8 h	Arrivée aéroport Orly-Sud
8 h 30	Vol pour Nice
9 h 40	Arrivée à Nice
10 h 30	Réunion produits, filiale de Nice
13 h	Vol retour Paris
15 h 30	Réunion des commerciaux
21 h	Dîner d'affaires au Moulin-Rouge
0 h 30	Coucher

b. Mario Benotti, artisan maçon, 45 ans. Séparé, trois enfants.

6 h 15	Lever
7 h	Départ chantier
7 h 30	Arrivée chantier
12 h	Casse-croûte
13 h	Reprise du travail
18 h 30	Visite client
20 h 30	Repas à la maison
21 h	Télévision
23 h	Coucher

c. René Dauga, retraité mécanicien, 72 ans. Veuf, deux enfants, trois petits-enfants.

9 h-10 h	Lever, radio, petit-déjeuner
10 h 30	Courses, bricolage
12 h 30	Déjeuner
13 h 30	Sieste
15 h	Pêche, philatélie, promenade…
19 h	Dîner
20 h	Télévision, lecture
22 h 30	Coucher

d. Pilar Fernandez, employée de banque, 31 ans. Vie maritale, deux enfants.

6 h 15	Lever, préparation, rangement
7 h 15	Réveil des enfants, petit déjeuner
8 h 20	Départ pour l'école en voiture, dépose des enfants et départ bureau
9 h 30	Arrivée bureau, écoute des messages boîte vocale, lecture des e-mails, frappe du courrier…
13 h 30	Restaurant d'entreprise
14 h	Reprise du travail
18 h 30	Retour à la maison, suivi des devoirs, préparation du repas
20 h 30	Coucher des enfants
21 h 30	Dîner, rangement, repassage
24 h	Coucher

❷ Que fait la personne qui n'a pas d'agenda ? 📼
Écoutez, trouvez sa profession et imaginez son emploi du temps.

❸ Et vous, quel est votre emploi du temps ?
Complétez une page d'agenda et présentez oralement vos activités d'une journée.
À quelle heure commencez-vous / terminez-vous votre travail ?
Êtes-vous souvent en réunion, en déplacement ?…

situations

2 Un agenda bien rempli 📼

M. Marc Descamps, représentant en vins, téléphone à la secrétaire de Mme Jeannine Bon, responsable des achats des magasins *Vinothèque France*.

Marc Descamps : Oui bonjour, Marc Descamps des *établissements Lambert et fils*.

Secrétaire : Bonjour Monsieur. Vous allez bien ?

MD : Oui, merci. J'avais laissé la semaine dernière un message sur la boîte vocale de Mme Bon mais elle ne m'a pas rappelé. Je souhaiterais la rencontrer cette semaine pour lui présenter notre nouvelle sélection de grands crus de bordeaux.

S : Alors, un instant, ne quittez pas. Ah, je ne crois pas que ce soit possible avant la semaine prochaine. Je regarde son agenda... Écoutez, cette semaine, son agenda est complet mais un rendez-vous en début de semaine prochaine vous conviendrait-il ?

MD : C'est impossible car je suis moi-même en déplacement à Paris lundi et à Bruxelles mardi. Euh, je reviendrai à Bordeaux mercredi en fin de matinée.

S : Mercredi après-midi, alors, vers 16 h-17 h. Ça vous irait ?

MD : Hum....!!! Ce n'est pas un bon créneau horaire. Je dois visiter deux châteaux avec notre distributeur japonais et il n'est pas sûr que je puisse être à l'heure...

S : Dans ce cas, je peux vous proposer un rendez-vous jeudi, en début d'après-midi à 14 h.

MD : Hum... désolé. Jeudi, c'est la journée dégustation des sommeliers. Et vendredi ?

S : Mme Bon est prise toute la journée.

MD : Et jeudi midi ? Pensez-vous qu'elle puisse se libérer pour déjeuner ?

S : Je crois que ça ira. Je vous confirmerai le rendez-vous dès qu'elle aura fini sa réunion.

....

S : Allô, Monsieur Descamps ?

MD : Oui, c'est moi.

S : C'est Marie Rabier, la secrétaire de Mme Bon à l'appareil. Je vous appelle au sujet de votre rendez-vous jeudi prochain à 12 h. Malheureusement, Mme Bon ne pourra pas déjeuner avec vous... Seriez-vous disponible vendredi en début de matinée, vers 9 h ?

MD : Parfait. Vous comprenez, il est très important que je puisse présenter nos vins à Mme Bon avant qu'elle passe sa commande de fin d'année.

❶ Avez-vous bien compris ? 📼

Écoutez le dialogue et choisissez la bonne réponse.

1. Pour quelle raison la secrétaire de Mme Bon rappelle-t-elle M. Descamps ?
   a. Pour annuler le rendez-vous.
   b. Pour reporter le rendez-vous.
   c. Pour confirmer le rendez-vous.

2. Comment réagit M. Descamps ?
   a. Il se montre flexible.
   b. Il ne souhaite plus rencontrer Mme Bon.
   c. Il est déçu et irrité.

❷ Une fiche téléphonique

Écoutez le dialogue (page 74) et complétez la fiche téléphonique transmise à Mme Bon par sa secrétaire pour l'informer du rendez-vous.

Destinataire :

M. ....

Date .... Heure ....

EN VOTRE ABSENCE

M. ....

Société : ....

Tél : .... Fax : ....

○ Est venu   ○ Désire vous voir   ○ Rappellera

○ A téléphoné   ○ Rappeler   ○ Urgent

Objet : ....

....

....

❸ L'agenda de M. Descamps

Écoutez le dialogue (page 74) et complétez l'agenda de la semaine de M. Descamps.

LUNDI 3

8	14
9	15
10	16
11	17
12	18
13	19

JEUDI 6

8	14
9	15
10	16
11	17
12	18
13	19

MARDI 4

8	14
9	15
10	16
11	17
12	18
13	19

VENDREDI 7

8	14
9	15
10	16
11	17
12	18
13	19

MERCREDI 5

8	14
9	15
10	16
11	17
12	18
13	19

SAMEDI 8

8	14
9	15
10	16
11	17
12	18
13	19

outils • outils

❶ Une assistante débordée ! 📼

> Une fois que vous aurez terminé de taper mon compte rendu de visite, prenez-moi un rendez-vous avec le directeur export, s'il vous plaît.

a.

b.
> Apportez-moi le dossier Asie dès que vous aurez fini de le préparer !

c.

e.
> J'avais laissé un dossier sur votre bureau, vous l'avez regardé ?

> Écoutez... j'appelle dès que j'ai un moment.

d.
> Avant d'envoyer le contrat, donnez-le moi à signer.

g.
> Ne me passez aucun appel pendant que je suis en réunion.

f.
> Quand j'aurai reçu mon ordre de mission, vous me réserverez un vol pour Londres !

h.
> Dès que nos clients allemands seront arrivés, prévenez-moi !

Que disent les personnes ? Écoutez leurs interventions et classez les énoncés.

	Action 1 (premièrement)	Action 2 (après/plus tard)
Personne a	*Vous aurez terminé de...*	*Prenez-moi un...*
Personne b		
Personne e		
Personne f		
Personne h		

À quels temps sont les verbes de l'action 1 ?

L'antériorité dans le futur et le passé

- Le **futur antérieur** s'emploie pour marquer une action faite **avant** une autre action dans le **futur**.
  Formation : *être* ou *avoir* au futur simple + participe passé.

Futur antérieur	Futur simple ou impératif
Quand j'aurai reçu mon ordre de mission,...	*vous me réserverez un vol pour Londres.*
Dès que nos clients allemands seront arrivés,...	*prévenez-moi !*

- Le **plus-que-parfait** s'emploie pour marquer une action faite avant une autre action dans le passé.
  Formation : *être* ou *avoir* à l'imparfait + participe passé.

Plus-que-parfait	Temps du passé
J'avais laissé un dossier sur votre bureau,...	*vous l'avez regardé ?*

❷ Avez-vous bien compris ? 📼

1. Écoutez les huit personnes et faites une liste des tâches que l'assistante doit effectuer.
Exemple : Apporter le dossier Asie.

2. Écoutez les huit personnes et dites ce que fera l'assistante.
   1. Quand elle aura fini de préparer le dossier Asie,...
   2. Une fois qu'elle aura tapé le compte rendu de visite,...
   3. Dès que les clients allemands seront arrivés,...

Comment dire

Exprimer des rapports temporels entre deux actions

● **Une antériorité de l'action principale par rapport à un autre fait :**
– Avant + nom : *Avant son rendez-vous, elle doit m'apporter un document.*
– Avant de + infinitif : *Avant de passer sa commande, Mme Briand avait comparé les prix.*
– Avant que + subjonctif : *Avant qu'il parte, j'aimerais lui présenter notre nouvelle secrétaire.*

● **Une postériorité de l'action principale par rapport à un autre fait :**
– Après + nom : *Après son travail, elle s'occupe d'une association.*
– Après + infinitif passé : *Après être rentré de mission, il a pris des vacances bien méritées.*
– Après que + indicatif : *Après qu'il a rencontré le directeur, il a fait son rapport.*
– Une fois que + indicatif : *Une fois que votre travail sera terminé, passez me voir !*
– Quand + indicatif : *Quand tu auras raccroché, on commencera la réunion.*

● **Une postériorité immédiate :**
– Dès + nom : *Dès demain, vous recevrez le document.*
– Dès que + indicatif : *Je vous appelle dès que la réunion sera terminée.*

● **Une simultanéité :**
– gérondif (voir page 67) ; avec pendant : *Ne me passez aucun appel pendant que je suis en réunion.*

❸ **Que faut-il faire ?**

1. Complétez avec l'énoncé qui convient.
1. Avant d'envoyer la lettre,…
2. …, après leur avoir demandé s'ils ont encore des articles en promotion.
3. Avant que le stage commence,…
4. Après que vous aurez reçu nos clients américains,…
5. …, une fois qu'ils auront adressé leur facture.
6. …, avant mon départ pour l'aéroport ?
7. Avant de remettre le compte rendu au directeur,…
8. Je dois m'absenter, et avant de partir je n'ai pas eu le temps de corriger la base de données,…
9. Avant que vous fassiez une démonstration au client de notre nouvel ordinateur,…

a. Pourriez-vous vous assurer que le vol n'est pas annulé
b. n'oubliez pas de vérifier l'adresse.
c. vous les emmènerez visiter notre usine.
d. Il faudrait expédier des présentoirs à tous nos distributeurs
e. Vous leur enverrez un chèque
f. il faudra vous assurer du bon fonctionnement du logiciel.
g. veuillez préparer la documentation à remettre à chaque participant.
h. vous me le donnerez à signer.
i. vous serait-il possible de changer les codes ?

2. Écoutez les consignes données à l'assistante et retrouvez dans l'exercice précédent l'énoncé équivalent.

❹ **Un peu d'imagination**

Complétez ces phrases librement.
1. Une fois que la réunion sera terminée,…
2. Dès que…, ils ont ouvert une bouteille de champagne.
3. Je vous confirmerai le rendez-vous avant de…
4. Une fois que…, envoyez une télécopie de réservation.
5. Appelez-moi, dès que…

❺ **À vous de trouver !**

Relevez dans le dialogue (page 74) les phrases qui expriment un doute, une nécessité, un but.

Exemple : Je ne crois pas que ce soit possible avant la semaine prochaine.
doute

cas pratiques

1 L'agenda de Francis Ménières

❶ Que fait-il ?

Dites dans quel département de l'entreprise travaille Francis Ménières.
Justifiez votre choix en vous aidant de son emploi du temps.

1. Fabrication
2. Comptabilité
3. Recherche et développement
4. Ressources humaines

LUNDI 17

8 *consultation des e-mails*
h 3 0 rendez-vous téléphonique avec
M. Leprince de la filiale de Sophia-Antipolis
9 *pour le projet Sygma 2010*

10 *réunion avec la direction projet Amar*

11 *h15 traitement des courriers importants*

12 *déjeuner d'affaires au restaurant*
" Chez Paul " avec M. Sakamoto
13 *de la société Satochi*

14

15 *compte rendu du déjeuner avec le*
directeur financier

16 *h 30 conférence téléphonique en multiplex*
avec les bureaux de représentation à
17 *Cologne, Madrid, Bruxelles et Londres*

18 *rendez-vous avec M. Artaud*
pour le développement d'un projet futur

19 *h 30 examen des dossiers en cours*
et réponses

20

21

---

❷ Une journée bien remplie

Vous êtes l'assistant(e) de Francis Ménières.

1. Lisez les documents.

Times New Roman ▾ 12 ▾ 틀, *G I S A*,

À : M. Francis Ménières
Il m'est absolument impossible de
vous rencontrer ce jour à 18 heures.
Vous serait-il possible de reporter notre
rendez-vous au mardi 25 à la même
heure ? Merci de me confirmer par
retour.
  Salutations,
  M. Artaud

Times New Roman ▾ 12 ▾ 틀, *G I S A*,

Réunion projet *Angus*
mardi 25 de 11 h à 12 h 30
dans la salle de conférence.

Destinataire :
M. *Francis Ménières* ....
Date .... Heure ....

EN VOTRE ABSENCE

M. *Riva* ....
Société : ....
Tél : .... Fax : ....

○ Est venu   ○ Rappellera   ○ Rappeler
○ Désire vous voir   ✓ A téléphoné   ✓ Urgent

Objet : *Accepte votre invitation à déjeuner mardi 25.*
Rendez-vous au bar de l'hôtel Lutétia à 13 h.
....

Chantal,

– Pourriez-vous envoyer un e-mail à M. Artaud et proposer une autre date ?

– Téléphoner à Mme Darel pour confirmer mon rendez-vous du mardi 25 à 9 h 30 avec elle au siège social de la société Sitmen.

– Lui proposer un déjeuner d'affaires en fin de semaine avec l'équipe du projet Amar.

– Retenir la salle de conférences pour la réunion du mardi 25 de 11 h à 12 h 30 sur le projet Angus.

– Répondre à l'invitation des grandes écoles d'ingénieurs sur ma carte de visite. J'irai l'après-midi pour participer aux ateliers et je resterai au buffet.

Merci

Francis Ménières

Le groupement des grandes écoles d'ingénieurs a le plaisir de vous inviter à participer à une journée de réflexion sur

le développement de l'Internet au sein des PME/PMI

qui aura lieu le mardi 25 mai à la Maison des Ingénieurs
145 boulevard Saint-Germain 75006 Paris

Ce séminaire sera suivi d'un buffet dînatoire à 19 heures.
Réponse souhaitée avant le 12 mai. Merci.

MARDI 25

8 _consultation des e-mails_	15
9	16
10	17
11	18
12	19
13	20 _buffet dînatoire_
14	21

Prolog

Francis Ménières
Responsable de projet logiciel

6 rue de Sfax, 75116 Paris
Tél. : 01 45 25 65 12
Fax : 01 45 25 65 14

Site Internet : www.prolog.fr
E-mail : fmenieres@prolog.fr

---

2. Complétez l'agenda de Francis Ménières (journée du mardi 25), rédigez l'e-mail adressé à M. Artaud et ajoutez le petit mot sur la carte de visite.

3. Vous téléphonez à la secrétaire de Mme Darel. Information : Mme Darel sera disponible pour un déjeuner vendredi 28 à 13 h.
Jouez la scène.

Entraînez-vous à l'oral

● **Une conférence téléphonique à organiser**
À la fin de la conférence téléphonique en multiplex entre Paris, Cologne, Madrid, Bruxelles et Londres, les cinq représentants de la société *Prolog* consultent leur agenda personnel (page 80) afin de s'entendre sur la date et l'heure de leur prochaine conférence téléphonique (conférence d'une heure).
Attention : tenez compte des emplois du temps et des décalages horaires. Paris, Cologne, Madrid et Bruxelles ont la même heure, mais Londres a une heure de moins.
Vous devez exprimer des nécessités, des doutes et, éventuellement, modifier votre emploi du temps prévu.
Imaginez le dialogue et jouez la scène.

Cologne – Allemagne

5 mardi			**6** mercredi		
8		14	8		14
9	réunion	15	9		15
10	représentants	16	10		16
11	Allemagne	17	11		17
12 h 30	déjeuner avec	18	12		18 h départ
13	M. Chen (Taïwan)	19	13		19 pour Berlin

Madrid – Espagne

5 mardi			**6** mercredi		
8		14 réunion	8		14
9		15 projet Amar	9		15
10		16	10 réunion		16
11		17	11 de service		17
12		18	12		18
13		19	13		19

Bruxelles – Belgique

5 mardi			**6** mercredi		
8		14	8		14 h 30
9		15	9		15 rendez-vous
10		16	10		16 avec Mme
11 h retour d'Anvers		17	11		17 Fontaine
12 h 30 réunion		18	12		18 pour le projet
13 de service		19	13		19 Sygma 2010

Paris – France

5 mardi			**6** mercredi		
8		14	8		14
9	réunion	15	9		15 réunion
10	budget	16	10		16 projet
11		17	11		17 Amar
12		18 h 30 invitation	12		18
13		19 Ministère de la Recherche	13		19

Londres – Grande-Bretagne

5 mardi			**6** mercredi		
8		14	8		14
9		15	9 réunion		15
10		16	10 projet Amar		16
11 retour à		17	11 réunion		17 rendez-vous
12 Londres		18 réunion avec	12 de travail		18 téléphonique
13		19 le directeur financier	13 M. Katerbau		19 avec Mme Berks

Êtes-vous prêt pour l'agenda numérique ?

Certains outils informatiques peuvent vous aider à mieux organiser votre travail. Les agendas informatiques font-ils gagner du temps ?

7 h : Le doux bip-bip de mon ordinateur de poche me réveille. Avant de choisir les vêtements du jour, je jette un coup d'œil sur le petit écran pour consulter mon emploi du temps. Et en route pour le premier rendez-vous !

VIVE "ROUTE PLANNER" !

8 h 30 : Je pars en voiture pour ce rendez-vous. Avant de démarrer, je pianote l'adresse à laquelle je me rends : Route Planner m'indique le chemin le plus court. J'espère gagner vingt minutes !

10 h : Je viens de passer une heure chez mon client à mettre au point un nouveau projet. Il m'a indiqué deux contacts intéressants, dont j'ai saisi les coordonnées sur mon agenda électronique. J'ai pris quelques notes, toujours sur l'agenda, qui m'aideront à rédiger mon compte rendu.

10 h 05 : Mon rendez-vous a duré trente minutes de moins que prévu. Je le note sur mon agenda pour faciliter la comptabilité. Et je profite de la demi-heure pour passer à la librairie acheter une BD*.

11 h : Retour au siège de mon entreprise. J'allume mon ordinateur de bureau et lis les messages. Une fenêtre s'ouvre sur l'écran pour me rappeler un coup de fil à donner que j'ai reporté depuis quatre jours. J'en profite pour faire des mises à jour. Je branche mon agenda électronique sur mon ordinateur et je transfère quelques fichiers de l'un à l'autre.

13 h : Je déjeune avec un ancien client qui veut me confier un nouveau projet. Avant de partir, j'ai sorti un historique de nos relations d'affaires.

clic !

18 h : L'après-midi a été calme. Il est temps de réserver une bonne table pour ce soir. Mais où trouver ce fameux restaurant corse ? Ahmed, mon associé, le retrouve sur son ordinateur de poche et, grâce aux transmissions par infra-rouge, le transmet au mien d'un simple clic !

Note : * **BD** : bande dessinée.

D'après *L'Entreprise*, n°172.

testez-vous

❶ Les journées types des Français

Temps consacré aux principales activités

D'après l'INSEE

	Transport (hors professionnel)
	Sociabilité (vie associative, amis…)
	Loisirs
	Temps domestique (tâches ménagères, soins aux enfants…)
	Temps de travail professionnel et de formation (y compris transport)
	Temps physiologique (sommeil, toilette, repas…)

Ces données sont des moyennes quotidiennes qui incluent le week-end dont elles masquent le rythme particulier.

Regardez le graphique et choisissez la bonne réponse.

1. Les jeunes ont moins d'activités sociales que les personnes âgées.

2. Ce sont les étudiants qui profitent le plus des loisirs.

3. Les retraités consacrent presque autant de temps aux tâches ménagères que les chômeurs.

4. Ce sont les femmes au foyer qui passent le moins de temps dans les transports.

❷ Être heureux au travail

Lisez le texte ci-contre et cochez la bonne réponse.

1. Quelle est la durée hebdomadaire moyenne du temps de travail des salariés de *Tagg* ?
  a. 28 heures.
  b. 33 heures 19 minutes.
  c. 46 heures.

2. La réduction du temps de travail s'est accompagnée
  a. d'une réduction générale des salaires.
  b. d'une suppression totale des augmentations.
  c. d'un blocage temporaire des salaires.

3. Quelle est l'obligation des salariés ?
  a. Faire le même nombre d'heures chaque semaine.
  b. Accepter des changements d'horaires en fonction de la charge de travail.
  c. Diminuer leur nombre de jours de vacances.

4. Quelles sont les conséquences de la mise en place de la réduction du temps de travail ?
  a. L'entreprise a embauché du personnel.
  b. Il a fallu procéder à quelques licenciements.
  c. Les salariés sont obligés de travailler sur deux postes en même temps.

L es salariés de *Tagg informatique*, une PME savoyarde spécialisée dans le marketing direct, sont passés aux… 33 heures et 19 minutes. Sans baisse de salaire et avec pour seul gel des rémunérations, pendant deux ans, la partie qui correspond à la hausse du coût de la vie. Réduction du temps de travail ou pas, les collaborateurs de *Tagg* ont continué à négocier des augmentations, à titre individuel, tout en bénéficiant de 33 jours de congé supplémentaires. Au total, un salarié de *Tagg* a droit à treize semaines de congé par an. L'accord prévoit une certaine flexibilité pour faire face aux pics d'activité. Certaines semaines, les salariés peuvent être amenés à travailler plus longtemps, à concurrence de 46 heures. En contrepartie, ils ont la possibilité d'opter pour des semaines allégées de 28 heures. Indépendamment des embauches (six personnes ont été recrutées, soit un renforcement de l'effectif de 15 %), il a fallu réorganiser la manière de travailler des différents services. La solution retenue a été la généralisation du travail en binôme. Au lieu d'avoir un seul interlocuteur, le client en a désormais deux ou trois. L'entreprise continue à se développer et depuis la signature de l'accord, les effectifs de l'entreprise ont augmenté de 50 %.

D'après *Rebondir*, octobre 2000.

❸ Humeurs 📼

Écoutez ces personnes et trouvez ce qu'elles expriment. Choisissez dans la liste et notez la lettre qui convient.

Personne 1 :	Personne 4 :	**a.** Une satisfaction	**d.** Une certitude	**g.** Une opinion
Personne 2 :	Personne 5 :	**b.** Une évidence	**e.** Un reproche	**h.** Une probabilité
Personne 3 :		**c.** Un doute	**f.** Un désaccord	incertaine

Organiser un déplacement

 **1 Un congrès à Bordeaux**

Congrès européen d'aviation d'affaires
Palais des Congrès – Bordeaux
15 – 18 mai

Aérofret
M. Alain GAUTIER
Directeur général
37, avenue Louis-Bréguet
78146 Vélizy-Villacoublay Cedex

Toulouse-Blagnac, le 10 mars…

Monsieur le directeur général,

Le « 10ᵉ Congrès mondial d'aviation d'affaires » aura lieu du 15 au 18 mai prochains au Palais des Congrès à Bordeaux. Vous trouverez ci-inclus les informations nécessaires concernant :
– l'hébergement,
– le programme du séminaire,
– le dossier d'inscription,
– un questionnaire pour nous indiquer les sujets que vous désirez voir traiter,
– une brochure sur le lieu du séminaire et sur la région.

Pour vous aider dans le choix des hôtels, nous vous joignons des informations sur les prix des chambres. Nous vous demandons de bien vouloir nous retourner le dossier d'inscription avant le 15 avril. Pour gagner du temps, nous vous conseillons d'utiliser la télécopie pour acheminer votre dossier d'inscription.

Dans l'attente de vous retrouver en mai avec une personne de votre choix, nous vous prions d'agréer, Monsieur le directeur général, l'expression de nos sentiments distingués.

Tél : 05 61 93 22 22 - Télécop

Pauline,
– Merci de bien vouloir réserver 2 places sur le TGV pour Paris au départ de Bordeaux pour le 18 mai au soir avant 22 h. Pour l'aller, j'ai déjà une réservation sur le vol du 15 mai au matin, arrivée à 9 h 25 à Bordeaux.
– Réservez une chambre pour deux personnes du 15 au 18 mai au matin.
– Prévoyez une visite de la région pour Sarah, mon épouse.
Merci et à demain.
Alain Gautier

❶ Avez-vous bien compris ?

Lisez la lettre et la note et choisissez la bonne réponse.

	Vrai	Faux	Non mentionné
1. Le Congrès mondial d'aviation d'affaires a lieu à Toulouse.	☐	☐	☐
2. M. Gautier a reçu la confirmation de son inscription.	☐	☐	☐
3. M. Gautier ira seul au congrès.	☐	☐	☐
4. M. Gautier prendra le train en première classe.	☐	☐	☐
5. Mᵐᵉ Gautier accompagnera son mari.	☐	☐	☐
6. La chambre d'hôtel est réservée par l'organisateur du congrès.	☐	☐	☐

10e Congrès mondial d'aviation d'affaires
Palais des Congrès - Bordeaux – 15-18 mai...

Programme des invités

Pendant la durée des conférences, la personne qui vous accompagne est invitée à participer à un riche programme d'excursions. Ces visites se font en car grand tourisme, avec départ et retour au Palais des Congrès.

● **Visite de Bordeaux – 16 mai**

Pour les amateurs de monuments, le Vieux-Bordeaux, avec le Grand-Théâtre, le Palais de la Bourse, l'Hôtel de Ville, la cathédrale Saint-André et les 4 000 immeubles du dix-huitième siècle, est un véritable voyage à travers le temps.

● **Bassin d'Arcachon – 17 mai**

84 kilomètres de sable fin, un air pur, le paradis des oiseaux, tel est le bassin d'Arcachon. Une promenade en bateau vous conduira vers les parcs à huîtres, à la découverte du travail des ostréiculteurs. Une dégustation de coquillages accompagnée d'un vin blanc de la région vous sera offerte.
Déjeuner de poisson.
L'après-midi, départ pour la grande dune du Pilat, la plus haute d'Europe (117 m). Temps libre avant le retour à Bordeaux par les villages bordant le bassin d'Arcachon.

❷ Un conseil

1. Lisez le document ci-dessus, dites quelle visite vous conseillez et pourquoi :
   – à Mme Gautier qui aimerait voir la mer et goûter aux spécialités de la région.
   – à un invité qui souhaiterait connaître l'histoire de la région.

2. Indiquez sur le plan comment se rendre de l'office du tourisme aux monuments de Bordeaux cités dans le programme des invités.

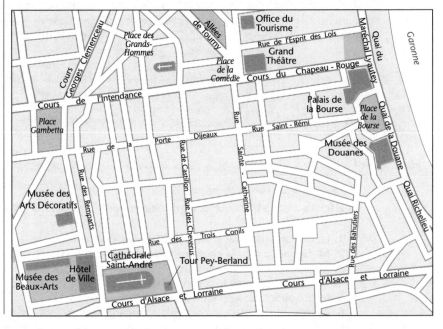

2 Une réservation de train et d'hôtel 📷

Pauline Lebec, assistante de M. Gautier, téléphone à la centrale de réservation (Ligne Directe) de la SNCF et envoie une télécopie de réservation à un hôtel de Bordeaux.

● **Le dossier d'inscription**

Écoutez le dialogue de la réservation de train et, à l'aide des documents des pages « situations », complétez le dossier d'inscription ci-dessous à la place de Pauline Lebec.

De : Pauline Lebec - *Aérofret*
37, avenue Louis-Bréguet – 78146 Vélizy-Villacoublay Cedex
Tél : 01 34 88 56 00 – Télécopie : 01 34 88 56 12 – E-mail : comm@aerofret.fr

Destinataire : Hôtel Château Chartrons – 81, cours Saint-Louis - 33300 Bordeaux
Tél : 05 56 69 12 14 – Télécopie : 05 56 69 15 21

Villacoublay, le 14 avril…

Monsieur,
Suite à notre entretien téléphonique de ce jour, nous vous confirmons la réservation d'une chambre pour deux personnes du 15 mai au soir au 18 mai au matin au nom de M. et Mme Gautier, de la société *Aérofret*. Les personnes arriveront tard dans la soirée. Merci de bien vouloir confirmer la réservation par retour par télécopie ou par e-mail : plebec@aerofret.fr.
Avec nos sentiments distingués,

Pauline Lebec
Assistante de direction

10ᵉ Congrès mondial d'aviation d'affaires
Palais des Congrès - Bordeaux – 15-18 mai…

Dossier d'inscription

Voyage

Nom : ....

Prénom : ....

Fonction : ....

Société : ....

Adresse : ....

....

Tél. professionnel : ....

Télécopie : ....

E-mail : ....

Mon épouse / invité m'accompagnera : ☐ Oui ☐ Non
Nom : .... Prénom : ....

Prière d'indiquer :

Votre date d'arrivée : .... Heure : ....

Lieu d'arrivée : ☐ Gare ☐ Aéroport

Votre date de retour : .... Heure : ....

Lieu de départ : ☐ Gare ☐ Aéroport

Hébergement
Une navette vous conduira au Palais des Congrès.

Nom de l'hôtel : ....

Adresse : ....

Tél : .... Télécopie : ....

Pour les nuits du : ☐ 14 mai ☐ 15 mai ☐ 16 mai
☐ 17 mai ☐ 18 mai ☐ 19 mai

Programme des invités
Mon épouse / invité participera à la :
☐ Visite de Bordeaux
☐ Visite d'Arcachon

**Prière de retourner ce document par télécopie +33 (0)5 64 32 17 76
avant le 15 avril, Palais des Congrès BP 22 33000 Bordeaux Cedex**

outils · outils

Développer des hypothèses : le conditionnel présent et passé

- **Une hypothèse concernant le présent et sa conséquence actuelle**
  Si + imparfait ➡ conditionnel présent
  Si mon emploi du temps le permettait, j'assisterais au congrès.

- **Une hypothèse concernant le passé et sa conséquence actuelle**
  Si + plus-que-parfait ➡ conditionnel présent
  Si son avion était parti à l'heure, elle serait déjà au séminaire.

- **Une hypothèse concernant le passé et sa conséquence dans le passé**
  Si + plus-que-parfait ➡ conditionnel passé
  Si les participants avaient répondu à temps, nous n'aurions pas eu tous ces problèmes de réservation.

❶ Des réservations

Reliez les parties de phrases suivantes.

1. Si nous avions connu nos dates de vacances plus tôt,
2. Si je connaissais le jour de son arrivée à Nice,
3. Si vous aviez une soirée de libre lors de votre venue à Naples,
4. Si elles avaient participé au congrès de Dijon,
5. Si vous réserviez votre TGV deux mois à l'avance,
6. Si j'avais su qu'ils étaient à Paris cette fin de semaine,
7. Si vous aviez de la place en classe « Affaires »,

a. ma femme et moi serions heureux de vous inviter le soir à l'Opéra pour écouter *Carmen*.
b. ce serait plus confortable car le vol pour Shanghai dure 12 heures.
c. je les aurais emmenés faire une croisière sur la Seine, le dimanche.
d. nous aurions pu réserver nos places d'avion pour partir le 31 juillet.
e. vous obtiendriez des tarifs avec 50 % de réduction.
f. je lui prendrais une chambre avec vue sur la mer.
g. elles auraient eu le compte rendu comme tous les participants.

❷ À vous de continuer

Complétez les phrases librement.

1. Si on avait réservé des chambres plus tôt,…
2. Si j'avais eu le temps,…
3. Si vous nous aviez répondu avant le 12 juillet,…
4. Si nous pouvions obtenir cette information,…
5. Si elles étaient arrivées à l'heure,…
6. Si je n'avais pas raté le train,…
7. Si le séminaire finissait plus tôt,…

❸ Quand utiliser le conditionnel ? 📼

Réécoutez le dialogue de réservation de train et trouvez les formes au conditionnel.
Dites ce qu'elles expriment.

Exemple : Je voudrais réserver ➡ *une demande polie*

Comment dire

● **Faire une suggestion**
– Si vous alliez à Bordeaux, vous **devriez** visiter la cathédrale.
– Et si on prenait l'avion, on **arriverait** plus tôt ?

● **Exprimer son regret**
– Si j'avais su, je ne **serais** jamais **allé** à ce congrès.
– Si j'étais parti à l'heure, je n'**aurais** pas **raté** mon train.

● **Faire des reproches**
– Si vous me l'aviez dit plus tôt, j'**aurais assisté** à ce séminaire.

● **Exprimer un souhait, une préférence, une demande polie**
– **Pourriez**-vous me dire s'il reste des places sur le vol AF 2034 pour Berlin ?
– Est-ce que je **pourrais** avoir les horaires de départ pour le TGV Paris – Aix-en-Provence ?
– J'**aimerais** tellement me rendre en mission dans votre pays.
– J'**aimerais** mieux partir plus tard dans la soirée.

❹ À vous de reconnaître

Dites ce que les énoncés avec « si » expriment.
Cochez la bonne réponse.

1. Si vous n'étiez pas parti avec cette compagnie aérienne, vous n'auriez pas eu ce retard et moi cette attente de deux heures à l'aéroport !
☐ Regret
☐ Suggestion
☐ Reproche

2. Si j'étais à votre place, je profiterais de cette mission à Édimbourg pour visiter le château.
☐ Souhait
☐ Demande polie
☐ Suggestion

3. Si j'avais le temps, je partirais quelques jours me reposer au soleil.
☐ Demande polie
☐ Souhait
☐ Suggestion

4. Si le séminaire avait eu lieu en été, nous aurions pu profiter de la région.
☐ Souhait
☐ Suggestion
☐ Regret

5. Si on invitait les éditeurs à notre réunion budget, cela pourrait être profitable à tout le monde.
☐ Suggestion
☐ Souhait
☐ Demande polie

unité

8 Organiser un déplacement

1 Un séminaire

En stage à Paris dans la société *Reflex*, vous êtes chargé(e) d'organiser un séminaire destiné aux commerciaux français, suisses et belges pour les former sur le nouvel appareil photo numérique que votre société va commercialiser.

❶ Organiser un séminaire

1. Voici la liste des tâches que vous aurez à effectuer. Classez-les en mettant une croix dans la bonne colonne.

Rubriques / Tâches à accomplir	Organisation administrative pour le séminaire	Logistique : lieu du séminaire, hébergement, restauration, transport	Autres prestataires de services
1. Réserver les billets d'avion.			
2. Se renseigner sur les tarifs des salles de réunion.			
3. Commander les repas et les collations pour les pauses.			
4. Envoyer une note d'information à tous les participants par e-mail.			
5. Préparer le programme du séminaire.			
6. Embaucher des hôtesses d'accueil.			
7. Contacter une société de filmage vidéo.			
8. Préparer les badges avec les noms.			
9. Établir la liste définitive des participants.			
10. Réserver les salles de séminaire, les chambres d'hôtel.			
11. Louer le matériel : magnétoscope, vidéo projecteur, caméscope, micros.			
12. Vérifier la préparation de la salle.			

2. Mettez les tâches dans l'ordre chronologique dans lequel vous devrez les effectuer. Plusieurs réponses sont possibles.

❷ Choisir un lieu

Vous avez reçu une documentation de *l'Hôtel Prestige Saint-Lazare* à Paris (page ci-contre).

Vous êtes avec votre responsable de stage qui téléphone à *l'Hôtel Prestige Saint-Lazare* pour avoir des renseignements.

Écoutez le dialogue et prenez des notes.

Hôtel Prestige Saint-Lazare
★★★★

13 bis, rue de la Pépinière 75008 Paris
Tél : 01 40 20 54 52 – Télécopie : 01 40 20 54 50
E-mail : prestige-séminaires@hôtelprestige.fr

● **CAPACITÉS**
Hôtelière :
122 chambres.
Séminaire :
– 6 salles de réunion
(20 à 60 personnes)
– une salle
de conférences
(200 personnes)

● **DEUX
FORMULES
DE SÉMINAIRE**
• Séminaire
à la journée
• Séminaire
résidentiel

1. Vous envoyez par e-mail une note d'information à l'ensemble des participants et vous leur demandez une réponse impérative avant le 1er mars.
Écoutez le dialogue et complétez l'e-mail d'information ci-dessous.

De :	Direction de la communication
A :	Réseau commercial
Cc :	
Objet :	Séminaire

Times New Roman ▾ 12 ▾

Paris, le 15 février...

Un séminaire résidentiel de formation sur... aura lieu du... au...
à l'hôtel... situé... .
Vous êtes prié de bien vouloir confirmer... avant... .
Nous comptons vivement sur votre présence. Meilleures salutations.

La direction de la communication
Po Yoko Tani

Groupe Reflex : 145 bd Haussmann 75008 Paris - France
Tél : 01 45 00 87 12 – Télécopie : 01 45 00 8715

2. Votre responsable de stage vous a laissé la note ci-dessous. **Complétez la fiche de suivi séminaire (page 90) que vous adressez à l'***Hôtel Prestige Saint-Lazare.*

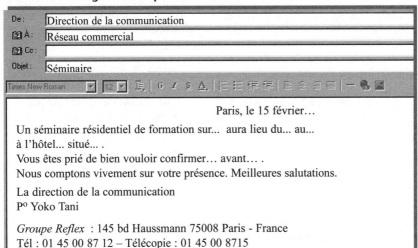

Séminaire de formation des commerciaux
36 participants
Réserver 10 séminaires résidentiels chambres doubles et 16 chambres individuelles
+ un déjeuner avec le menu « Affaires » pour 36 personnes le 15 avril
+ matériel vidéo
Demander de nous adresser la facture

FICHE DE SUIVI SÉMINAIRE

Séminaire : ....
Date de la manifestation : ....
Nombre de participants : ....
Société : ....
Adresse : ....
Téléphone : .... Télécopie : ....
Facturation : ☐ Règlement sur place   ☐ Règlement à envoyer
Type de séminaire : ☐ résidentiel   ☐ journalier
Option déjeuner menu « Affaires » : ☐ oui   Date : ....
                                     ☐ non
Nombre de chambres individuelles : ....
Nombre de chambres doubles : ....
Location de matériel : ....

3. Lors du séminaire, une soirée croisière sur la Seine est organisée. Vous êtes chargé(e) de demander des renseignements pour organiser un dîner à bord des Bateaux de la Concorde (1, Quai de Grenelle 75015 Paris). Vous donnez toutes les précisions utiles (date, nombre de personnes…). **Rédigez la lettre de demande de renseignements.**

2 **Une annulation de réservation** 📻

Mathieu Jones, le directeur général de la société *Reflex*, a laissé la note suivante à son assistante.

> Annulez ma réservation d'avion sur Toulouse et réservez deux places sur un vol du 19 mai avant 10 h. J'emmène le directeur général de la filiale belge avec moi à Toulouse.
> Merci d'avance. À cet après-midi.
>
> Mathieu Jones.

Note d'accompagnement

Monsieur,
Veuillez trouver ci-joint votre billet d'avion :

Aller

Numéro de vol : ....
Aéroport de départ : ....
Date et heure de départ : ....
Aéroport d'arrivée : ....
Heure d'arrivée : ....

Retour

Numéro de vol : ....
Aéroport de départ : ....
Date et heure de départ : ....
Aéroport d'arrivée : ....
Heure d'arrivée : ....
Nous vous souhaitons un bon voyage.

● **Une note d'accompagnement**
Lisez la note, écoutez le dialogue et complétez l'imprimé qui accompagne les billets d'avion du directeur général.

Entraînez-vous à l'oral

Un homme ou une femme d'affaires est en voyage professionnel dans votre pays.
– Si vous deviez lui conseiller une visite à faire dans votre ville, dans votre région ou dans votre pays, que lui conseilleriez-vous ? Pourquoi ?
– Si vous deviez lui recommander un hôtel, un restaurant dans votre ville, lequel lui indiqueriez-vous ? Pourquoi ?
Jouez la scène.

Le marché du tourisme en France

Répartition régionale des touristes étrangers

Pour les destinations, chaque nationalité a ses préférences : quand les Belges et les Italiens jouent la proximité, notamment sur des périodes courtes, les Néerlandais, avides de soleil, filent vers le Sud. Les Allemands voyagent dans l'Est et chérissent les plages du Languedoc. Quant aux Britanniques, ils préfèrent le Grand Ouest.

Britanniques
Néerlandais
Italiens
Allemands
Belges et Luxembourgeois

Pour chaque région, la nationalité qui arrive en tête du nombre de nuitées a été retenue.

Source : *Enquête aux frontières*

Les cinq régions les plus fréquentées

En milliers de séjours détaillés*

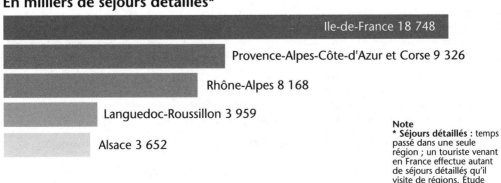

Ile-de-France 18 748
Provence-Alpes-Côte-d'Azur et Corse 9 326
Rhône-Alpes 8 168
Languedoc-Roussillon 3 959
Alsace 3 652

Note
* Séjours détaillés : temps passé dans une seule région ; un touriste venant en France effectue autant de séjours détaillés qu'il visite de régions. Étude faite sur un an.

Source : *Enquête aux frontières* – D'après *l'Expansion*, n° 578.

❶ Des déplacements 📼

Écoutez ces quatre dialogues. Pour chacun, il vous est posé une ou deux questions.
Choisissez la bonne réponse.

1. Au téléphone

1. M. Yansen téléphone pour
   a. modifier une réservation.
   b. réserver un vol.
   c. annuler une réservation.
   d. réserver un taxi.
2. À quelle heure est l'avion de Monsieur Yansen ?
   a. 6 h 30   c. 8 h 30
   b. 7 h   d. 9 h 30

2. Dans un hôtel

   Quel est le nombre de nuits réservées ?
   a. 2   c. 4
   b. 3   d. 6

3. Dans un séminaire

   Où se trouve la salle de réunion ?
   a. Au deuxième étage.
   b. Tout de suite au bout du couloir.
   c. Elle donne directement dans le hall.
   d. C'est la deuxième salle à gauche après le hall.

4. Un déjeuner sur la Seine

   Quel est le forfait choisi ?
   a. 79 euros.
   b. 56 euros.
   c. 69 euros.
   d. 46 euros.

❷ Une demande de renseignements

Complétez la lettre ci-contre en choisissant le mot ou le groupe de mots qui convient.

1. a. Sujet
   b. Concernant
   c. Objet
   d. Référence

2. a. Chers clients,
   b. Cher Monsieur,
   c. Messieurs, Mesdames,
   d. Messieurs,

3. a. aura lieu
   b. tiendra
   c. se fera
   d. passera

4. a. Je vous prie
   b. Nous vous serions obligés
   c. Nous vous adressons
   d. Nous aimerions

Laboratoire Formaplus
58, rue Pierre Fontaine
91 000 Évry

Grand Hôtel Napoléon III
5, avenue du Phare
64200 Biarritz

Évry, le 10 décembre ......

… **(1)** : demande de renseignements

… **(2)**

   Nous souhaitons organiser un séminaire pour nos délégués médicaux dans votre région. Cet événement … **(3)** du 5 au 8 février prochains.

   … **(4)** de bien vouloir nous faire parvenir une documentation complète sur vos salons et sur vos prestations ainsi que vos meilleurs tarifs résidentiels pour un groupe de 30 personnes.

… **(5)**

… **(6)**

Françoise Forielli
Directrice des ressources humaines

---

5. a. Nous nous excusons de vous importuner.
   b. Nous attendons vos instructions.
   c. Nous espérons vous compter au nombre de nos clients.
   d. Nous vous remercions par avance de votre prompte réponse.

6. a. Nous vous prions d'agréer, Messieurs, l'expression de nos sentiments distingués.
   b. Cordialement.
   c. Veuillez agréer, Messieurs, l'expression de nos sentiments dévoués.
   d. Je vous prie de croire, cher Monsieur, à mes meilleurs sentiments.

Marché et résultats de l'entreprise

➤ 1 Un communiqué financier

Groupe Rêva

L'année s'achève par une forte progression des résultats qui récompense les efforts engagés par le groupe. Cette année marque aussi un tournant dans la croissance du groupe avec la diversification de ses activités.

Le chiffre d'affaires consolidé* du groupe progresse de 32,7 % par rapport à l'exercice* précédent pour s'établir à 4 556 millions d'euros. Le résultat d'exploitation* s'élève à 254 millions d'euros. Il est en augmentation de 45,3 %.

Hôtellerie : + 25,6 %
L'hôtellerie affiche une progression très soutenue de son chiffre d'affaires grâce à une croissance de l'activité et au développement du parc hôtelier avec de nouvelles implantations en Amérique du Sud et en Asie.

Services : + 17,3 %
Le chiffre d'affaires des services augmente de 17,3 %. Cette forte hausse est due à une diversification de l'offre et à un effet de change positif de 6,9 % provenant de la hausse du réal brésilien et du dollar.

Autres activités de voyage et du tourisme : + 10,02 %
- Agences de voyages : + 25,8 %
- Casino : + 29,6 %
- Restauration : + 6,3 %
- Chèques restaurants : + 3,7 %
- Services à bord des trains : – 0,3 %

Informations actionnaires : 08 11 20 02 35
E-mail : comfi@rêva.com Site internet : www.rêva.com/finance

● **Avez-vous bien compris ?**

Lisez le texte et choisissez la bonne réponse.

1. Quel est la branche d'activité du groupe *Rêva* ?
   a. Les transports.
   b. L'industrie.
   c. La banque.
   d. Les services.

2. Pourquoi le groupe *Rêva* a-t-il fait paraître ce communiqué financier ?
   a. Pour remercier le personnel de ses efforts.
   b. Pour informer le grand public de ses résultats financiers.
   c. Pour demander un apport de capital à ses actionnaires.
   d. Pour faire de la publicité et vendre ses produits.

Notes
* Le chiffre d'affaires consolidé : le montant total des ventes du groupe.
* L'exercice : une année comptable entre deux bilans.
* Le résultat d'exploitation : le bénéfice ou la perte.

3. Que peut-on dire des données chiffrées du groupe *Rêva* ?
  a. La croissance la plus importante des trois secteurs est due en partie à l'ouverture de nouveaux hôtels.
  b. Toutes les activités voient leurs chiffres en progression.
  c. C'est le secteur des activités de voyage et du tourisme qui connaît le plus fort développement.
  d. La hausse des cours de certaines devises a provoqué des pertes dans une branche.

›2 Un comité de direction en réunion 📼

Jérôme Legal, directeur général de la société *Eurosite*, numéro 1 européen des aspirateurs, conduit une réunion avec les différents responsables de l'entreprise dont Benjamin Lifar, directeur financier, et Sylvaine Perreti, directrice marketing.

Jérôme Legal : Je rappelle que nous sommes réunis pour faire le bilan du dernier semestre. Pierre Grandchamp s'est excusé, il est en mission aux Pays-Bas. Benjamin, voulez-vous commencer ?
Benjamin Lifar : Oui bien sûr... Tout d'abord, sur l'ensemble du dernier semestre, nous avons réalisé un chiffre d'affaires supérieur aux 23 millions prévus soit 24 millions d'euros. Ceci représente une augmentation d'un tiers par rapport à l'année passée. Deux raisons expliquent ces chiffres : d'une part, la fusion* avec la société allemande *Astron* il y a cinq mois qui a entraîné un accroissement de 18 % de notre activité ;
d'autre part, notre stratégie d'implantation sur le marché européen qui a fait que cette zone représente désormais le quart de notre chiffre d'affaires.

JL : Donc, tout va bien ?

BL : Hum…, oui, oui sauf pour notre filiale canadienne dont le quart des effectifs a dû être licencié en raison de faibles commandes depuis deux ans.

JL : J'aimerais que nous parlions aussi de notre projet de lancement des aspirateurs *Mach 2*. Sylvaine, pouvez-vous nous parler des résultats les plus significatifs des sondages effectués ?

Sylvaine Perreti : Eh bien, sur 3 000 questionnaires envoyés, environ 2 000 nous ont été retournés. Les réponses les plus intéressantes pour notre projet font apparaître que 35 % des utilisateurs interrogés ne sont pas satisfaits de leur aspirateur, 65 % souhaiteraient en changer et 45 % envisagent de changer de marque lors de leur prochain achat.

JL : Et quels types de besoins expriment-ils ?

SP : Les résultats nous montrent qu'une très forte proportion des utilisateurs accorde une grande importance aux qualités techniques de leur aspirateur. En effet, les trois quarts ont répondu vouloir un aspirateur moins bruyant, plus puissant que celui qu'ils possèdent actuellement, et, et surtout aussi léger et facile à manipuler que possible. Ceci correspond exactement aux caractéristiques de notre nouveau modèle.

Note
*** Une fusion :** un regroupement de deux entreprises qui disparaissent et s'unissent pour en former une nouvelle.

JL : Autrement dit, tout nous indique que les aspirateurs *Mach 2* ont de fortes chances d'effectuer une percée sur le marché.

SP : Absolument. C'est, actuellement, le produit le plus performant du marché et il remportera un grand succès auprès d'une majorité de consommateurs.

❶ Un compte rendu de réunion

Vous assistez à la réunion. **Écoutez le dialogue et prenez des notes.**

Vous êtes chargé(e) de relire le compte rendu de la réunion avant de l'adresser aux personnes concernées. Corrigez les erreurs.

COMPTE RENDU DE LA RÉUNION DU COMITÉ DE DIRECTION

du lundi 6 avril 20..

Ordre du jour : Bilan du dernier trimestre 20..

Présents : Monsieur Grandchamp, directeur commercial
Monsieur Lifar, directeur général
Monsieur Perretti, directeur marketing

Excusé : Monsieur Legal, directeur financier

1.Ventes

Les objectifs de vente sont largement atteints pour l'année 20... puisqu'ils s'élèvent à 23 millions d'euros. Le chiffre d'affaires est en augmentation de 25 % par rapport à l'année dernière grâce en partie à la pénétration du marché canadien. Seule la filiale allemande rencontre des difficultés avec une baisse des ventes. Monsieur Lifar souligne que cette situation a entraîné 25 licenciements.

2. Projet de lancement des aspirateurs *Mach 2*

Madame Peretti indique que deux tiers des questionnaires ont été envoyés. Une minorité de consommateurs se dit mécontente de son aspirateur actuel et veut changer de marque.

Le choix est guidé en priorité par le prix. Les aspirateurs de la gamme *Mach 2* correspondent tout à fait aux attentes des personnes interrogées.

---

❷ Comment dire en réunion ?

Faites correspondre la (les) formule(s) utilisée(s) pour :

1. annoncer l'ordre du jour.
2. donner la parole.
3. passer au point suivant.
4. reformuler pour faire une synthèse.

a. Autrement dit, tout nous indique que les aspirateurs *Mach 2* ont toutes les chances d'effectuer une percée sur le marché.

b. J'aimerais que l'on parle aussi de notre projet de lancement des aspirateurs *Mach 2*.

c. Je rappelle que nous sommes réunis pour faire le bilan du dernier semestre.

d. Benjamin, voulez-vous commencer ?

e. Donc, tout va bien ?

f. Sylvaine, pouvez-vous nous parler des résultats les plus significatifs des sondages effectués ?

Marché et résultats de l'entreprise

Les comparatifs : comparer une qualité

- **Degré de supériorité**
  La progression du chiffre d'affaires a été plus forte que l'an passé.
  Les résultats sont meilleurs que l'an passé.

  ! Pour l'adjectif *bon*, on dit : *meilleur(e)*.

- **Degré d'égalité**
  La progression du chiffre d'affaires a été aussi forte que l'an passé.
  Les résultats sont aussi bons que l'an passé.

- **Degré d'infériorité**
  La progression du chiffre d'affaires a été moins forte que l'an passé.
  Les résultats sont moins bons que l'an passé.

  On peut aussi comparer une action pour sa qualité :
  Il travaille bien. ➜ *En fait, il travaille mieux que nous.*

Les comparatifs : comparer une quantité

> Plus de
> Autant de ⟩ + nom + que (de) + nom
> Moins de

Le groupe Rigault *a autant d'hôtels que le groupe* Rêva.
Le groupe Rêva *a plus de restaurants que d'hôtels.*

On peut aussi comparer une action pour sa quantité.
Il travaille beaucoup. ➜ *En fait, il travaille autant que nous.*

❶ **Une enquête d'opinion chez *Modone*, une société agroalimentaire**
Complétez le compte rendu.

Résultats d'une enquête
sur les produits laitiers

Selon notre enquête réalisée auprès d'un échantillon de 2 000 personnes, notre marque est … connue … **(1)** celles de nos concurrents (61 % des personnes interrogées connaissent *Modone* contre 46 % pour nos concurrents). L'indice de satisfaction est … important … **(2)** celui de nos concurrents avec 45 % pour *Modone* et 31 % pour la concurrence. Les crèmes glacées en pot *Modone* et celles de notre principal concurrent sont … **(3)** appréciées avec un indice de 33 % chacune. En revanche, les yaourts nature *Modone* obtiennent beaucoup … réponses favorables … **(4)** ceux de la concurrence : 18 % pour *Modone* et 36 % pour chacune des autres sociétés. Enfin, notre nouvelle gamme de crèmes desserts semble être accueillie … favorablement … **(5)** prévu avec un indice de satisfaction de 90 % ! Souhaitons que l'année prochaine soit … **(6)** positive.

Les superlatifs : classer en première / dernière position

- **Première position**
  C'est la progression la plus forte.
  Ces résultats sont les meilleurs de l'année.

- **Dernière position**
  C'est la progression la moins forte.
  Ces résultats sont les moins bons de l'année.

❷ Quelques entreprises dans le secteur des services

Lisez le tableau et retrouvez l'entreprise en première et en dernière position pour chaque critère : part du chiffre d'affaires à l'export – date de création – évolution du chiffre d'affaires – effectifs – chiffre d'affaires.

Exemple : Parmi ces cinq entreprises, Air France est la plus ancienne.

	Air France	Club Med	Accor	EuroDisney	Sodexho Alliance
Date de création	1933	1950	1960	1985	1966
Chiffre d'affaires en €	103 millions	15 millions	61 millions	9 millions	90 millions
Évolution du chiffre d'affaires	13,46 %	15,58 %	8,55 %	2,48 %	44,25 %
Effectifs	53 791	24 200	128 850	10 574	270 000
Part du chiffre d'affaires à l'export	0 %	26 %	63 %	0 %	88 %

Comment dire

● **Annoncer l'ordre du jour d'une réunion et conclure**
  – Je souhaiterais qu'on fasse le point sur… – Je vous ai réuni pour parler de… – Parlons de…
  – Bien, c'est tout pour aujourd'hui ? – Rien à ajouter, bon… – On arrête là ?

● **Donner la parole**
  – Saïd, voulez-vous intervenir ? – Laurent, vous pouvez continuer ?
  – Pas de remarques ? Anne, c'est à vous. – Armelle, nous vous écoutons…

● **Prendre la parole**
  – Juste un commentaire pour dire… – Si vous permettez… – Je voudrais dire…
  – Je voudrais ajouter…

● **Constater des faits ou des résultats**
  – On voit… – Nous constatons…

● **Exprimer des proportions, des ordres de grandeur**
  – Une forte / faible proportion de… – La majorité de… / la majeure partie de…
  – La moitié de… – Le tiers de… – Les deux tiers… – Le quart…

❸ Un rapport de stage
Vous êtes stagiaire chez *Rêva* et vous avez fait un rapport de stage que vous présentez à un jury de la *Chambre de Commerce et d'Industrie de Paris*. Vous avez mis en annexe de votre rapport le communiqué financier (page 93). Le jury vous donne la parole, vous interrompt pour poser des questions et reformule vos idées.

Jouez la scène.

unité 9

Marché et résultats de l'entreprise

1 Des chiffres de vente 📼

Vous assistez à la réunion des commerciaux, présidée par M. Cédric Perautel, le directeur des ventes de *Kopiprim SA*, une entreprise de fabrication de matériel bureautique (ordinateurs, imprimantes, télécopieurs, CD-Rom, etc.). L'ordre du jour est le bilan des ventes de l'année passée.

❶ Interpréter des résultats 📼

Écoutez le dialogue, notez les chiffres de vente donnés et tracez la courbe de l'évolution des ventes.

Chiffre d affaires en milliers d euros

```
140
130
120
110
100
 90
 80
 70
 60
 50
 40
 30
 20
 10
      J  F  M  A  M  J  J  A  S  O  N  D
```

❷ Votre compte rendu 📼

Écoutez le dialogue une deuxième fois et prenez des notes pour rédiger votre compte rendu. Aidez-vous du compte rendu de la page 95 et du graphique ci-dessus.

2 Une étude de marché

L'entreprise *Kopiprim SA* veut lancer un nouvel équipement informatique sur le marché destiné aux particuliers. Elle envisage de faire une étude de marché et d'envoyer un questionnaire.

❶ Des questions types

1. Voici en désordre les questions qui seront posées aux clients potentiels.

Dans le questionnaire (page 99), retrouvez les questions qui correspondent aux objectifs que vous donne le directeur général.

Exemple : 1a,...

cas pratiques

1. Je veux savoir à qui je peux vendre mes produits.

2. Je veux savoir quelle quantité je peux vendre.

3. Je veux connaître le marché et la part de la concurrence.

4. Je veux savoir à quel prix vendre mes produits.

5. Je veux savoir où vendre mes produits.

a. Combien de personnes vivent dans votre foyer ? ....

b. Quelle est votre profession ?

agriculteur ☐ artisan/commerçant ☐
chef d'entreprise ☐ employé ☐
ouvrier ☐ étudiant ☐
retraité ☐ autre ☐

c. Où faites-vous vos achats ?

hypermarché / supermarché ☐
petit commerçant ☐
grandes surfaces spécialisées ☐
vente par correspondance ☐
Internet ☐
autre ☐

d. Quelle(s) marque(s) de matériel informatique connaissez-vous ?
....

e. Quels sont vos revenus mensuels ?

moins de 800 € ☐ de 1 200 à 2 000 € ☐
de 800 à 1 200 € ☐ plus de 2 000 € ☐

f. Vous habitez :

un appartement ☐ une maison ☐ autre ☐

g. Que possédez-vous ou prévoyez-vous d'acheter ?

	Possède	Achat prévu
Micro-ordinateur	☐	☐
avec lecteur CD Rom	☐	☐
avec connexion Internet	☐	☐
Imprimante	☐	☐
Télécopieur	☐	☐
Téléphone portable	☐	☐
Répondeur téléphonique	☐	☐

h. Quelle somme seriez-vous prêt(e) à dépenser pour l'achat d'un équipement informatique ?
....

i. Avez-vous un crédit ?

voiture ☐ travaux ☐
logement ☐ à la consommation ☐

j. Vous êtes :

un homme ☐ une femme ☐
marié(e) ☐ célibataire ☐ autre ☐

2. Votre questionnaire doit être bien construit.

Classez les questions par thème.

– Identité du client potentiel
– Lieu d'achat
– Connaissance des produits
– Intention d'achat / Nature de l'achat
– Budget d'achat

❷ Une lettre d'accompagnement

Vous envoyez le questionnaire par publipostage avec une lettre d'accompagnement. **Rédigez la lettre en vous aidant des expressions et des mots suivants :**

Solliciter aide – répondre enquête – équipement informatique / bureautique.
Souhaiter répondre – attentes clientèle.
Être reconnaissant – remplir questionnaire – connaître opinion.
Informations fournies – permettre améliorer – produits et services.
Prier faire parvenir – questionnaire rempli – enveloppe pré-affranchie ci-jointe.
Si adresser réponse sous quinze jours – participer tirage au sort – gagner bon d'achat de 80 €.
Remercier par avance – précieuse collaboration.
Croire – sentiments dévoués.

❸ Commenter des résultats

Faites remplir le questionnaire à votre groupe et commentez les résultats. Utilisez l'expression des proportions et des ordres de grandeur (une forte / faible proportion...).

Entraînez-vous à l'oral

Votre entreprise lance un nouveau produit. Elle a fait une étude de marché. À vous de choisir l'activité et les produits. Voici les résultats de l'enquête.
À vous de les commenter.

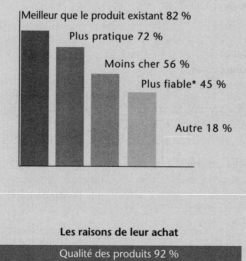

Ce que les consommateurs attendent du nouveau produit

Meilleur que le produit existant 82 %
Plus pratique 72 %
Moins cher 56 %
Plus fiable* 45 %
Autre 18 %

La composition socioprofessionnelle des personnes interrogées

Cadres supérieurs Professions libérales 32 %
Cadres moyens 22 %
Employés 17 %

Ouvriers /Artisans 12 %
Étudiants   9 %
Chômeurs   5 %
Retraités   3 %

Les raisons de leur achat

Qualité des produits 92 %
Prix 63 %
Service après-vente 45 %
Nouveauté 19 %
Promotion 17 %
Publicité 8 %

Note
* Fiable : capable de fonctionner sans problème pendant une période déterminée.

Lire un bilan

Le bilan est la photographie de la situation de l'entreprise à un moment donné, généralement à la fin de l'exercice.

La partie gauche du bilan est appelée ACTIF :
c'est l'emploi des ressources de l'entreprise

La partie droite du bilan est appelée PASSIF :
c'est l'origine des ressources de l'entreprise

ACTIF	PASSIF
ACTIF IMMOBILISÉ *	**CAPITAUX PROPRES**
Immobilisations incorporelles : ❶ fonds de commerce brevets	**Capital** ❺ ⋯⋯ ❺ *Capital : Apports financiers effectués par les propriétaires de l'entreprise.*
Immobilisations corporelles : ❶ terrains constructions matériel…	**Réserves** ❻
Immobilisations financières : ❷ titres de participation	**Résultat net de l'exercice** ❼ **Provisions pour risques** ❽
ACTIF CIRCULANT *	**DETTES**
Stocks : matières premières produits en cours de fabrication produits finis	**Emprunts** ❾ **Fournisseurs** ❿
Créances clients ❸	
Valeurs mobilières de placement ❶	❾ *Dettes auprès des banques.*
Disponibilités : ❹ banque caisse	❿ *Dettes auprès des fournisseurs.*

❸ *Ce que doivent les clients.*

❶ *Biens de toute nature qui servent à l'exploitation de l'entreprise.*

❻ *Partie des bénéfices non distribués et mis à la disposition de l'entreprise.*

❷ *Titres de propriété sur d'autres entreprises.*

❹ *Ce que l'entreprise a en caisse et à sa banque.*

❽ *Sommes mises de côté en prévision de risques.*

❼ *Bénéfice ou perte de l'exercice.*

Notes
* Actif immobilisé : les valeurs immobilisées ne se renouvellent que lentement.
* Actif circulant : les éléments actifs circulant se renouvellent assez vite.

testez-vous

❶ Le marché du jouet

Lisez les documents et choisissez la bonne réponse.

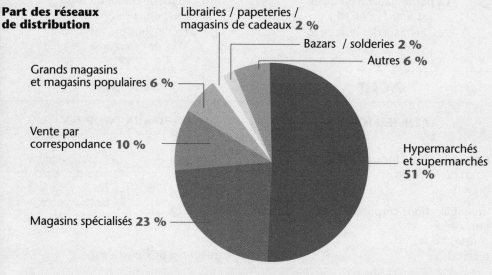

Part des réseaux de distribution

Librairies / papeteries / magasins de cadeaux **2 %**

Bazars / solderies **2 %**

Autres **6 %**

Grands magasins et magasins populaires **6 %**

Vente par correspondance **10 %**

Hypermarchés et supermarchés **51 %**

Magasins spécialisés **23 %**

Répartition du marché

Jeux vidéo **13,7 %**
Nourrissons premier âge **12,7 %**
Jeux d'action garçons **6,9 %**
Véhicules **13,8 %**
Poupées **13,4 %**
Peluches **3,9 %**
Jeux et puzzles **11,5 %**
Activités **13,6 %**
Autres **10,5 %**

1. a. Une minorité des achats de jouets se fait dans les hypermarchés et les supermarchés.
   b. Les jouets sont achetés dans une très faible proportion dans les magasins de cadeaux, les papeteries et les librairies.
   c. La moitié des achats de jouets est effectuée dans les magasins spécialisés.
   d. Le quart des jouets est acheté par correspondance.

2. a. Poupées et peluches sont vendues dans une proportion égale.
   b. Jeux et puzzles constituent la plus grande part du marché des jouets.
   c. Les jeux d'action garçons représentent un tiers du marché des jouets.
   d. Activités et jeux vidéo se partagent une part de marché à peu près égale.

❷ Une enquête de satisfaction 📼

Un constructeur d'automobiles a effectué une enquête de satisfaction auprès de sa clientèle.

Écoutez les réponses de cinq clients à la question « Êtes-vous satisfait de votre voiture et de nos services ? » et dites pour chacune d'elles si la personne est satisfaite, insatisfaite ou indifférente.

	Satisfaite	Insatisfaite	Indifférente
Dialogue 1	☐	☐	☐
Dialogue 2	☐	☐	☐
Dialogue 3	☐	☐	☐
Dialogue 4	☐	☐	☐
Dialogue 5	☐	☐	☐

Fabrication et mode d'emploi

unité 10

situations

▶1 Un processus de fabrication

❶ Les étapes de la fabrication de la porcelaine

Voici un schéma représentant les dix étapes de la fabrication d'une assiette en porcelaine. Certains commentaires manquent.

Faites correspondre le commentaire manquant au dessin qui convient.

3.

1. D'abord, les matières premières sont livrées. La pâte à porcelaine est composée de trois éléments : le kaolin, une terre très pure et très blanche, le quartz et le feldspath.

2. On commence par la fabrication de la pâte. On mélange les trois éléments pour obtenir la pâte.

5.

4. Ensuite, on sèche l'assiette.

6. On poursuit par l'émaillage : l'assiette est trempée dans un bain d'émail* liquide.

7. L'assiette est cuite une deuxième fois à 1400 °C pour la rendre imperméable, transparente et blanche.

8.

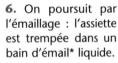

9. Une fois que l'assiette est peinte, elle subit une ou plusieurs cuissons de 780 à 1350 °C afin que les couleurs soient fixées.

Note
* L'émail : la matière très dure et brillante qui sert de couche de protection sur certains objets (un lavabo, par exemple).

10.

a. Puis, on cuit l'assiette à 980 °C dans un four, ce qui permet d'enlever l'eau.

b. L'assiette est décorée au pinceau.

c. Pour finir, les assiettes sont emballées avec soin.

d. La pâte se façonne de plusieurs manières : elle peut être modelée et tournée par un artiste ou versée dans des moules.

situations

❷ Des verbes et des noms

Complétez le tableau ci-dessous avec les verbes et les noms qui conviennent.
Classez les noms dans les bonnes colonnes.

Verbes	Noms			
composer ……… ……… sécher ……… enlever décorer ……… façonner finir emballer	la fabrica**tion**	le commence**ment**	l'émaill**age**	la pein**ture**

 2 Une visite d'usine 📷

Vous effectuez un voyage d'études en France et vous visitez une fabrique de
porcelaine. Vous êtes accueilli(e) par un maître faïencier. **Écoutez son exposé de
bienvenue avant de commencer la visite.**

Mesdames, Mesdemoiselles, Messieurs, bonjour.

Bienvenue chez *Les porcelaines Princesse*. Tout d'abord, avant de commencer
la visite, je voudrais vous présenter notre fabrique de porcelaine. Il faut savoir que
les premières usines de fabrication de porcelaine ont été créées au dix-huitième
siècle. Nous maintenons la tradition depuis plus de deux siècles grâce au savoir-
faire acquis et à la compétence de notre personnel. D'ailleurs, la fabrication de la
porcelaine est la première industrie de la région de Limoges.

La pâte à porcelaine est faite à partir de trois éléments : le kaolin, le quartz et le
feldspath. Le kaolin est une terre très pure et très blanche qui est l'élément de base
de la porcelaine. Il entre pour 55 % dans la fabrication de la pâte, le quartz et le
feldspath pour 20 et 25 % chacun.

Autrefois, le mélange se faisait à la main mais, aujourd'hui, on utilise des
machines à commande numérique pour mesurer les quantités et effectuer les
opérations. Une fois la pâte obtenue, un certain nombre d'étapes vont permettre de
produire des pièces de qualité. C'est ce que vous pourrez voir dans nos ateliers. Les
pièces sont d'abord séchées à basse température, puis cuites à 900 °C. Ensuite, elles
sont trempées dans un bain d'émail. Pour terminer, on procède à une dernière
cuisson à 1 400 °C. À la sortie du four, les pièces sont triées, ce qui permet
d'enlever celles qui présentent des défauts. Les autres sont destinées à la vente sous
forme de porcelaine blanche ou décorée. À la fin de la visite, vous pourrez voir dans
notre salle d'exposition nos derniers modèles et des reproductions de pièces
anciennes. Je vous propose maintenant de voir un film vidéo qui vous expliquera le
processus de fabrication de la porcelaine. Ensuite, vous pourrez suivre notre
itinéraire fléché qui vous guidera à travers nos différents ateliers. La visite durera
environ 45 minutes. Les photos sont interdites. Je vous laisse et vous souhaite une
très bonne visite.

❶ **Avez-vous bien compris ?**

Écoutez l'exposé et retrouvez les quatre principales étapes de la visite de la fabrique.

❷ **Un compte rendu de visite**

Vous devez rédiger le compte rendu de la visite de l'usine de porcelaine.

1. Lisez l'exposé et retrouvez les énoncés de même sens.

1. La préparation de la pâte à porcelaine nécessite trois types de matières premières.

2. Avant, les matières premières étaient mélangées manuellement ; aujourd'hui l'opération est automatisée.

3. Cela fait plus de deux cents ans que les techniques mises au point par les premiers fabricants sont utilisées.

4. Le processus se termine par la sélection des bonnes pièces et des pièces défectueuses.

5. La fabrication de la porcelaine est le secteur industriel le plus important de la région limousine.

6. Les plus anciennes fabriques de porcelaine datent des années 1700.

7. L'ensemble de la production est présentée en fin de visite dans une pièce spécialement aménagée.

8. La fabrication des objets passe par différentes opérations : le séchage, plusieurs cuissons et l'émaillage.

9. L'ensemble des ateliers peut être visité grâce un circuit organisé avec des panneaux qui expliquent les différentes étapes de fabrication.

2. Mettez les énoncés ci-dessus dans l'ordre en suivant le plan de l'exposé et rédigez le compte rendu de visite.

(Ville) .... le ....

COMPTE RENDU DE LA VISITE EFFECTUÉE

À : .... (lieu de visite)

Le : .... (date de la visite)

Par : .... (votre nom)

I   Historique

....

....

....

II   Processus de production

....

....

....

III   Conclusion (donnez votre avis général)

....

....

....

unité

Fabrication et mode d'emploi

❶ La fabrication de la porcelaine

Trouvez dans le processus de fabrication de la porcelaine (page 103) les différentes formes verbales pour expliquer un processus.

*Exemple : Les matières premières **sont livrées**.*

Comment exprimer les actions d'un processus

- **Avec la forme active** ➡ Sujet + verbe : *L'assiette subit plusieurs cuissons.*
- **Avec la forme passive**
  ➡ Être + participe passé : *L'assiette est décorée au pinceau par un artiste.*
  Autrefois, les matières premières étaient mélangées à la main.
  Les pièces avec un défaut devront être retirées.
- **Avec la forme pronominale de sens passif**
  ➡ Sujet + verbe pronominal : *La pâte se façonne de plusieurs manières.*
- **Avec le pronom « on »** ➡ On + verbe : *On cuit l'assiette à 980 °C.*

---

❷ Des procédés de fabrication

Transformez à la forme passive comme dans l'exemple.

Exemple : Une chaîne de montage assemble différentes pièces mécaniques.
*Les différentes pièces mécaniques **sont assemblées** par une chaîne de montage.*

1. Les unités de production utilisent de plus en plus des appareils à commande numérique.
2. De nombreux artisans ont conservé les traditions et les savoir-faire du passé.
3. On utilise des techniques anciennes pour obtenir le cristal de Baccarat.
4. On doit toujours emballer soigneusement les marchandises fragiles.
5. On ne pourra pas remplacer l'expertise d'un spécialiste.

❸ Le recyclage des emballages plastiques

Transformez chaque phrase de ce texte en utilisant la forme passive.

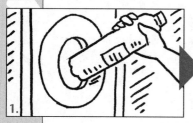

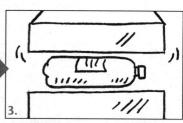

1. La collecte
D'abord, 12 millions de Français *font* la collecte des emballages en plastique (bouteilles et flacons).

2. Le tri
Dans les centres de tri, des employés *trient* les bouteilles et les flacons en fonction de la nature du plastique. Puis, ils *enlèvent* les étiquettes, les bouchons des bouteilles et des flacons.

3. Le broyage
Des machines *broient* les bouteilles plastiques et les flacons. Les employés *lavent* les emballages broyés.

4. Les débouchés
Puis, les centres de tri les *expédient* à des industriels pour servir à la fabrication de nouveaux produits. Les industriels *fabriquent* de nouveaux flacons, des vêtements…

Comment exprimer la finalité / le but recherché

- **Pour / Afin de / Dans le but de / De manière à + verbe à l'infinitif**
  La pâte est cuite une deuxième fois à 1 400 °C pour la rendre imperméable.

- **Pour que / Afin que + sujet et verbe au subjonctif**
  La pièce subit une ou plusieurs cuissons de 780 à 1350 °C afin que les couleurs soient fixées.

- **Avec le pronom relatif ce qui + verbe à l'indicatif**
  On cuit la pièce à 980 °C dans un four, ce qui permet d'enlever l'eau.

❹ **Des actions dans quel but ?**

Associez les propositions pour retrouver le but recherché.

1. On effectue systématiquement un contrôle qualité… c
2. Des modes d'emploi sont à la disposition du consommateur… e
3. Une visite de maintenance est faite chaque mois… a
4. Chaque employé doit répondre à un questionnaire de pré-formation… b
5. Des collectes d'emballages sont organisées dans chaque ville… d

3 **a.** afin d'entretenir les machines de l'usine en bon état de marche.
4 **b.** pour que les stages sur les nouvelles machines puissent être planifiés.
1 **c.** afin que le produit fini soit parfait en sortant de l'usine.
5 **d.** ce qui permet de recycler les bouteilles en plastique.
2 **e.** pour éviter des accidents lors d'une première utilisation de l'appareil.

Comment dire

Expliquer le déroulement d'un processus

- **Avec des verbes** : commencer par… , passer à… / poursuivre par…, finir par… / terminer par…
  On termine par l'emballage de la pièce.

- **Avec des marqueurs temporels** :
  d'abord…, puis… / ensuite…, enfin…
  Puis, on cuit la pièce à 980 °C ce qui permet d'enlever l'eau.

- **Avec des expressions pour souligner la rapidité** :
  dès que… / dès + nom / aussitôt que… / aussitôt…
  Dès que la pièce est décorée au pinceau, elle subit une ou plusieurs cuissons.
  Aussitôt leur sortie du four, les pièces sont triées.

- **Avec des expressions pour marquer l'antériorité et la postériorité** : avant…, après…, une fois que… / une fois…
  Après avoir trié les pièces, on les emballe.
  Une fois les pièces triées, on les emballe.

- **Avec le gérondif** :
  En cuisant une ou plusieurs fois, les couleurs se fixent.

❺ **Une histoire de café**

Complétez avec les expressions suivantes : aussitôt – après – passe à – ensuite – termine par – commence par – dès que.

Cela commence (1) une histoire de grains. Aussitôt (2) la cueillette effectuée, les grains sont choisis et contrôlés avec soin par des experts en café de l'entreprise importatrice. Dès que (3) le café arrive dans les usines, chaque sac est percé d'un petit trou par lequel on extrait les échantillons de café que les experts vont goûter. C'est seulement après (4) leur dégustation qu'ils décident si le nouvel arrivage est accepté ou refusé. Les grains sont ensuite (5) mélangés pour correspondre aux goûts des consommateurs. Puis, on passe à (6) la torréfaction, c'est-à-dire au rôtissage des grains. On termine (7) le conditionnement du café dans des sachets de 250 ou 500 grammes.

cas pratiques

1 Utilisation d'un magnétoscope

❶ Un mode d'emploi

Vous travaillez dans une entreprise d'électroménager qui participe à la *Foire de Paris*. Votre entreprise vient de lancer sur le marché un nouveau magnétoscope.

Écoutez le dialogue entre un client et un vendeur qui explique comment fonctionne le magnétoscope et prenez des notes afin de rédiger le mode d'emploi du magnétoscope qui accompagne le schéma. (Vous utiliserez l'impératif ou l'infinitif et vous respecterez l'ordre chronologique des opérations.)

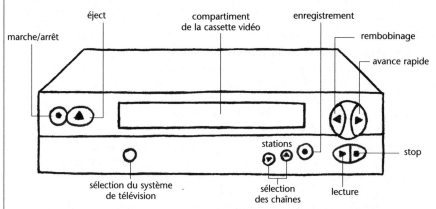

Le vendeur : Pour enregistrer une émission de télévision en direct, c'est très simple. Pour commencer, vérifiez bien que votre téléviseur et votre magnétoscope sont branchés. D'abord, vous allumez le téléviseur. Et ensuite, vous introduisez la cassette sur laquelle vous voulez enregistrer l'émission. Regardez, vous la mettez dans le compartiment à cassette. Et le magnétoscope se met automatiquement en marche.

Le client : Ah bon ? Je n'ai pas besoin d'appuyer sur le bouton « marche » ?

V : Non, non, avec ce magnétoscope ce n'est pas utile. Alors, ensuite, vous sélectionnez la chaîne à enregistrer avec ce bouton. Là, vous voyez ?

C : Oui, oui, je vois ; les deux boutons avec une flèche en haut et une flèche en bas. Là, là, où il y a écrit « stations » ?

V : Oui, c'est ça ; c'est le bouton de sélection des chaînes de télévision. Alors, vous choisissez la chaîne que vous voulez.

C : Très bien.

V : Regardez, le numéro de la chaîne s'affiche et l'émission apparaît sur l'écran du téléviseur.

C : D'accord, et pour enregistrer ?

V : Vous devez appuyer sur la touche « enregistrement » pendant quelques secondes pour démarrer l'enregistrement. L'indicateur apparaît sur l'écran du téléviseur et sur l'afficheur du magnétoscope.

C : Ah oui, en effet, c'est très simple.

V : Enfin, pour arrêter l'enregistrement, il faut appuyer sur le bouton « stop ».

C : Et pour reprendre la cassette ?

MODE D'EMPLOI

1. *Vérifier le branchement du téléviseur*

2. ....

3. ....

4. ....

5. ....

V : C'est facile : il suffit d'appuyer sur le bouton « Eject » du magnétoscope. La cassette sort automatiquement du compartiment. Et vous pouvez alors la retirer.

C : Ah ! c'est formidable la technique. Et ça coûte combien un appareil comme ça ?

❷ **Des précautions d'utilisation** 📼

Le vendeur indique au client les précautions à prendre lors de l'utilisation d'un magnétoscope.

Écoutez les consignes données et indiquez la lettre de la consigne correspondant à chaque dessin. *Exemple : a3.*

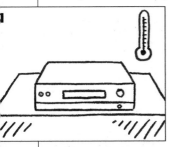
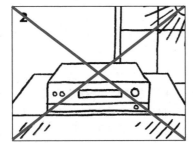

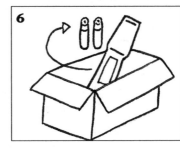

2️⃣ Un site de tourisme industriel

❶ **Créez votre propre site**

Vous travaillez dans une entreprise de votre pays et vous êtes chargé(e) de concevoir un site promotionnel de visite de votre entreprise à l'intention des clients francophones.

Présentez votre entreprise et le processus de fabrication de vos produits accompagné d'un schéma.

Choisissez un produit dont vous connaissez les étapes principales de fabrication (produit alimentaire, boisson, objet, appareil mécanique / électronique, etc.).

Un parcours extraordinaire

L'eau d'Évian est captée dans les profondeurs de la terre. De la source jusqu'à la station de mise en bouteilles, son parcours est sous haute surveillance. Même après avoir été embouteillée, elle fait l'objet de soins attentifs. Depuis le centre d'expédition, jusqu'au moment où elle parvient à votre table ; en direct de la source jusqu'à votre verre.

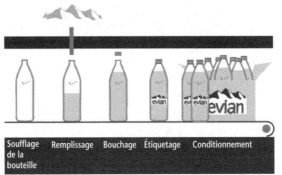

❷ Une visite d'usine

Votre groupe envisage un voyage d'études en France et souhaite visiter l'usine d'Évian. **Lisez la présentation ci-dessous et rédigez la lettre dans laquelle vous précisez la date de votre séjour en France, la composition de votre groupe, vos motivations et vous demandez des renseignements sur l'organisation de la visite.**

evian.

Une usine fascinante

Chaque jour, l'eau d'Évian vient chez nous. Et si vous veniez à Évian ? Chaque année, 30 000 personnes visitent notre usine. Venez à votre tour découvrir ce lieu où l'eau vive se glisse dans une bouteille limpide.

Pour visiter l'usine toute l'année.

De juin à septembre, les visiteurs à titre individuel doivent s'inscrire au préalable. Pour cela, il suffit de se présenter dans le hall d'information. Hors saison, il faut prendre contact par téléphone.

Pour les groupes, les visites sont faites toute l'année sur réservation à l'adresse suivante : 19, rue Nationale 74500 Évian-les-Bains

Tél : +33 (0)4 50 26 80 80 / Télécopie : +33 (0)4 50 26 80 66

Entraînez-vous à l'oral

Pendant votre séjour en France, vous avez trouvé un emploi d'étudiant dans une chaîne de restauration rapide italienne. Vous expliquez à un collègue qui vient d'être embauché le processus de fabrication d'une pizza. Aidez-vous du schéma pour décrire le déroulement des opérations.

Jouez la scène.

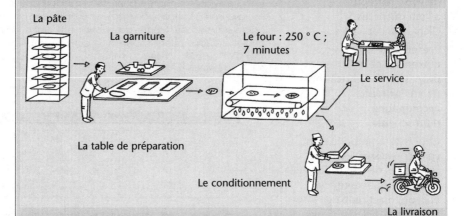

La pâte
La garniture
Le four : 250 ° C ; 7 minutes
Le service
La table de préparation
Le conditionnement
La livraison

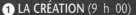

Les secrets d'une collection de vêtements en continu

Grâce à l'informatique et aux différents réseaux, une entreprise peut aujourd'hui, techniquement, lancer en production, des dizaines de modèles en une demi-journée.

① LA CRÉATION (9 h 00)
Laura, styliste, a fini de dessiner une collection sur une table-écran avec un stylo électronique qui remplace le crayon. Avantage : la centaine de modèles lui a pris seulement quelques jours, contre plusieurs semaines auparavant.

② LE DÉVELOPPEMENT (9 h 15 – 9 h 45)
Pierre, chef de produit, adresse, par Internet, un cahier des charges aux façonniers sous-traitants. Avantage : standardisation des normes de travail avec les sous-traitants.

③ LA COMMERCIALISATION (9 h 45 – 10 h 45)
Catherine, directrice commerciale, fait réaliser un catalogue électronique qu'elle diffuse par l'intermédiaire du réseau. Avantage : les outils des commerciaux peuvent être prêts avant la fabrication du prototype.

④ LE MODÉLISME (10 h 45 – 11 h)
Véronique, modéliste, décide de l'architecture du vêtement (nombre et taille des pièces...) pour le modèle de base. Elle peut ensuite modifier ce modèle comme elle veut, le décliner sur les différentes tailles. Avantage : risque d'erreur réduit ; qualité améliorée ; modifications aisées.

⑤ L'INDUSTRIALISATION (9 h 45 – 11 h 45)
Après réception des devis, Pierre choisit le fournisseur le plus adapté et lui adresse le tracé électronique de la pièce à fabriquer. Avantage : contrôle à distance des sous-traitants, meilleur contrôle qualité.

Fin du processus :
Les pièces de tissu sont amenées chez un façonnier pour l'assemblage. En moins d'une dizaine de jours, les modèles peuvent être livrés en boutique.

⑥ LA PRODUCTION (11 h – 11 h 30)
Alain, chef de production, fait automatiquement le placement des pièces pour le découpage au laser du tissu. Avantage : jusqu'à 50 % de gain de tissu, 50 % d'économie de temps.

D'après *L'Expansion*, n° 521.

❶ **Le Grand Prix de l'entrepreneur**

Lisez cet article et choisissez la bonne réponse pour chaque énoncé.

Activité traditionnelle, la tonnellerie marche très fort depuis quelques années. Sans véritable concurrence au niveau mondial, les tonneliers français sont les leaders incontestés du marché. La tonnellerie *Boutes* fait partie des dix premières entreprises françaises. L'entreprise familiale a été créée en 1880 par l'arrière-grand-père du dirigeant actuel. L'image haut de gamme des tonnelleries *Boutes* repose sur l'approvisionnement en bois provenant de chênes de première qualité et sur une connaissance approfondie du vin. *Boutes* compte parmi ses clients les grands crus des vins de Bordeaux mais réalise la moitié de son chiffre d'affaires à l'exportation. *Boutes* produit 20 000 barriques par an et agrandit son unité de production pour fabriquer 35 000 tonneaux. En effet, pour répondre aux demandes des consommateurs qui apprécient les vins au goût « boisé », on privilégie le vieillissement dans des tonneaux neufs ce qui nécessite de renouveler le matériel tous les trois ans.

D'après *L'Entreprise* - supplément au n° 180.

	Vrai	Faux	Non mentionné
1. La tonnellerie est une activité ancienne.	☐	☐	☐
2. Ce secteur est très concurrencé par des entreprises étrangères.	☐	☐	☐
3. Cette entreprise appartient à une société multinationale.	☐	☐	☐
4. Le bois nécessaire à la fabrication des tonneaux est importé.	☐	☐	☐
5. L'usine actuelle est trop petite pour produire les quantités demandées.	☐	☐	☐

❷ **Un exposé parfumé** 📼

Écoutez l'exposé fait par un parfumeur lors d'un congrès et répondez aux questions en choisissant la bonne réponse.

1. À quel moment de la journée a lieu la cueillette des fleurs ?
   a. Le matin très tôt.
   b. En fin d'après-midi.
   c. Le soir.
   d. Pendant la nuit.

2. À quelle époque a lieu la cueillette des fleurs ?
   a. Au printemps et en automne.
   b. En été et en automne.
   c. Au printemps, en été et en automne.
   d. Au printemps et en été seulement.

3. Comment se fait la cueillette des fleurs ?
   a. Avec des machines.
   b. À la main uniquement.
   c. À l'aide d'outils spéciaux.
   d. À la fois manuellement et mécaniquement.

4. Quel est environ le nombre de roses cueillies par heure ?
   a. 500.
   b. 1 000.
   c. 3 000.
   d. 7 000.

5. D'où proviennent aujourd'hui les fleurs utilisées pour fabriquer les essences de parfum ?
   a. Les fleurs sont toutes importées de l'étranger.
   b. Elles proviennent uniquement de la région de Grasse.
   c. Une partie est d'origine française et une autre est importée.
   d. Les roses viennent d'Égypte et d'Inde.

module
3

ASSURANCES MAC

DARTY

Ouvertures

Contrats d'apprentissage

Unité 11 — Passer commande

Thèmes et situations	Savoir-faire professionnels	Outils grammaticaux	Documents professionnels
• Achat de produits et de services	• Informer / s'informer sur une offre, sur des conditions générales de vente • Comprendre et remplir un bulletin et un bon de commande • Rédiger une télécopie d'accusé de réception • Noter / transmettre et répondre à une réclamation	• Rapporter des paroles : le discours indirect au passé	• Offres commerciales, bon et bulletin de commande, programmation de commande • Lettre, fiche téléphonique de réclamation • Conditions générales de vente

Unité 12 — Promotion et vente

Thèmes et situations	Savoir-faire professionnels	Outils grammaticaux	Documents professionnels
• La vente • La publicité	• Informer et s'informer sur des actions publicitaires • Analyser et préparer un argumentaire de vente • Négocier des conditions de rémunération	• Exprimer une appréciation, un point de vue, un souhait, une préférence et une nécessité : infinitif ou subjonctif	• Dépliants et offres promotionnelles • Offres d'emploi

Unité 13 — A propos de règlements

Thèmes et situations	Savoir-faire professionnels	Outils grammaticaux	Documents professionnels
• Les conditions de paiement • Les règlements	• Informer et s'informer sur des modes et des conditions de paiement • Comprendre une facture, un chèque, une lettre de change, identifier les mentions obligatoires et réagir	• Exprimer la condition : si + indicatif, même si, dans le cas où...	• Extraits de lettres, factures, chèque, lettre de change, carte bancaire, fiche client

Unité 14 — Importer et exporter

Thèmes et situations	Savoir-faire professionnels	Outils grammaticaux	Documents professionnels
• L'import / export • Les circuits de distribution	• Identifier un circuit de distribution et les contraintes de l'export • Comprendre et réagir à une réclamation, un appel d'offre • Rédiger une offre de représentation • Conseiller sur des habitudes culturelles	• Exprimer une idée d'opposition, de concession : malgré, bien que + subjonctif...	• Lettres d'appel d'offres, e-mails, fiche de renseignements

Unité 15 — Des manifestations commerciales

Thèmes et situations	Savoir-faire professionnels	Outils grammaticaux	Documents professionnels
• Organiser / participer à des rencontres ou à des manifestations commerciales	• Renseigner et se renseigner sur un salon professionnel • Remplir un dossier d'inscription • S'orienter dans un salon professionnel	• Exprimer la cause : grâce à / puisque... • Exprimer la conséquence : par conséquent / tellement... que	• Lettre circulaire, bulletin d'inscription à un salon, carton d'invitation • Lettre de demande de renseignements • Stand type

Passer commande

situations

 **Une grande maison de champagne**

Champagnes Rozet

45, route de Reims
51160 Ay / Tél : 03 26 59 52 11
Télécopie : 03 26 59 52 14
E-mail : www.champagne.rozet.fr

Madame, Monsieur,

Nous sommes heureux de vous inviter à notre week-end « portes ouvertes » qui aura lieu les 2 et 3 mars prochains. C'est avec plaisir que nous vous accueillerons dans nos caves pour une dégustation de nos champagnes, accompagnée d'un buffet campagnard.

Nous vous communiquons également nos nouvelles conditions de vente et nos tarifs valables à partir du 1er mars.

Champagne	Bouteille	Demi-bouteille	Magnum	Référence
Brut	12,20 euros	7,30 euros	23,10 euros	018002120
Brut Prestige	13,80 euros	8,20 euros	25,45 euros	018002130
Brut rosé	12,80 euros	7,70 euros	24,50 euros	018002140

Ces prix s'entendent HT (TVA 19,60 %).

Nos expéditions se font en carton de six bouteilles, six demi-bouteilles et en coffret d'un magnum.

Les frais de port pour une même destination en France métropolitaine sont les suivants :

– pour 6, 12, 18 bouteilles : forfait de 15 euros ;

– à partir de 24 bouteilles : 1 euro par bouteille ;

– franco de port à partir de 72 bouteilles.

Le règlement s'effectue à la commande par chèque, virement bancaire* ou carte bancaire. Nous consentons une remise de 10 % pour toute commande supérieure à 72 bouteilles.

Nos caves sont ouvertes toute l'année où vous pouvez nous rendre visite, de préférence sur rendez-vous. Nous espérons que la qualité de notre champagne ainsi que nos conditions de vente vous inciteront à nous passer une commande à laquelle nous apporterons notre meilleure attention.

Dans l'attente de pouvoir vous satisfaire ou, mieux encore, de vous rencontrer, nous vous prions de croire, Madame, Monsieur, à l'assurance de nos sentiments dévoués.

M. Rozet
Le gérant

Sarl au capital de 23 000 euros / RCS Reims B 345 946 770 NM-235-658.

Note
* Un virement bancaire : un transfert d'argent de compte à compte.

situations

❶ Une offre commerciale

Dans quel ordre sont données les intentions suivantes ?
Lisez l'offre (page 115) puis retrouvez le plan de la lettre en indiquant
le numéro qui convient.

a. Exprimer l'espoir d'une commande. ...
b. Informer des conditions de paiement. ...
c. Prendre congé avec une formule de politesse. ...
d. Annoncer l'organisation d'un week-end « portes ouvertes ». 1
e. Faire part des conditions de livraison. ...
f. Informer des prix pratiqués. ...

❷ Avez-vous bien compris ?

Lisez la lettre et choisissez la bonne réponse.

1. Pendant un week-end « portes ouvertes »,
   a. une entreprise offre la possibilité au public de visiter ses installations.
   b. une entreprise annonce une fusion avec une autre entreprise.
   c. une entreprise organise une vente annuelle de toute sa production.

2. Que proposent les champagnes *Rozet* ?
   a. De goûter seulement leur production.
   b. De déguster leurs vins de champagne tout en se restaurant.
   c. D'offrir aux visiteurs un déjeuner servi à table.

3. Pour tout achat de 100 bouteilles,
   a. la livraison est à la charge du client.
   b. le transport s'effectue aux frais du fournisseur.
   c. le prix du transport est de 1 euro par bouteille.

4. Le paiement doit avoir lieu à
   a. la réception de la facture.
   b. la passation de la commande.
   c. la réception de la livraison.

2 Une réclamation 📞

● Avez-vous bien compris ?

Complétez le bon de commande* ci-dessous et la fiche téléphonique de réclamation à l'aide du dialogue enregistré et de l'offre commerciale (page 115).

Note
* Un bon de commande : un document préimprimé à l'en-tête de l'acheteur ; **un bulletin de commande :** un document préimprimé à l'en-tête du vendeur.

Caves de Bacchus
3 rue de la Liberté
34000 Montpellier

Bon de commande
n° 4758ABU

11 / 04 / ...
À : Champagnes Rozet

Référence	Désignation	Quantité	Prix unitaire HT	Montant HT
....	....	....	....	....

Total HT :	*1 742 €*
Remise 10 % :	....
Total net HT :	*1 567,80 €*
TVA 19,6 % :	....
Total TTC :	*1 875,09 €*

Fiche téléphonique de réclamation

Commande numéro : …

Nom du client : …

Date de la commande : …

Motif de la réclamation (cochez les cases)

Quantité non conforme ☐   Retard de livraison ☐   Article endommagé ☐

Qualité non conforme ☐   Erreur de livraison ☐   Erreur de facturation ☐

Article faisant l'objet de la réclamation

Désignation	Référence	Quantité
....	....	....
....	....	....

Solutions proposées :

....

3 Une rupture de stock

Champagnes Rozet

Caves de Bacchus
3 rue de la Liberté
34000 Montpellier
Télécopie : 04 67 10 36 16

Vos réf : commande 4758ABU
Nos réf : HT/BU

Objet : rupture de stock sur article commandé

Ay, le 6 mai …

Messieurs,

Nous <u>accusons la réception</u> (1) de votre commande <u>référencée</u> (2) 4758ABU <u>portant</u> (3) notamment sur l'achat de 3 caisses de Brut rosé, réf. 018002140 et <u>vous en remercions</u> (4).

Malheureusement, nous sommes <u>dans l'impossibilité</u> (1) de satisfaire <u>votre demande</u> (2). En effet, le champagne Brut rosé que vous nous avez <u>commandé</u> (3) est <u>épuisés</u> (4).

Nous vous prions de nous excuser pour cette rupture de stock et espérons que ce désagrément ne vous <u>causera</u> (1) aucun préjudice. En revanche, nous sommes en mesure de vous <u>livrer</u> (2) en compensation le champagne Cordon bleu <u>dont</u> (3) vous trouverez les caractéristiques sur la documentation <u>ci-joint</u> (4).

En attendant <u>vos instructions</u> (1) pour la suite à donner à votre commande et en vous <u>assurant</u> (2) de nos efforts pour vous satisfaire au mieux, nous vous prions d'agréer, Messieurs, <u>les expressions</u> (3) de nos sentiments <u>dévoués</u> (4).

Brigitte Upoli
Directrice commerciale

B. Upoli

❶ Cherchez l'erreur

Dans chacun des paragraphes de la télécopie quatre expressions ont été soulignées. L'une de ces quatre expressions est grammaticalement incorrecte.

Donnez son numéro et corrigez-la.

❷ De quoi s'agit-il ?

Retrouvez dans la télécopie les expressions qui correspondent à ces définitions.

1. Se dit d'un document ou d'un article avec une codification.
2. Se dit d'un article qui ne sera plus disponible.
3. Action qui peut faire du tort à une personne.
4. Pour remplacer d'une manière semblable quelque chose.
5. Qui est mis avec un autre document.

Passer commande

❶ Comment rapporter des paroles passées ?

1. Lisez les phrases suivantes et retrouvez la parole d'origine.

*Exemple : **a.** Votre service m'a dit au téléphone que vous aviez bien reçu l'original par courrier.*
➡ *« Nous avons bien reçu l'original par courrier. »*

b. Notre directrice commerciale nous a dit qu'elle vous avait eue au téléphone ce matin.

c. Elle nous a confirmé que votre service nous livrerait les caisses de Brut rosé dans les plus brefs délais.

2. Dans les trois phrases (a, b et c), quels sont les temps des verbes utilisés pour rapporter des paroles ?

Le discours indirect au passé

- **Pour un fait antérieur :**
  Christian Camina, directeur des ventes : « *Nous avons enregistré des commandes.* » (passé composé)
  ➡ *Il a déclaré qu'ils avaient enregistré des commandes.* (plus-que-parfait)

- **Pour un fait actuel :**
  Brigitte Délas, chef de produit : « *Le modèle PIC remporte un vif succès !* » (présent)
  ➡ *Elle a dit que le modèle PIC remportait un vif succès.* (imparfait)

- **Pour un fait postérieur :**
  Adrien Thuy, responsable qualité : « *Il nous faudra améliorer la qualité de notre dernier modèle.* » (futur)
  ➡ *Il a fait remarquer qu'il leur faudrait améliorer la qualité de leur dernier modèle.* (conditionnel)

> **!** Quand les paroles sont rapportées simultanément, on peut dire aussi :
> *Elle a dit que le modèle PIC remporte un vif succès.*

---

❷ La concordance des temps

Reliez les phrases.

1. Elle a fait remarquer au livreur que	a. il rembourserait la marchandise endommagée.
2. Le chef des ventes a confirmé qu'	b. les prix des articles étaient TTC.
3. Notre client a déclaré qu'	c. l'article qu'elle avait reçu était cassé.
4. M. Prudent, mon assureur, m'a informé qu'	d. vous devriez recevoir vos caisses d'ici trois jours.
5. Le service des livraisons a dit que	e. il refusait de payer les cédéroms en trop.
6. Nous avons bien indiqué sur la facture que	f. ils avaient bien enregistré la commande.

Comment dire

● **Quelques verbes déclaratifs pour rapporter des paroles**

– Il a dit que… – Il a déclaré que…
– Il a ajouté que… – Il m'a informé que…
– Elle a fait remarquer que… – Il a précisé que…
– Nous avons confirmé que… – Nous avons indiqué que…
– Il a poursuivi en disant que…

---

❸ Un message de Mme Lesage

Voici le texte d'un message que Marine Lesage a laissé sur la boîte vocale de Brigitte Upoli, directrice commerciale chez *Rozet*. Vous êtes Brigitte Upoli et vous faites venir le responsable des ventes dans votre bureau.

Écoutez et rapportez au responsable des ventes le message de Mme Lesage.

Exemple : Mme Lesage m'a dit / m'a précisé que …

Comment dire

● **Commencer, énumérer et finir un texte :**
– D'abord, tout d'abord, suite à, comme suite à…
– D'une part, d'autre part, par ailleurs…
– Enfin, donc, en résumé…

● **Exprimer la cause :**
– Parce que, comme, puisque, étant donné que / étant donné + nom,
du fait que / du fait de, à cause de, en raison de, grâce à, car, en effet.
Étant donné l'erreur de livraison, je vous retourne les marchandises.

● **Exprimer la conséquence :**
– Donc, c'est pourquoi, en conséquence, par conséquent, c'est pour cela que,
c'est la raison pour laquelle.
Comme vous n'avez pas réglé notre facture, vous voudrez bien par conséquent,
créditer notre compte du montant de 200 euros.

● **Exprimer l'opposition :**
Mais, or, malheureusement, en revanche, par contre, cependant, pourtant,
toutefois, malgré + nom.
J'accuse réception de la livraison du 10 juillet dernier. En revanche, j'attends
toujours mon complément de commande.

❹ **Structurer avec logique un texte écrit : quelques articulateurs**

Relevez dans la télécopie (page 117) les mots qui structurent avec logique le
texte. Dites s'ils expriment une opposition, une conséquence ou une cause.

❺ **Un client mécontent**

1. **Lisez cet e-mail et complétez-le avec les articulateurs de la liste suivante :**
malgré – étant donné – en revanche – en conséquence.

De : M. Lacombe
Destinataire : Mme Egger
Objet : retard de livraison
Strasbourg, le 22 novembre…
  Madame,
  … (**1**) le retard persistant de notre commande 12B989, il ne nous est plus possible de
la maintenir. … (**2**), nous vous prions de l'annuler dès ce jour afin d'éviter un retour de
notre part. … (**3**), la commande 12B857 est confirmée … (**4**) un retard d'une semaine.
Dans l'attente d'un prochain contact, recevez, Madame, nos salutations distinguées.
Gil Lacombe

2. **Vous êtes l'assistant(e) de Mme Egger et vous répondez à M. Lacombe.**
Lisez la note adressée à Mme Egger de la part de M. Aran. Rédigez
un e-mail en utilisant des articulateurs et le discours indirect au passé.

De M. Aran, responsable des ventes
À Mme Egger, directrice commerciale
Commande 12B989 expédiée il y a deux jours. Livraison sous 48h au plus tard.
Retard dû au client car commande bloquée chez nous pour retard de paiement.

cas pratiques

→1 Une nouvelle commande

❶ Le bulletin de commande

Vous travaillez chez *Informatex* et vous venez de recevoir cette télécopie.

Lisez-la et remplissez le bulletin de commande ci-dessous.

À l'Affiche
35, avenue Pasteur, 29000 Quimper
Téléphone : 02 98 42 51 10
Télécopie : 02 98 42 51 11

À : Société Informatex – M. Rodriguez
158, rue Jean-Bleuzen – 92170 VANVES
Télécopie : 01 56 89 25 75

Nombre de pages : 1

Envoyer télécopie – accuser réception
article n° 1877250 épuisé –
disponible dans deux semaines
envoi en colis express par nos soins
excuses pour le contretemps

Date : 24 / 02 / ...
Objet : commande 458/02

Monsieur,
Nous vous prions de nous faire parvenir les fournitures suivantes :
– 18 boîtes de CD Rom TDK Min Silver 700 MB (dix par boîte) n° 1878450 à 1 euro HT chaque CD ;
– 20 boîtes de disquettes Maxell, formatées MS DOS (dix par boîte) n° 1877250 à 5 euros HT chaque boîte ;
– 10 boîtes de rangement n° 4026200 à 4 euros HT chaque boîte ;
– 3 souris, Logitech n° 1971350 à 50 euros HT chaque.
Merci de bien vouloir appliquer les conditions habituelles : remise 5 %. Franco de port. Paiement à 30 jours après réception de la marchandise.
Avec nos remerciements anticipés, veuillez recevoir, Monsieur, nos salutations distinguées.

M. Marty *Marty*
Responsable des achats

INFORMATEX
158 rue Jean-Bleuzen – 92170 Vanves
Tél : 01 56 89 23 77 – Télécopie : 01 56 89 25 75
E-mail : www.informatex.fr

Bulletin de commande
n° 290 AB

Votre commande n° 458/02 du 24/02

Livraison par nos soins sous huit jours pour le : ....
Lieu de livraison :

Nom du client :
Adresse :
Téléphone :
Télécopie :

Réf.	Désignation	Quantité	Prix unitaire HT	Montant HT

Total HT :
Montant de la remise :
Total net HT :
TVA 19,6 % :
Total TTC :

Mode de paiement :

❷ Une télécopie d'accusé de réception

Vous accusez réception de la commande de l'entreprise *À l'Affiche*. En tenant compte des annotations portées sur la télécopie (page 120), rédigez l'accusé de réception.

CD Rom TDK Min Silver 700 MB (dix par boîte) n° 1878450 à 1 euro HT chaque CD

Boîte de rangement (capacité 50 disquettes) n° 4026200 à 4 euros HT

Souris Logitech n° 1971350 à 50 euros HT

Boîte de disquettes Maxell, formatées MS DOS (dix par boîte) n° 1877250 à 5 euros HT la boîte

◀2 Une programmation de commande

GN-mat est une petite entreprise de location de matériel de chantier. Voici sa programmation de commandes sur écran ordinateur.

Fournisseur \ Jour de livraison	Mars 26	Mars 27	Mars 28	Mars 29	Mars 30	Mars 31	Avril 1	Avril 2	Avril 3	Avril 4	Avril 5	Avril 6
Mecanic			+								–	=
Baterem				+			*	–				
Bricar			–	=			§					#

Légende :
+ date de la commande
– date de livraison prévue
* date de livraison réelle
= première relance téléphonique (le lendemain)
§ deuxième relance par courrier (3 jours après la première relance)
# troisième relance par lettre recommandée avec accusé de réception (5 jours après)

Vous êtes le(la) responsable des commandes de *GN-mat* et vous êtes chargé(e) de gérer la passation des commandes. Nous sommes le 6 avril.

❶ La relance
Vous devez contacter la société *Mecanic*. Vous attendez deux lots de pièces mécaniques de rechange pour deux camionnettes.

Jouez la relance au téléphone.

❷ La lettre recommandée
L'entreprise *GN-mat* attendait un lot de pièces mécaniques de rechange importantes pour la réparation de quatre chariots élévateurs en location chez un client. Vous vous adressez à la société *Bricar*, 17 boulevard de Sébastopol, 91000 Antony. Vous informez le fournisseur de l'absence de livraison et de l'urgence de la situation. Vous fixez une date limite de livraison et vous menacez d'annuler la commande si les délais ne sont pas respectés.

Rédigez la lettre recommandée.

3 Conditions générales de vente

Vous désirez acheter des livres, des cédéroms ou des disques français chez *Titre.com*. **Avant de commander sur le site Internet de *Titre.com*, vous lisez les conditions générales de vente.** Voici un court extrait.

Article 1 : PRIX

1.1 - Les prix de nos produits sont indiqués en euros TTC hors participation aux frais de traitement et d'expédition. Les prix sont fixés par les Éditeurs et peuvent être modifiés à tout moment. *Titre.com* propose à ses clients le prix le plus intéressant toléré par la loi, soit une remise pouvant atteindre 5 % du prix de l'ouvrage.

1.2 - En cas de commande vers un pays autre que la France métropolitaine, vous êtes l'importateur du ou des produits concernés. Pour tous les produits expédiés hors Union européenne et DOM-TOM*, le prix sera calculé hors taxes automatiquement sur la facture. Des droits de douane ou autres taxes locales ou droits d'importation sont susceptibles d'être exigibles. Ces droits et sommes ne concernent pas *Titre.com*.

Article 5 : LIVRAISON

Les produits sont livrés à l'adresse de livraison que vous avez indiquée au cours du processus de commande. Les délais indiqués sont des délais moyens et correspondent aux délais de traitement et à la livraison pour les produits à destination de la France métropolitaine. En cas de retard, un e-mail vous sera adressé.

Article 8 : SATISFAIT OU REMBOURSÉ

Vous disposez d'un délai de 15 jours à compter de la réception pour retourner le produit qui ne vous conviendrait pas. Les frais d'envoi et de retour seront alors à votre charge. Seul le prix du ou des produits achetés sera remboursé.

Note
* **DOM-TOM** : DOM (départements d'outre-mer : Martinique, Guadeloupe…), TOM (territoires d'outre-mer : Guyane, Polynésie française…).

Complétez les phrases en choisissant la bonne réponse.

1. Les prix des livres appliqués sont : **a.** définitifs.
    b. révisables.
    c. hors taxes.

2. Si vous habitez hors de l'Union européenne,
    a. vous réglerez votre achat TTC.
    b. vous ne paierez ni TVA, ni droits de douane.
    c. vous risquez de payer des frais d'importation.

3. Si votre produit commandé vous parvient avec un retard de livraison,
    a. vous serez remboursé sous 15 jours.
    b. vous en serez informé préalablement.
    c. vous ne paierez pas l'expédition et l'emballage.

4. Si le produit reçu ne vous convient pas,
    a. vous pouvez être remboursé du montant versé.
    b. vous avez trois semaines pour réclamer auprès de *Titre.com*.
    c. vous devrez toujours payer les frais de livraison et de retour.

Entraînez-vous à l'oral

Vous venez de réceptionner la commande de fournitures de bureau (page 120). Elle a été livrée dans les délais prévus et l'emballage était en parfait état extérieur mais, lors de son utilisation, vous constatez que l'un des objets de votre commande est défectueux. Vous appelez le service après-vente de la société *Informatex* et vous précisez de quel matériel il s'agit et quel est le problème. Vous exigez un échange immédiat.

Jouez la conversation téléphonique.

Quelques conseils pour répondre aux mécontents

1re partie : L'entreprise montre qu'elle a pris en compte le courrier et remercie le client.

La lettre est parfaitement personnalisée (nom du client, qualité...).

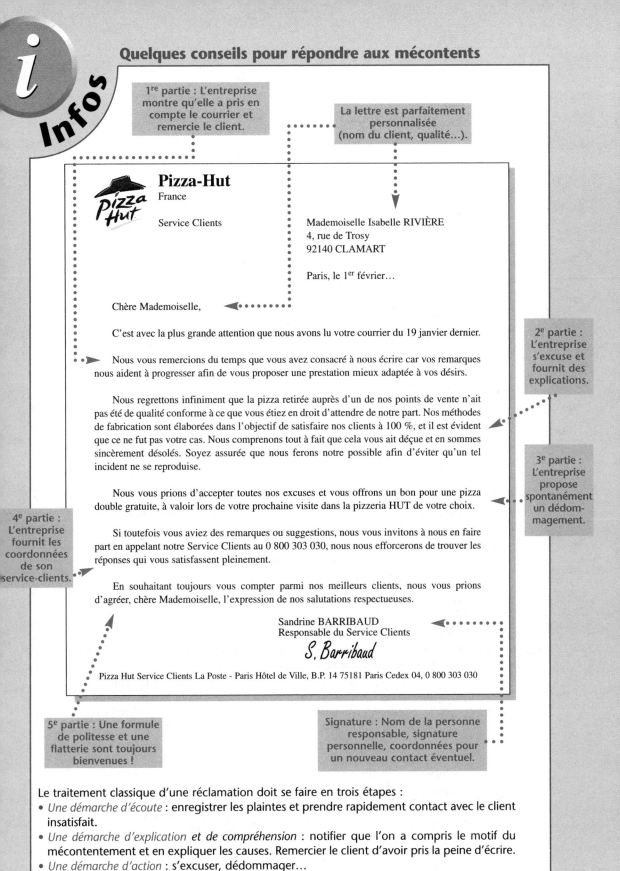

Pizza-Hut
France

Service Clients

Mademoiselle Isabelle RIVIÈRE
4, rue de Trosy
92140 CLAMART

Paris, le 1er février…

Chère Mademoiselle,

C'est avec la plus grande attention que nous avons lu votre courrier du 19 janvier dernier.

Nous vous remercions du temps que vous avez consacré à nous écrire car vos remarques nous aident à progresser afin de vous proposer une prestation mieux adaptée à vos désirs.

Nous regrettons infiniment que la pizza retirée auprès d'un de nos points de vente n'ait pas été de qualité conforme à ce que vous étiez en droit d'attendre de notre part. Nos méthodes de fabrication sont élaborées dans l'objectif de satisfaire nos clients à 100 %, et il est évident que ce ne fut pas votre cas. Nous comprenons tout à fait que cela vous ait déçue et en sommes sincèrement désolés. Soyez assurée que nous ferons notre possible afin d'éviter qu'un tel incident ne se reproduise.

Nous vous prions d'accepter toutes nos excuses et vous offrons un bon pour une pizza double gratuite, à valoir lors de votre prochaine visite dans la pizzeria HUT de votre choix.

Si toutefois vous aviez des remarques ou suggestions, nous vous invitons à nous en faire part en appelant notre Service Clients au 0 800 303 030, nous nous efforcerons de trouver les réponses qui vous satisfassent pleinement.

En souhaitant toujours vous compter parmi nos meilleurs clients, nous vous prions d'agréer, chère Mademoiselle, l'expression de nos salutations respectueuses.

Sandrine BARRIBAUD
Responsable du Service Clients

S. Barribaud

Pizza Hut Service Clients La Poste - Paris Hôtel de Ville, B.P. 14 75181 Paris Cedex 04, 0 800 303 030

2e partie : L'entreprise s'excuse et fournit des explications.

3e partie : L'entreprise propose spontanément un dédommagement.

4e partie : L'entreprise fournit les coordonnées de son service-clients.

5e partie : Une formule de politesse et une flatterie sont toujours bienvenues !

Signature : Nom de la personne responsable, signature personnelle, coordonnées pour un nouveau contact éventuel.

Le traitement classique d'une réclamation doit se faire en trois étapes :
- *Une démarche d'écoute* : enregistrer les plaintes et prendre rapidement contact avec le client insatisfait.
- *Une démarche d'explication et de compréhension* : notifier que l'on a compris le motif du mécontentement et en expliquer les causes. Remercier le client d'avoir pris la peine d'écrire.
- *Une démarche d'action* : s'excuser, dédommager…

D'après *L'Entreprise*, n° 152.

testez-vous

❶ **Un retard de livraison**

De : Architec.com
A : Francedéco.fr
Objet : Retard livraison sur commande réf.786xb

À l'attention de la direction des ventes

Le 12 mars …
　　Messieurs,
　　…… (**1**) notre conversation téléphonique du lundi 7 mars, concernant la livraison prévue le vendredi 4 mars au plus tard, selon les termes contractuels de votre bulletin de commande, nous sommes au regret de vous informer que nous n'avons toujours pas reçu la marchandise commandée en ligne sur votre site Internet.
　　…… (**2**) notre commande d'un montant HT de 45 000 euros a été prépayée par virement bancaire automatique et notre compte-société débité. ……(**3**) nous vous rappelons que ce genre d'incident s'est produit à plusieurs reprises. …… (**4**), nous vous serions reconnaissants de faire tout le nécessaire afin de régler le dysfonctionnement de votre service d'expédition et d'assurer notre livraison dans les meilleurs délais possibles.

　　Meilleures salutations.
Philippe Chantrel
Responsable des achats

1. Complétez l'e-mail en choisissant l'expression qui convient.

1. **a.** Comme suite à　　**b.** En raison de　　**c.** Grâce à　　**d.** Puisque
2. **a.** Étant donné　　**b.** À cause de　　**c.** Or　　**d.** Avant
3. **a.** D'abord　　**b.** Ensuite　　**c.** Après　　**d.** Par ailleurs
4. **a.** Pourtant　　**b.** En conséquence　　**c.** En revanche　　**d.** Mais

2. Cochez la bonne réponse.　　　　　　　　　　　　Vrai　Faux　Non mentionné

　a. La société *Architecte.com* possède un site　　　　☐　　☐　　　☐
　　commercial Internet de commandes en ligne.
　b. Le fournisseur a déjà été informé de la réclamation du client.　☐　☐　☐
　c. La commande a bien été enregistrée sur le site en ligne.　☐　☐　☐
　d. Le client a réglé le montant de sa commande.　☐　☐　☐
　e. Le transporteur est mis en cause par le client.　☐　☐　☐

❷ **Que de problèmes !** 📼
Écoutez ces extraits de messages sur répondeur. Dites quel est le motif de réclamation. Choisissez la bonne réponse dans la liste et notez la lettre qui convient.

Personne 1 : …　　**a.** Article défectueux　　　　　　**e.** Retard de livraison
Personne 2 : …　　**b.** Annulation de commande　　　**f.** Modification de commande
Personne 3 : …　　**c.** Quantité non conforme　　　　**g.** Marchandise endommagée
Personne 4 : …　　**d.** Article non conforme à la commande
Personne 5 : …

❸ **Ventes mondiales de produits sur Internet**
Observez le document et choisissez la bonne réponse.
1. Ce sont les voyages que l'on achète le plus par Internet.
2. Il y autant de ventes dans le secteur des vêtements que dans le secteur des livres.
3. Les voyages et l'informatique correspondent à environ la moitié des ventes sur Internet.
4. Les cadeaux représentent la part de marché la plus faible sur Internet.

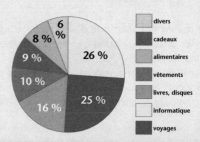

divers
cadeaux
alimentaires
vêtements
livres, disques
informatique
voyages

6 %
8 %
9 %
10 %
16 %
25 %
26 %

Promotion et vente

si t u a t i o n s

1 Les métiers de la vente

Une revue professionnelle a demandé à des personnes qui travaillent dans la vente de parler de leur métier et de leur rémunération.

a.

b.

c.

d.

e.

Note
* Stock-options : droit accordé à un salarié d'acheter un nombre d'actions de son entreprise à un prix avantageux.

1 Les lieux de vente
Où travaillent les personnes interviewées ?

Écoutez-les et retrouvez pour chaque personne son lieu de travail (plusieurs réponses sont possibles).

situations

❷ Avez-vous bien compris ? 📻

Écoutez les interviews et complétez le tableau. Pour chaque personne :
– choisissez dans la liste des professions (sous le tableau) celle qui convient,
– précisez le type de produit ou de service vendu,
– précisez son type de rémunération.

Personne	Profession	Produit / service vendu	Type de rémunération
Antoine Ruiz François Lemarchand Raphaël Presse Stéphanie Mimet Charlotte Schuller Laurent Gusdorf Gilles Bui Julien Prat	*marchandiseur*	*produits frais*	*salaire + avantages...*

Liste des professions

chef de rayon – VRP* multicartes – marchandiseur – concessionnaire – agent commercial – VRP exclusif – chef de produit – chef des ventes.

❸ Que disent-ils ?

Remplacez les termes soulignés dans les phrases par une expression de la liste ci-dessous. (Attention aux accords et aux conjugaisons.)

Le portefeuille – la gamme – prospecter – la marque – être bien étiqueté – la publicité – en tête de gondole – la commission.

1. Chez Atra, je dois vérifier que les produits <u>sont présentés avec le bon affichage des prix</u> notamment <u>en bout de rayon</u>.
2. À partir de mon <u>fichier</u> clients, je <u>recherche des nouveaux marchés dans</u> la région Rhône-Alpes pour vendre <u>l'ensemble</u> des produits Trimex 28 en exclusivité.
3. J'ai <u>des pourcentages</u> sur le chiffre d'affaires réalisé.
4. Mon travail consiste à analyser l'évolution du marché et à coordonner les campagnes de <u>promotion</u> et de communication liées à ce produit.
5. Je possède une grande surface spécialisée et j'ai signé un contrat d'exclusivité de vente pour la région niçoise de tout le gros électroménager de <u>l'entreprise</u> Bimler.

2.2 Une campagne publicitaire 📻

Caroline Bertelier, chef de publicité à l'agence *Publinet* est en réunion avec Jean-Paul Goarec, responsable marketing de la société *Modone*.

Caroline Bertelier : Avant toute chose, parlons du budget fixé et de vos objectifs : nous vous proposons une campagne publicitaire étalée sur six semaines pour le lancement de votre nouvelle gamme de crèmes glacées.

Jean-Paul Goarec : Eh bien, d'accord. Parlez-moi du plan média que vous proposez.

CB : Tout d'abord, nous avons prévu de commencer par trois semaines d'annonces diffusées sur les radios nationales et locales. Et comme notre cible est une clientèle plutôt grand public, nous avons pensé à une fréquence de diffusion de 15 spots par jour sur quatre radios au total. Il faut se concentrer sur les créneaux horaires de 6 h 30-9 h, 12 h-14 h, 19 h-21 h.

JPG : Effectivement, de cette manière nous obtiendrons une couverture d'audience maximale et l'impact des messages sera optimisé...

Notes
* VRP : Voyageur – Représentant – Placier.

* Des avantages en nature : par exemple, voiture de fonction fournie au salarié par l'entreprise pour une utilisation professionnelle mais aussi privée.

CB : Alors, ensuite, la deuxième semaine, nous mettrons des encarts dans la presse et procéderons à un envoi d'offre promotionnelle par publipostage, si vous êtes d'accord.

JPG : Bonne idée. On pourrait proposer un bon de réduction de 10 % sur un prochain achat. De plus, avec l'été, les retombées devraient être intéressantes.

CB : Pour continuer, à partir de la troisième semaine, une vaste campagne d'affichage dans tout le pays sera lancée, essentiellement à l'entrée et au centre des grandes villes. Notre médiaplanneur a déjà contacté les régies de publicité pour l'achat des espaces... et puis, la cinquième semaine, commenceront les animations avec des dégustations dans les hypermarchés.

JPG : Et quelle part de notre budget représente cette deuxième phase... ?

CB : Près de 60 %... Enfin, nous avons aussi programmé, pendant les quatrième et cinquième semaines et pendant les heures de grande écoute, la diffusion sur les chaînes de télévision d'un film publicitaire. Je vous propose d'étudier le scénario de la publicité.

JPG : Hum,... j'aimerais plutôt que l'on voie à nouveau le slogan et l'axe publicitaire.

❶ Avez-vous bien compris ? 🔊

1. Écoutez l'entretien et dites laquelle des deux personnes parle des sujets suivants :

1. Les prévisions des dépenses.
2. Les moyens de communication utilisés dans un temps donné pour faire connaître un service ou un produit.
3. La mise sur le marché d'un nouveau produit ou d'un nouveau service.
4. Le choix des supports et des médias utilisés pour une campagne publicitaire et le calendrier de programmation.
5. La clientèle visée.
6. Le nombre de lecteurs, de spectateurs ou de téléspectateurs touchés par un média.
7. Une annonce publicitaire dans la presse.
8. Une opération consistant à réserver des emplacements publicitaires.
9. Un énoncé bref qui va attirer l'attention du client.
10. L'argument de vente.

2. Écoutez l'entretien et retrouvez les termes qui correspondent à ces sujets.
Exemple : les prévisions de dépenses → le budget.

❷ Un plan média

Classez les actions publicitaires en cochant la bonne colonne.

Actions publicitaires	Types de supports		
	média	publicité directe	publicité sur le lieu de vente (PLV)
Publipostage			
Spots radiodiffusés			
Affichage	X		
Encart presse			
Film publicitaire			
Animations			

outils · outils

Infinitif ou subjonctif ? (1)

- Exprimer une appréciation, un point de vue, une nécessité

Pour généraliser : construction avec l'infinitif
Il est + adjectif + de / Il vaut mieux / Il faut
Il est essentiel de bien connaître les produits.
Il vaut mieux être très motivé.
Il faut avoir un esprit de compétition.

Pour personnaliser : construction avec le subjonc
Il est + adjectif + que / Il vaut mieux que / Il faut que
Il est essentiel que vous connaissiez bien les produits.
Il vaut mieux que vous soyez très motivé.
Il faut que vous ayez un esprit de compétition.

❶ Des arguments de vente

Vous êtes responsable des ventes et vous présentez des arguments de vente à vos commerciaux.

1. Formulez les techniques d'une manière générale et d'une manière personnalisée comme dans l'exemple.

Exemple : Il est essentiel de diviser le prix en unités plus petites. Il est essentiel que vous divisiez le prix en unités plus petites.

a. Divisez le prix en unités plus petites.
b. Parlez du gain avant la dépense.
c. Étalez le prix en fonction de la durée d'utilisation.
d. Soulignez et valorisez les différences par rapport à la concurrence.
e. Comparez le prix à celui d'un autre produit pour obtenir un effet de contraste.

2. À vous de retrouver, dans l'exercice ci-contre, la phrase qui correspond à chaque argument de vente.

1. « L'installation d'Internet sur votre ordinateur est gratuite et la communication vous revient à 12 cents la minute. »
2. « C'est le prix que vous coûtent deux entrées de cinéma. »
3. « D'ici trois ans, cet investissement vous fera gagner 23 000 euros ! »
4. « Imaginons que vous utilisiez votre téléphone portable deux heures par mois, il ne vous coûtera que 30 euros par mois. »
5. « Chez nous, pour 15 euros de plus, vous avez la garantie 10 ans de votre téléviseur. »

❷ Le point de vue du chef des ventes

Vous avez réuni vos vendeurs pour leur faire des recommandations.

Complétez avec le subjonctif ou l'infinitif des verbes : critiquer – être à son écoute – respecter – défendre – identifier – réaliser.

Quand vous êtes chez le client, il est fondamental que … **(1)**. D'une manière générale, il faut toujours … **(2)** les besoins de vos clients avant de commencer votre argumentaire. Quand il exprime des objections, n'oubliez pas qu'il vaut toujours mieux … **(3)** la qualité de nos propres produits que … **(4)** celle des produits concurrents. Il est essentiel que … **(5)** ces principes et que … **(6)** ainsi vos objectifs de vente.

Comment dire

Présenter une argumentation à l'oral

● **Exprimer des étapes (début, suite et fin) :**
– Tout d'abord, premièrement, pour commencer, avant toutes choses…
– Ensuite, puis, deuxièmement, pour continuer…
– Enfin, finalement, pour finir, en conclusion…

● **Présenter des arguments :**
– D'une part, d'autre part, de plus, par ailleurs…

● **Exprimer une cause, une conséquence :**
– En effet, car, parce que, effectivement…
– C'est pourquoi, par conséquent, c'est la raison pour laquelle, aussi, ainsi…

● **Exprimer une opposition, une objection :**
– Par contre, d'un autre côté, au contraire, mais, pourtant

❸ Les articulateurs à l'oral

Lisez le dialogue (pages 126-127), retrouvez les articulateurs qui aident à argumenter et dites ce qu'ils expriment.

*Exemple : **Avant toute chose**, parlons du budget fixé et de vos objectifs. (Pour commencer une argumentation.)*

❹ Un argumentaire de vente
Vous êtes chargé(e) de présenter les avantages d'un autocuiseur.

Retrouvez la progression de l'argumentaire de vente en complétant le texte avec les éléments suivants : C'est pourquoi – En effet – De plus – d'autre part – tout d'abord – D'une part.

Comme vous le voyez c'est … **(1)** un très bel ustensile en émail. … **(2)** il est d'une grande solidité et … **(3)** il est très facile à utiliser. … **(4)**, il est constitué de matériaux céramiques très résistants et il est facile à ouvrir grâce à sa poignée très fonctionnelle. … **(5)**, il ne faut pas oublier que l'émail préserve les vitamines et la saveur des aliments. J'ajoute par ailleurs que sa fiabilité est tellement grande qu'il est garanti 10 ans. … **(6)** je vous le recommande tout particulièrement.

Infinitif ou subjonctif ? (2)

• **Exprimer un souhait, un désir, une préférence**

Pour soi-même (un même sujet pour deux actions) : construction avec l'infinitif	**Pour une autre personne (deux sujets différents): construction avec le subjonctif**
Je souhaite / Je désire dépasser mes objectifs.	*Je souhaite / Je désire que vous dépassiez vos objectifs.*
Il préfère recevoir une prime de performance.	*Il préfère que vous receviez une prime de performance.*

• **Exprimer une obligation, une nécessité, une possibilité**
Avec verbes à valeur modale : construction avec l'infinitif
Elle doit réaliser ses objectifs de vente.
Ils peuvent dépasser leurs objectifs de vente.

❺ Quel est le besoin du client ?
Des clients exposent leurs problèmes à différentes personnes.

Lisez les phrases et aidez-les à formuler leurs besoins comme dans l'exemple en exprimant le souhait, la nécessité.

Exemple : M. Meyer, directeur d'une société d'informatique : « J'ai beaucoup de mal à trouver du personnel qualifié. » (recruter des informaticiens) → « Si j'ai bien compris, vous souhaitez recruter des informaticiens. » / « Si j'ai bien compris, il faut que vous recrutiez des informaticiens. »

1. Mme Aubert, responsable de la communication : « Notre dernière campagne d'affichage n'a rien donné. » *(changer d'agence de publicité)*
2. M. Ménard, comptable : « Cet ordinateur est trop lent. » *(acheter un ordinateur plus performant)*
3. Mme Foira, PDG de la société *Icare* : « Nos bureaux sont trop étroits ! On ne peut plus respirer ! » *(déménager dans de nouveaux locaux)*
4. Mlle N'Guyen, responsable développement : « Nos concurrents sont leaders sur le marché du e-commerce*. » *(créer un portail)*
5. M. Young, directeur du personnel chez *Europair* : « Nos hôtesses ont les mêmes uniformes depuis dix ans. » *(investir dans de nouvelles tenues)*

Note
* E-commerce : commerce en ligne sur Internet.

cas pratiques

1 Les rémunérations des commerciaux

Nos offres d'emploi

Compagnie d'assurances
spécialisée dans les contrats
d'assurance vie

recherche Agent général

Mission : vendre des contrats
d'assurance auprès d'une clientèle
de particuliers

Profil : première expérience
réussie, sens de la négociation et
volonté de développer votre affaire

Rémunération : commissions

Merci d'adresser votre dossier de
candidature sous référence AB4577
au journal qui transmettra.

Société de services
informatiques

recherche commerciaux
pour vendre du matériel et
des logiciels informatiques
pour le secteur médical

Région : Île-de-France, Bretagne
et Sud-Ouest

Clientèle : pharmacies,
laboratoires d'analyses, structures
médicales et hospitalières

Rémunération : fixe + voiture de
fonction + frais de vie

Envoyer CV + photo + lettre de
motivation sous référence AB4578
au journal qui transmettra.

❶ Fixe ou commission ?
À quel type de rémunération correspondent les énoncés suivants ?
Cochez la bonne réponse.

	Fixe	Commission
1. Une sécurité financière est assurée.	☐	☐
2. Le vendeur se sent stimulé.	☐	☐
3. Les revenus sont réguliers.	☐	☐
4. En cas de mauvais résultats, le vendeur gagne un salaire peu élevé.	☐	☐
5. Le vendeur peut augmenter ses revenus en fonction de ses performances.	☐	☐
6. La rémunération est indépendante du chiffre d'affaires réalisé.	☐	☐

❷ Des conditions à négocier
Votre candidature a retenu l'intérêt de la compagnie d'assurances, mais le mode de
rémunération que l'on vous propose ne vous satisfait pas. Lors de l'entretien
d'embauche, vous discutez des conditions de rémunération et vous expliquez
pourquoi vous souhaitez être rémunéré(e) autrement.

Jouez la scène. Formulez vos souhaits en argumentant votre discours (tout
d'abord, ensuite, d'une part, d'autre part, enfin ...).

 Un argumentaire de vente bien préparé

❶ **Avez-vous bien compris ?**

Écoutez le dialogue et choisissez la bonne réponse.

1. Quel est le but de l'entretien téléphonique ?
   a. Louer une salle de gymnastique.
   b. Proposer des activités sportives à domicile.
   c. S'abonner à un club de sport.
   d. Assister à un tournoi de judo.

2. Qui est Mme Legarec ?
   a. Un membre du club *Olympicsport*.
   b. Un amateur des jeux-concours.
   c. Une cliente potentielle.
   d. Une sportive de haut niveau.

3. Comment obtenir le cadeau proposé ?
   a. Il faut se déplacer pour aller le chercher.
   b. Il est envoyé directement par la poste avec un bon de réduction.
   c. Il suffit de retourner un coupon-réponse.
   d. Il est nécessaire de répondre aux questions d'un jeu-concours.

4. À qui s'adresse l'offre promotionnelle d'abonnement ?
   a. À la personne prospectée exclusivement.
   b. À la personne prospectée accompagnée d'une personne de son choix.
   c. À l'ensemble de la famille.
   d. Au personnel de l'entreprise.

❷ **Le plan de l'argumentaire**

Écoutez la conversation et retrouvez l'ordre de la progression de la prospection téléphonique de Philippe Rousseau.

a. Il simule une concession. ...
b. Il répond poliment aux objections de la cliente potentielle. ...
c. Il prend congé. ...
d. Il annonce l'offre gratuite et le cadeau. ...
e. Il fait une offre commerciale avec réduction de tarif. ...
f. Il prend contact avec le prospect*. 1

❸ **Quelques arguments de vente**

Classez les arguments de vente développés par Philippe Rousseau en cochant la bonne réponse. Sur quels aspects portent-ils ?

	Identification du produit	Aspect économique	Aspect psychologique
1. Un club de sport	☐	☐	☐
2. La convivialité	☐	☐	☐
3. Une séance gratuite	☐	☐	☐
4. Un cadeau de bienvenue	☐	☐	☐
5. Les activités : yoga, relaxation...	☐	☐	☐
6. La détente	☐	☐	☐
7. Une réduction de 25 %	☐	☐	☐

Note
* Un prospect : un client potentiel.

❹ **La lettre circulaire d'***Olympicsport*

Vous êtes chargé(e) de rédiger la lettre d'accompagnement (exemple page 115) à l'offre promotionnelle incitant les clients à se rendre dans le nouveau club *Olympicsport*. Vous informez de l'ouverture du club, vous attirez l'attention sur les services offerts, vous informez de l'offre promotionnelle et vous exprimez l'espoir d'une visite.

Entrez dans le
mouvement

Votre guide pour une année en forme chez *Olympicsport*

2, rue de Berri – 75008 Paris

Olympic sport vivez la vie !

La forme sous toutes ses formes

Sports artistiques

Olympicsport vous propose des activités artistiques comme la danse (classique, claquettes, danse de salon, rock, modern'jazz, danse orientale...), mais également de nombreux arts martiaux (judo, karaté, taekwondo, taï-chi-chuan, auto-défense...).

Détente

La piscine vous attend, ainsi que le sauna et le hammam. Le jacuzzi, lui, vous masse en douceur.

Offre promotionnelle **25%** de réduction par inscription avant le 18 septembre, une séance gratuite et un sac de sport Olympicsport

Entraînez-vous à l'oral

Vous travaillez chez un fournisseur de contenu numérique (télévision câblée, Internet) et vous devez élaborer un argumentaire pour les télévendeurs. Vous ciblez les 26-45 ans, cadres et de préférence célibataires.

Soyez les premiers tout le numérique chez vous à volonté.

mitv Internet

Avec Mit tv, c'est à vous de choisir !

Le plus large choix de chaînes à la carte (sport, cinéma, divertissement, chaînes internationales, information...)

- La liberté de changer vos chaînes tous les mois.
- Toutes les chaînes offertes les trois premiers mois pour les essayer.

L'accès Mit tv 9,90 euros par mois + 4 forfaits à la carte :

25 chaînes : + 4,57 euros   150 chaînes : + 19,82 euros
75 chaînes : + 12,20 euros   360 chaînes : + 34,30 euros

Préparez un argumentaire de vente. Suivez le plan de la prospection téléphonique (page 131). Préparez des réponses à des objections éventuelles : « C'est trop cher » ; « J'ai déjà mon fournisseur » ; « Je ne regarde pas assez la télé » ; « Avec cinq chaînes, ça me suffit »...

Jouez la situation de vente.

Êtes-vous à l'écoute du client ?

À travers les dix phrases suivantes, prononcées par des clients, identifiez leur(s) principale(s) motivation(s) d'achat : sécurité, orgueil, nouveauté, confort, argent ou sympathie. Justifiez votre choix.

1 « Vous me dites qu'il se vend bien, mais si tout le monde achète ce modèle de téléphone portable, ça ne m'intéresse pas ! »

2 « Ce tailleur avec cette veste, cela donne un ensemble trop classique, non ? »

3 « Avec toutes les fonctions que vous me décrivez, je suis un peu perdu. Vous êtes sûr que ce magnétoscope est facile à utiliser ? »

4 « Je dispose de 400 euros pour offrir cette bague de fiançailles à ma compagne. Qu'en pensez-vous ? »

5 « Pour l'usage que je compte en faire, je n'ai pas besoin d'un modèle aussi cher. »

6 « Vous êtes sûr que cette machine ne tombera pas en panne dans les six mois ? Vous proposez des appareils de remplacement ? »

7 « Ce système de home vidéo* me paraît bien compliqué à installer et à utiliser… »

8 « Je ne suis pas sûr que ce bracelet plaise à ma femme. À ma place, que prendriez-vous ? »

9 « Nous nous sommes regroupés avec mes collègues pour acheter du foie gras et du vin. Quelles conditions nous proposez-vous ? »

10 « C'est très commun comme modèle de voiture, on en voit partout. »

Note
* Home vidéo : cinéma à domicile.

D'après *L'Entreprise*, n°167.
Retournez le livre pour lire vos résultats.

Solutions
L'orgueil : 1 (Le client cherche à se distinguer par un appareil qui sorte de l'ordinaire.) – 10 (Le client cherche à ne pas avoir le même véhicule que Monsieur Tout-le-monde.)
La nouveauté : 2 (La cliente désire une tenue un peu plus originale, ou plus mode. Elle s'apprête à faire une concession à la fantaisie.)
Le confort : 3 (Le client veut un appareil simple d'utilisation plutôt que présentant toutes les dernières fonctionnalités.) – 7 (Le client a besoin d'un système simple à mettre en place et à faire fonctionner.)
L'argent : 4 (Le client a une enveloppe budgétaire limitée, sa priorité est une somme à ne pas dépasser pour offrir un cadeau.) – 5 (Le client demande un article premier prix, un modèle d'entrée de gamme.) – 9 (Le client souhaite réaliser des économies en se groupant. Son principal critère d'achat est budgétaire.)
La sécurité et le confort : 6 (Le client recherche un appareil durable et un bon service après-vente.)
La sécurité et la sympathie : 8 (Le client aimerait faire plaisir à un proche, mais a peur de se tromper. Il s'en remet au vendeur pour effectuer son choix.)

cent trente-trois – 133

❶ Des commerciaux performants

Observez ces trois graphiques : ils indiquent les chiffres d'affaires réalisés par trois commerciaux de l'entreprise *Pepjus*.

Choisissez parmi les six commentaires suivants, les trois qui correspondent respectivement à chacun des graphiques présentés.

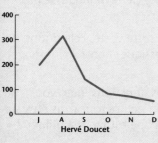
Hervé Doucet

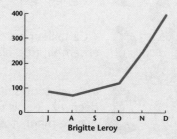
Brigitte Leroy

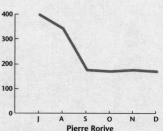
Pierre Rorive

1. Son chiffre d'affaires a subi une baisse régulière depuis le mois de juillet.
2. Ses résultats sont en augmentation constante pour le deuxième semestre.
3. Après une progression en août, ses ventes ont connu une chute à la fin de l'année.
4. Ses ventes sont restées relativement stables les trois derniers mois de l'année.
5. Son chiffre d'affaires a doublé entre juillet et octobre.
6. Après un début de semestre assez difficile, les ventes se sont envolées à la fin de l'année.

❷ Une offre promotionnelle

Lisez l'offre suivante et cochez la bonne réponse.

Pour f ter l ouverture de son 20ᵉ magasin,

Un fauteuil gratuit
pour tout achat d'un canapé et d'un fauteuil

1

CONFOMOB
vous propose
avantages exceptionnels
Gagnez une lampe, une table basse ?

2

Non, beaucoup plus !

2

Encore mieux !
des avantages vraiment exceptionnels vous attendent chez **CONFOMOB.**
Venez vite nous voir car il est impossible de vous les dévoiler.

Offre à valoir sur l'achat de tous les salons tissu quatre places (canapé + fauteuil) valable trois mois non cumulable avec d'autres avantages ou promotions en cours.
Avantage réservé à tout porteur de ce titre. Un seul exemplaire par famille.

---

1. Pour bénéficier de tous les avantages, il suffit de retourner par courrier l'offre promotionnelle.
2. Toute personne se présentant dans le magasin peut profiter de cette offre.
3. Pour obtenir les avantages offerts, il faut nécessairement être acheteur d'un type de mobilier.
4. On peut bénéficier de cette promotion à tout moment de l'année en cours.

❸ À l'écoute des clients 📼

Écoutez ces clients et trouvez leur intention. Choisissez la bonne réponse dans la liste.

Dialogue 1 : ...
Dialogue 2 : ...
Dialogue 3 : ...
Dialogue 4 : ...
Dialogue 5 : ...

a. Négocier un prix.
b. Demander un conseil.
c. Menacer.
d. Exprimer une préférence.

e. Demander des renseignements.
f. Exprimer une nécessité.
g. Faire une concession.
h. Exprimer un doute.

À propos de règlements

1 Des problèmes de paiement

Lisez ces extraits de lettres puis complétez le tableau :
- **indiquez qui est l'expéditeur (un fournisseur ou un client) ;**
- **indiquez quel est l'objectif du message en notant la lettre qui convient.**

❶ Après vérification, nous avons constaté une erreur dans votre paiement. En effet, vous nous avez fait parvenir un chèque d'un montant de 5 230 euros alors que le montant de la facture est de 5 830 euros. En conséquence, nous vous prions de bien vouloir nous adresser un chèque complémentaire de 600 euros, à moins que vous nous adressiez un nouveau chèque qui annule le précédent.

❷ Nos marchandises sont payables par traite à 60 jours fin de mois de facturation. Nous pouvons vous consentir un escompte de 5 % à condition que vous nous payiez par chèque à réception de la commande.

❸ Nous vous informons que nous vous avons réglé par virement bancaire sur votre compte postal. Au cas où votre compte n'aurait pas été crédité du montant, nous vous saurions gré de bien vouloir nous en informer.

❹ Malgré nos deux lettres de rappel, nous sommes au regret de constater que notre facture n° 324 en date du 15/07/... est restée impayée. Dans le cas où vous ne nous régleriez pas le montant de notre facture sous trois jours, nous nous verrions contraints de transmettre votre dossier à notre service du contentieux*.

❺ Nous avons bien reçu votre facture payable par traite à échéance* du 31 janvier. Par suite de la grève des transporteurs, nous vous serions reconnaissants de bien vouloir nous accorder un délai supplémentaire de paiement à titre exceptionnel.

❻ Vous pouvez nous régler par prélèvement automatique*. Il vous suffit de nous retourner l'autorisation de prélèvement ci-joint dûment remplie.

❼ Nous vous adressons ci-inclus le devis concernant la réparation de votre voiture accidentée.

❽ Pour confirmer votre commande, nous vous prions de nous faire parvenir un chèque de 210 euros à titre d'acompte.

a. Menacer.
b. Informer d'un paiement.
c. Informer d'une erreur.
d. Adresser une estimation de prix.

e. Demander un premier versement.
f. Proposer un moyen de paiement.
g. Demander un report d'échéance.
h. Informer des conditions de paiement.

Notes
* Le service du contentieux : le service qui s'occupe des conflits éventuels avec les clients.

* Une échéance : une date fixée pour un paiement.

* Le prélèvement automatique : le compte bancaire est débité à intervalles réguliers.

Extrait de lettre	Expéditeur	Objectif du message
1	*Fournisseur*	*c*
2		
3		
4		
5		
6		
7		
8		

unité

À propos de règlements

2 Une commande urgente 📼

Charlotte Duforest, responsable des achats du *Grand Hôtel des Princes* à Deauville, s'entretient avec Marc Blinder du service commercial de l'entreprise *Beaulinge* au sujet d'une commande.

Charlotte Duforest :
Allo, Marc Blinder ?
Marc Blinder : Oui, c'est moi.
CD : Oui, bonjour, c'est Charlotte du *Grand Hôtel des Princes* à Deauville.
MB : Bonjour Charlotte. Vous allez bien ?
CD : Très bien, je vous remercie. Dites-moi, je vous avais appelé la semaine dernière au sujet de l'achat de 300 draps et de 450 serviettes de bain. Vous avez pu avancer sur ce dossier ?
MB : Euh, écoutez, il faut que j'étudie à nouveau les tarifs...

CD : Il me faut ces prix rapidement surtout que je vous ai fait passer les prix de la concurrence. Il faut vous aligner.
MB : Je comprends bien. Nous exigeons habituellement un paiement au comptant mais pour cette commande, nous pourrions envisager un paiement à soixante jours par traite.
CD : N'oubliez pas que nous sommes de fidèles clients. Ça fait combien de temps que nous travaillons ensemble ? Dix ans, quinze ans ? Vous pourrez sans problème nous accorder une remise.
MB : Bon, je vois que vous ne perdez pas le sens des affaires ! Je ne peux pas vous répondre précisément maintenant, mais j'étudie votre dossier et vous contacte dès que je suis en mesure de vous faire une proposition.
CD : Bien, occupez-vous de nous rapidement car nous avons un besoin urgent de ces articles avant la réouverture de l'hôtel. Vous me rappelez quand ?
MB : Dès que j'aurai l'accord du directeur commercial.

❶ Avez-vous bien compris ? 📼

Écoutez le dialogue et cochez la bonne réponse.

1. Quelles sont les relations entre Charlotte Duforest et Marc Blinder ?
    a. C'est la première fois qu'ils entrent en contact.
    b. Leurs relations sont à la fois cordiales et professionnelles.
    c. Ils entretiennent des rapports très formels.
    d. Ce sont des collègues de travail.

2. Quel est le motif de l'appel ?
    a. modifier une commande.
    b. demander un report supplémentaire de paiement.
    c. négocier des conditions de paiement.
    d. exiger une livraison rapide des marchandises.

3. Que fait Marc Blinder ?
    a. Il s'empresse de répondre à la demande.
    b. Il accepte toutes les conditions exigées.
    c. Il propose une réduction de prix.
    d. Il promet d'étudier la demande.

❷ Un e-mail de confirmation 📟

Suite à cette conversation téléphonique, Marc Blinder adresse un e-mail à Charlotte Duforest.

Écoutez le dialogue et complétez le texte de cet e-mail.

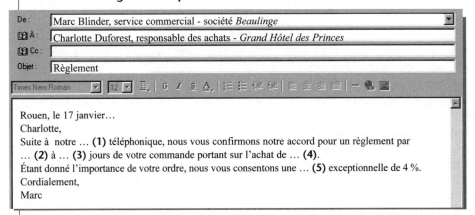

De :	Marc Blinder, service commercial - société *Beaulinge*	▾
📧 À :	Charlotte Duforest, responsable des achats - *Grand Hôtel des Princes*	
📧 Cc :		
Objet :	Règlement	

Rouen, le 17 janvier…

Charlotte,

Suite à notre … **(1)** téléphonique, nous vous confirmons notre accord pour un règlement par
… **(2)** à … **(3)** jours de votre commande portant sur l'achat de … **(4)**.
Étant donné l'importance de votre ordre, nous vous consentons une … **(5)** exceptionnelle de 4 %.
Cordialement,
Marc

❸ Une erreur de facturation

Charlotte Duforest a reçu la facture de la société *Beaulinge*. Lors de sa vérification, elle relève une erreur de facturation.

1. Trouvez l'erreur.

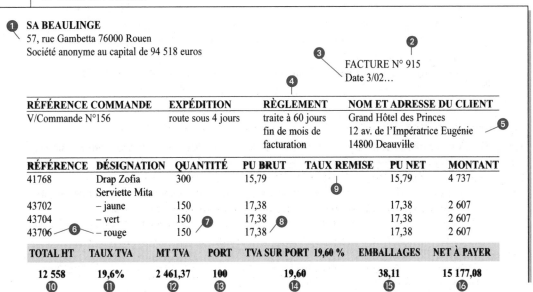

❶ SA BEAULINGE
57, rue Gambetta 76000 Rouen
Société anonyme au capital de 94 518 euros

❷ FACTURE N° 915
❸ Date 3/02…
❹

RÉFÉRENCE COMMANDE	EXPÉDITION	RÈGLEMENT	NOM ET ADRESSE DU CLIENT
V/Commande N°156	route sous 4 jours	traite à 60 jours fin de mois de facturation	Grand Hôtel des Princes 12 av. de l'Impératrice Eugénie 14800 Deauville **❺**

RÉFÉRENCE	DÉSIGNATION	QUANTITÉ	PU BRUT	TAUX REMISE	PU NET	MONTANT
41768	Drap Zofia Serviette Mita	300	15,79	**❾**	15,79	4 737
43702	– jaune	150	17,38		17,38	2 607
43704	– vert	150 **❼**	17,38 **❽**		17,38	2 607
43706 **❻**	– rouge	150	17,38		17,38	2 607

TOTAL HT	TAUX TVA	MT TVA	PORT	TVA SUR PORT 19,60 %	EMBALLAGES	NET À PAYER
12 558 **❿**	19,6% **⓫**	2 461,37 **⓬**	100 **⓭**	19,60 **⓮**	38,11 **⓯**	15 177,08 **⓰**

2. Indiquez les numéros des éléments de la facture correspondant aux mentions suivantes.
Exemple : 1a

a. Coordonnées du fournisseur.
b. Montant de la TVA.
c. Taux de TVA.
d. Montant total TTC / net à payer.
e. Mode de paiement.
f. Quantités.
g. Coordonnées de l'acheteur.
h. Frais de port (transport).

i. Numéro de facture.
j. Montant total hors taxes.
k. Frais d'emballage.
l. Identification des marchandises.
m. Date de création de la facture.
n. Réduction.
o. TVA sur le transport.
p. Prix par article.

outils • outils

Comment dire

● **Accuser réception d'un document, d'une lettre**
– Nous accusons réception de... – Nous avons bien reçu... – Votre chèque nous est bien parvenu...

● **Exprimer une demande d'envoi de document, de service...**
– Nous vous serions reconnaissants de... – Nous vous prions de... – Nous vous saurions gré de bien vouloir nous adresser... / faire parvenir...

● **Confirmer / rappeler des conditions**
– Conformément à notre accord... – Comme convenu... – Suite à notre entretien téléphonique...

● **Informer des conditions de paiement**
– Veuillez effectuer – Nous vous prions de nous régler – Nos factures sont réglables – Le règlement est à effectuer par... traite / lettre de change / virement bancaire / postal / carte bancaire / prélèvement automatique... au comptant / dès réception de la facture ou de la marchandise / à échéance du... / sous... jours.

● **Exprimer un regret, une satisfaction**
– Nous sommes au regret de + infinitif – Nous constatons avec regret que...
– Nous avons le plaisir de + infinitif

● **Exprimer une possibilité, une impossibilité**
– Il nous est possible de + infinitif
– Nous sommes dans l'impossibilité de... – Nous ne pouvons malheureusement pas...

● **Exprimer une obligation, une contrainte**
– Nous nous trouvons dans l'obligation de + infinitif – Nous nous voyons contraints de + infinitif

● **Exprimer un espoir**
– Nous espérons que... – Dans l'espoir de + infinitif

❶ Quelques formules de lettres

Complétez les phrases suivantes par la formule qui convient. Plusieurs réponses sont possibles.

1. ... accéder à votre requête car nous devons nous-mêmes faire face à de grosses échéances.
2. Nous vous saurions gré de bien vouloir nous régler par ...
3. ... que malgré nos deux lettres de relance, vous ne nous avez toujours pas réglé notre facture.
4. ... votre règlement et nous vous en remercions.
5. ... , nous vous confirmons les conditions que nous vous consentons en tant que client fidèle.
6. ... nous accorder une remise de 10 %.
7. ... le règlement de notre facture dans les meilleurs délais.
8. Vu le manque de ponctualité dont vous faites preuve dans vos paiements, ... de ne pouvoir vous livrer votre dernière commande.
9. ... notre proposition retiendra votre attention et vous prions d'agréer, Monsieur, nos salutations distinguées.
10. Le paiement de nos marchandises s'effectue ...

❷ Un e-mail de réclamation

Charlotte Duforest informe, par e-mail, la société *Beaulinge* de l'erreur de facturation commise (page 137) et demande l'envoi d'une nouvelle facture rectificative.
Rédigez cet e-mail.

❸ Les expressions de la condition

Retrouvez dans les extraits de lettres (page 135) les expressions qui marquent la condition.

Exprimer la condition

- **Si + indicatif :**
  Si vous ne payez pas dans les délais, nous transmettrons votre dossier à notre service contentieux.
- **Même si + indicatif :** *Même si vous nous réglez sous 48 heures, vous nous devrez des pénalités de retard.*
- **Si jamais + indicatif :** *Nous intenterions une action, si jamais il ne payait pas à échéance.*
- **Dans le cas où + conditionnel :** *Dans le cas où il ne paierait pas à échéance, nous intenterions une action.*
- **À supposer que + subjonctif :** *À supposer que vous nous accordiez des conditions intéressantes, nous pourrions vous passer une commande importante.*
- **À condition que + subjonctif / À condition de + infinitif :**
  Nous vous confirmerons notre ordre d'achat, à condition que vous nous consentiez une remise de 10 %.
- **À moins que + subjonctif / À moins de + infinitif :**
  Nous ne pourrons résister à ce nouveau concurrent, à moins de revoir nos conditions de paiement.

---

❹ Des conditions de vente

Marc Blinder discute avec son directeur commercial, Hervé Pascalides, des conditions de vente qu'il pourrait consentir à Charlotte Duforest.

Complétez le dialogue avec les expressions suivantes : dans le cas où – à condition que – si – à moins de – si jamais – à supposer que. Plusieurs réponses sont possibles.

Marc Blinder : … **(1)** nous n'acceptions pas de lui consentir une remise de 6 %, notre cliente s'adressera à la concurrence.
Hervé Pascalides : C'est impossible, notre marge est trop juste. … **(2)** nous accéderions à sa demande, nous ne ferions aucun bénéfice sur cette affaire.
MB : Mais c'est une de nos plus fidèles clientes. … **(3)** faire un effort commercial, nous risquons de la perdre.
HP : … **(4)** nous lui accordions un paiement à terme, pensez-vous qu'elle serait satisfaite ? Elle règle généralement ses achats à réception des marchandises. Non ?
MB : Oui, mais j'ai déjà accepté de lui consentir un règlement à 60 jours par traite … **(5)** elle nous passe une commande de 300 draps et de 450 serviettes de bain.
HP : … **(6)** la commande est confirmée sous les huit jours, nous lui accorderons une remise de 4 %.

---

❺ Exprimer des conditions

Transformez les phrases à partir du gérondif pour exprimer une condition. Plusieurs réponses sont possibles.

Exemple : En payant au comptant, profitez d'un escompte de 3 %.
➙ *À supposer que vous payiez au comptant, vous profiteriez d'un escompte de 3 %.*

1. En rappelant à votre fournisseur que vous êtes client depuis plus de dix ans, vous obtiendrez une ristourne.
2. En commandant plus de 100 chemises, vous bénéficierez d'une remise de 3 %.
3. En nous communiquant votre RIB*, vous aurez un crédit plus rapidement.
4. En acceptant cette livraison non conforme, vous pourriez demander un rabais.
5. En téléphonant à votre fournisseur avant échéance, il sera plus facile d'obtenir un report.

Note
* **RIB** : relevé d'identité bancaire ; document qui justifie auprès d'une autre personne votre domiciliation dans une banque.

1 Quelques réductions

Écoutez ces clients et dites quel type de réduction vous leur proposez.

1. Très bien, je vous passe une commande portant sur trente téléphones portables à condition que vous nous consentiez une réduction. Que me proposez-vous ?

2. Bon d'accord. À supposer que j'accepte de vous régler dès réception de votre facture, quelle réduction êtes-vous prêt à me consentir ?

3. J'ai effectué pour 3 800 euros d'achat cette année avec ma carte *Printemps*. Quelle réduction m'offrez-vous ?

4. Je viens de recevoir votre livraison. Vous m'avez expédié 20 bouteilles de vin de bordeaux Château Larame 1996 au lieu de 20 bordeaux Château Lapierre 1988. Je veux bien essayer de les écouler si vous me faites une réduction. Qu'en dites-vous ?

a. **Le rabais** : réduction accordée pour compenser un défaut de qualité, une livraison non conforme, un retard de livraison.

b. **L'escompte** : réduction accordée pour un paiement effectué au comptant.

c. **La remise** : réduction accordée pour l'achat d'une grande quantité de marchandises ou en fonction de la fidélité du client.

d. **La ristourne** : réduction accordée sur des achats déjà effectués pour récompenser la fidélité d'un client.

2 Au service comptabilité de la société *Beaulinge*

❶ Le chèque

Vous travaillez au service comptabilité de l'entreprise *Beaulinge* et vous êtes chargé(e) de vérifier les chèques reçus.

20 01 2001

CAISSE D'EPARGNE
POITOU – CHARENTES

€
à rédiger exclusivement en euros

Payez contre ce chèque non endossable
sauf au profit d'une banque, d'une Caisse d'Épargne ou d'un établissement assimilé

Cinq mille six cents euros

somme en toutes lettres

A Société Beaulinge

€ 6500

Payable en France · N° de compte 04 011219240 8132

A Poitiers
Le 22 septembre

18645   00401
138 BIS AV DE LA LIBERAT

86000 POITIERS
TEL 05.49.58.54.04

SA NUIT DE REVE
18 Rue Gambetta
86000 Poitiers

Signature

Chèque N°   Série   U   Chèque N°   6742001   (87)

›6742001 ›08601865908‹ 00‹0121924‹08‹

1. Répondez aux questions suivantes.

1. Quel est le nom du débiteur (le tireur) ?
2. Quel est le nom du créancier (le bénéficiaire) ?
3. Quel est le nom de la banque du débiteur (le tiré) ?
4. Quel est le montant du chèque en chiffres et en lettres ?
5. Quels sont le lieu et la date d'émission du chèque ?
6. Quel est le numéro de compte du titulaire ?
7. Quel est le numéro du chèque ?
8. Quelle est l'adresse de l'agence bancaire ?

2. Quelle est l'erreur commise sur ce chèque ?

3. Après avoir relevé cette erreur, vous adressez une lettre au magasin *Nuit de rêve*.
À vous de la rédiger.
– Vous accusez réception.
– Vous informez de l'erreur constatée.
– Vous annoncez que vous renvoyez le chèque et vous le joignez à la lettre.
– Vous demandez l'envoi d'un nouveau chèque dans les meilleurs délais.
– Vous remerciez et prenez congé par une formule de politesse.

❷ La lettre de change
Vous êtes stagiaire au service comptabilité de l'entreprise *Beaulinge* et le responsable du service vous explique ce qu'est une lettre de change ou traite. Puis, il vous demande de vérifier, à l'aide de la fiche client, que les mentions portées sur la traite sont bien exactes.

1. Faites correspondre chaque explication donnée à une partie de la lettre de change en indiquant son numéro.

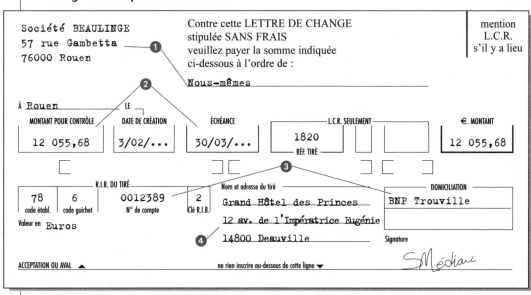

a. « Cette information vous permet de donner l'ordre au *Grand Hôtel des Princes* à Deauville de payer un montant déterminé à une échéance. »

b. « Nous sommes appelés le tireur. Nous sommes bénéficiaires de l'opération. Le paiement est mis à l'ordre de nous-mêmes. »

c. « Le *Grand Hôtel des Princes* recevra cet ordre et devra payer. Il est appelé le tiré. »

d. « Le *Grand Hôtel des Princes* est titulaire d'un compte à la *Banque Nationale de Paris* de Trouville où le paiement sera domicilié. »

Fiche client

Nom :	Grand Hôtel des Princes
Adresse :	12 avenue de l'Impératrice Eugénie 14800 Deauville
Télécopie :	02 31 98 27 26
Banque :	Banque Nationale de Paris Trouville RIB : 7860012389 2
Paiement :	par lettre de change à 60 jours fin de mois de facturation avec remise de 4 %
Livraison :	sous quatre jours, par camion, port payé

2. Vous venez de constater qu'il y a une erreur dans la lettre de change mais votre responsable est en rendez-vous. Faites une note en lui indiquant l'erreur (attention, le montant est correct).

Entraînez-vous à l'oral

Vous travaillez au service comptabilité de l'entreprise *Mediamax*. Le 15 mars, vous trouvez sur votre bureau la facture de Monsieur Bousquet de la société *Artois Sport* annotée par votre responsable. Vous téléphonez. Vous exprimez votre inquiétude et votre mécontentement. Vous menacez d'un éventuel recours au service du contentieux.

Jouez la scène en utilisant des expressions de la condition.

médiamax

– Téléphoner pour relancer le client.
– Rappeler que c'est le 3e retard de paiement en un mois.
– Se montrer ferme et exiger un paiement sous 48 h.

SA MEDIAMAX
ZI des Flandres 62000 Arras
Société anonyme au capital de 75 000 €

FACTURE N° 75

Date 30/01...

RÉFÉRENCE COMMANDE	EXPÉDITION	RÈGLEMENT	NOM ET ADRESSE DU CLIENT
V/Commande N°423	route sous 8 jours	à réception facture	ARTOIS SPORT Centre commercial Carrefour Route de St Omer 62000 ARRAS

RÉFÉRENCE	DÉSIGNATION	QUANTITÉ	PU BRUT	TAUX REMISE	PU NET	MONTANT
25A250	Chaussures LX8500 PACT - noir	80	44,75	10 %	40,27	3 221,60
25B480	Chaussures country PRIM - blanc	40	36,29	10 %	32,66	1 306,40
25B482	Chaussures country PRIM - noir	40	36,29	10 %	32,66	1 306,40
27C668	Chaussures F1 FOLA - blanche	30	73,08	10 %	65,77	1 973,10
32A122	Chaussures AIR T NOTT - blanche	50	48,02	10 %	43,22	2 161,00

TOTAL HT	TAUX TVA	MT TVA	PORT	TVA SUR PORT 19,60 %	EMBALLAGES	NET À PAYER
9 968,50	19,6 %	1 953,80	200	39,2	47,52	12 209,02

La carte bancaire

Radioscopie d'une carte bleue

Identification de l'établissement émetteur (et propriétaire) de la carte

Filigrane spécifique visible à la lumière ultraviolette

Microcircuit

Numéro de la carte (chiffres embossés)

Radical BIN (les 4 premiers chiffres de la carte)

Logotype "CB" (peut également être positionné à un autre emplacement selon les cartes)

Nom du titulaire

Date d'expiration (mois/année)

Hologramme

Éventuellement logotype international de la gamme Visa ou Eurocard MasterCard (peut également être positionné à un autre emplacement selon les cartes)

Piste magnétique

Numéro de la carte complété par trois chiffres permettant un contrôle supplémentaire

Élément de traçabilité concernant la fabrication et la person-nalisation de la carte

BANQUE DÉCHAMPRÊTS
B.P.000 Place Labour
00000 LABA cedex FRANCE
CENTRE D'OPPOSITION : 00 .00 00 .00 .00

Panonceau sur lequel le titulaire de la carte doit apposer sa signature

Adresse de l'établissement émetteur ou du centre de traitement bancaire

D'après Le Figaro magazine.

La carte bancaire utilise trois systèmes permettant l'identification de son possesseur : la piste magnétique, la puce et le numéro gravé dans le plastique de la carte. Ce sont en fait trois moyens de stocker les mêmes informations : le numéro à six chiffres, la date d'expiration ainsi que le nom et le prénom du porteur. Cette superposition de systèmes de sécurité n'est pas pour autant parfaite. En effet, ces informations peuvent « tomber » entre les mains d'un utilisateur indélicat qui s'en servira pour passer commande par téléphone sans donner sa véritable adresse. Les circonstances dans lesquelles le consommateur risque de se faire « pirater » sa carte bleue sont les suivantes :

- payer un commerçant qui n'a pas de magasin (par exemple, achat d'objets anciens sur un « marché aux puces » dans une rue) ;

- donner son numéro à 16 chiffres sur Internet ou sur minitel ;

- régler un achat par téléphone en communiquant son numéro à 16 chiffres et la date de validité ;

- oublier sa facturette au distributeur ou la perdre après avoir réglé un achat.

❶ Un rappel de paiement

Dans la lettre suivante, quatre phrases ont été supprimées.

À vous de les retrouver parmi les six phrases proposées et de compléter la lettre.

> Messieurs,
>
> Nous nous permettons de vous rappeler que la facture n° 235, que nous vous avons adressée le 15 juin et payable au 30 juillet, n'a pas encore été honorée. **(1)** ....
>
> **(2)** .... Nous vous indiquons cependant que, à défaut de paiement, nous serions amenés à vous facturer les intérêts de retard prévus par nos conditions générales de vente.
>
> Nous vous invitons à nous contacter au cas où ce retard serait involontaire. **(3)** ....
>
> **(4)** .... dans le cas où votre règlement nous parviendrait avant réception de ce courrier.
>
> Nous vous prions d'agréer, Messieurs, l'expression de notre considération distinguée.

a. Nous sommes persuadés qu'il s'agit d'un simple oubli de votre part.

b. Nous vous demandons de considérer cette lettre comme nulle et non avenue

c. Vous n'avez toujours pas procédé au règlement de la facture.

d. L'échéance étant dépassée, nous vous demandons de nous faire parvenir son règlement sous huitaine.

e. En effet, nous aimerions en connaître les motifs afin de préserver nos relations commerciales.

f. Nous vous adressons ci-joint une facture rectificative.

❷ Des histoires de paiement 📼

Écoutez ces quatre personnes parler de paiement. Indiquez pour chacune d'elles si les deux affirmations sont vraies ou fausses. Si les informations données sont insuffisantes, vous choisirez la réponse « Non mentionné ».

	Vrai	Faux	Non mentionné
Dialogue 1			
1. Ce mode de paiement vous oblige à régler chaque mois vos factures par chèque.	☐	☐	☐
2. Il vous est possible de résilier ce mode de paiement quand vous le souhaitez.	☐	☐	☐
Dialogue 2			
3. Cette carte vous permet d'obtenir un crédit gratuit sur un an.	☐	☐	☐
4. Les titulaires de cette carte peuvent bénéficier d'une réduction sur les achats effectués dans l'année.	☐	☐	☐
Dialogue 3			
5. Dans cette entreprise, on peut bénéficier d'un échelonnement de paiement à condition de payer un intérêt de 3 %.	☐	☐	☐
6. Certains clients peuvent être aidés dans leur choix par un spécialiste en aménagement intérieur.	☐	☐	☐
Dialogue 4			
7. Cette carte coûte cher.	☐	☐	☐
8. Grâce à cette carte, vous pouvez vous procurer de l'argent liquide même lorsque les banques sont fermées.	☐	☐	☐

Importer et exporter

▶1 Un oscar de l'exportation 📻

Écoutez l'interview.

Journaliste : Monsieur Carrère, vous êtes le directeur général de l'entreprise *Le canard gourmand* qui vient de recevoir l'oscar de l'exportation. Alors, pouvez-vous nous parler de votre société ?

Joël Carrère : Eh bien, notre entreprise est une société anonyme au capital de 91 600 euros. Nous sommes spécialisés dans la production de foie gras et de magrets de canard* que nous distribuons en France et à l'étranger.

J : Quel est votre part de chiffre d'affaires à l'export ?

JC : 35 %.

J : Et dans quels pays exportez-vous ?

JC : Euh, au Japon où nos produits sont particulièrement appréciés mais aussi dans les autres pays d'Extrême-Orient et dans les pays d'Afrique du Nord. Nos principaux clients se trouvent surtout dans l'Union européenne.

J : Et comment arrivez-vous à pénétrer ces marchés ?

JC : Eh bien, nous avons deux axes principaux d'implantation. Tout d'abord, nous participons au SIAL, le *Salon International de l'Alimentation* qui se tient tous les deux ans à Paris. Nous y rencontrons des clients étrangers et de futurs importateurs. Et puis, nous bénéficions de l'aide du Crédit Agricole grâce à son réseau de représentation à l'étranger. La stratégie commerciale de cette banque consiste à mettre en rapport des entreprises demandeuses à l'étranger avec des entreprises françaises qui peuvent répondre à leurs besoins.

J : Je suppose qu'étant donné la spécificité de vos produits vous devez vous appuyer sur une logistique très performante.

JC : Ah ! Tout à fait. Nous devons faire preuve de la plus grande vigilance pour respecter la chaîne du froid. Nous confions nos canetons à des éleveurs installés dans le sud-ouest de la France. Une fois les produits transformés, nous les vendons soit directement à des industriels de l'agroalimentaire, à des conserveries par exemple, soit à des grossistes où s'approvisionnent des entreprises artisanales ou des restaurateurs. Nous fournissons aussi directement des grandes chaînes de restauration.

J : Et pour ce qui est de l'exportation ?

JC : Nous faisons appel à des transitaires* spécialisés dans les produits alimentaires. En effet, ces produits doivent être transportés à température constante en respectant la chaîne du froid, par camion frigorifique voire par avion, et ils sont soumis à des contrôles vétérinaires très stricts.

J : Et enfin, pour ce qui est de la distribution ?

JC : Euh, pour certains pays, nous traitons avec des importateurs, comme au Japon où la distribution est très éclatée et où les circuits de distribution sont très longs. À l'opposé, en Grande-Bretagne, où la grande distribution est prédominante, les circuits sont courts.

Notes
* **Un magret de canard :** un filet de canard.
* **Un transitaire :** un intermédiaire spécialisé dans le transport.

Importer et exporter

Fiche de renseignements

- Nom du dirigeant : ....
- Fonction du dirigeant : ....
- Nom de l'entreprise : ....
- Forme juridique : ....
- Activité de l'entreprise : ....
- Type de clients : ....
- Lieux d'implantation : ....
- Part du chiffre d'affaires à l'exportation :
....

❶ Une fiche de renseignements 📼
Vous êtes journaliste et, avant d'écrire votre article, vous entrez les informations dans votre ordinateur.
Écoutez le dialogue et complétez la fiche de renseignements sur l'entreprise.

❷ Le circuit de distribution 📼
Écoutez le dialogue et complétez le circuit de distribution.

.... ➝ le producteur
Le canard gourmand

.... (les conserveries)
....
....
à l'export : ....

les entreprises
artisanales
....

❸ Avez-vous bien compris ? 📼
Écoutez le dialogue et complétez les phrases en choisissant la bonne réponse.

1. Pour s'implanter à l'étranger, l'entreprise
   a. emploie des représentants.
   b. participe à des salons à l'étranger.
   c. utilise l'appui d'une banque.
   d. a créé une filiale.

2. La plus grande attention est accordée
   a. à la stratégie d'implantation sur les marchés extérieurs.
   b. au recrutement de sous-traitants* pour élever les canards.
   c. au mode de financement.
   d. au suivi des conditions d'acheminement* de la marchandise.

3. Pour vendre à l'étranger, l'entreprise
   a. traite toujours directement avec des industriels.
   b. passe par des intermédiaires spécialisés.
   c. a mis en place un réseau de distributeurs exclusifs.
   d. utilise le même circuit de distribution quel que soit le pays.

▶2 Un incident de livraison

Un acheteur belge a reçu une livraison de foie gras. Une avarie* a été constatée. Le client en informe son fournisseur, *Le canard gourmand,* par télécopie (voir page ci-contre) mais il y a eu un problème de traitement de texte : des paragraphes ont été inversés.

❶ Avez-vous bien compris ?
1. Lisez la télécopie et faites correspondre les phrases qui conviennent pour retrouver l'ordre des paragraphes.
Dans sa télécopie, la société *Agro Import* :
1. accuse réception de la marchandise.   *d*
2. informe des constatations faites à la réception des produits.   ....
3. fait part des conséquences de l'incident.   ....
4. avise de la confirmation des réserves faites.   ....
5. demande de faire le nécessaire pour éviter à l'avenir de tels désagréments.   ....
6. exige d'être livrée rapidement.   ....
7. prend congé.   ....

Notes
* Un sous-traitant : une entreprise travaillant pour le compte d'une autre entreprise.
* L'acheminement : le transport des marchandises depuis le lieu de production.
* Une avarie : un dommage.

Destinataire : Le canard gourmand

Émetteur : Agro Import
Rue des Guildes 51
1000 Bruxelles - Belgique
N° Télécopie : 2-280-1645 – E-mail : agimport@liberty.be

Nombre de page(s) : 1

Date : le 15 décembre…
Objet : V/ livraison du 15 décembre....

Messieurs,

a. Enfin, nous comptons sur une prompte livraison de marchandises en remplacement ; nous en avons un besoin urgent étant donné l'approche des fêtes de fin d'année.

b. Veuillez agréer, Messieurs, l'expression de nos salutations distinguées.

c. Nous adressons ce jour, une lettre recommandée au transporteur pour lui confirmer les réserves d'usage*.

d. Nous avons reçu ce jour 500 kilos de foie gras frais de canard livrés par *Eurofroid Transport*.

e. Toutefois, nous vous demandons d'intervenir auprès de ce dernier car c'est la deuxième fois qu'un tel incident se produit.

f. La chaîne du froid n'ayant pas été respectée, malgré votre vigilance habituelle, nous nous sommes vus dans l'obligation de refuser la livraison.

g. L'emballage isotherme était en parfait état et ne présentait aucune trace de détérioration. Cependant, le contrôle effectué lors du déballage a permis de constater une avarie due à une hausse de la température.

Répondre d'urgence au client et s'excuser.
L'informer qu'une livraison lui parviendra demain matin
par Trans Express, franco de port.
Lui proposer un rabais de 10 % en compensation du préjudice subi.
L'informer que nous avons fait le nécessaire auprès du transporteur.
Lui assurer que le meilleur soin sera apporté à l'exécution de sa commande.

F. Tranchant

Mme Tranchant
Responsable des achats

2. Dites quelles sont les obligations de chacune de ces personnes. Cochez la bonne case.

Sociétés / Obligations	l'expéditeur : *Le canard gourmand*	le destinataire : *Agro Import*	le transporteur : *Eurofroid Transport*
Prend livraison de la marchandise.			
Conditionne et emballe correctement la marchandise.			
Achemine la marchandise en bon état et dans les délais prévus.			
En cas d'incident, fait des réserves et les confirme par lettre recommandée au transporteur.			
Déballe et vérifie les marchandises livrées.			

❷ **Une réponse urgente**

Vous effectuez un stage au service commercial de la société *Le canard gourmand*. Vous trouvez la télécopie avec des annotations de votre responsable qui tient à conserver de bonnes relations commerciales avec ce client.

À vous de rédiger la télécopie que vous adressez au client.

Note
* Les réserves d'usage : les indications portées sur le bordereau de réception d'un colis lorsqu'il y a un doute sur le bon état de la marchandise livrée.

outils · outils

❶ Une livraison à problème
Voici deux idées opposées : L'emballage extérieur est intact. / La marchandise est détériorée.
Dans la télécopie (p. 147), cette idée d'opposition est marquée par le mot d'articulation *cependant*.
Retrouvez dans la télécopie d'autres mots employés pour marquer l'opposition entre deux idées.

Exprimer une idée d'opposition, de concession

- **Mais, néanmoins, pourtant, cependant, toutefois :**
  La marchandise a été livrée mais les documents n'étaient pas joints.
  Nous vendons surtout en France, cependant notre chiffre d'affaires à l'export est important.

  À l'oral, on peut aussi utiliser en début de phrase *au contraire, à l'opposé* :
  Au contraire, les circuits de distribution sont très longs au Japon.

- **Malgré / En dépit de + nom :**
  Malgré un bon chiffre d'affaires à l'export, les ventes ont globalement baissé.

- **Avoir beau + infinitif :**
  Nous avons beau être vigilants, une rupture de la chaîne du froid est toujours possible.

- **Alors que / Tandis que / Même si + indicatif :**
  La livraison par bateau prend trois semaines alors que celle par avion est d'une semaine.
  Nous ne négligeons aucun pays, même si nous avons des rapports privilégiés avec l'Italie.

- **Bien que / Quoique + subjonctif / Quel(le) que + être au subjonctif :**
  Bien que notre importateur ait reçu la marchandise, il ne l'a toujours pas payée.
  Quel que soit le montant de votre commande, nous vous ferons une remise.
  Quels que soient les articles de votre commande, nous vous ferons une remise.

  L'idée d'opposition est parfois renforcée :
  Bien que les documents aient été vérifiés, il manque pourtant le certificat vétérinaire.

❷ Quelques réclamations à l'export
Écoutez les phrases et transformez-les de façon à marquer l'idée d'opposition.
Exemple : La banque de l'importateur attend les documents / nous n'avons rien reçu. (mais)
*La banque de l'importateur attend les documents **mais** nous n'avons rien reçu.*

❸ À propos de transport
Faites des phrases en utilisant au choix : bien que – quoique – même si – malgré.
Faites toutes les transformations nécessaires. Plusieurs réponses sont possibles.
*Exemple : **Bien que** le transport par chemin de fer soit moins cher, nous préférons utiliser un transporteur routier.*

1. Le transport par chemin de fer est moins cher…
2. La marchandise est arrivée endommagée…
3. L'utilisation d'un emballage antichoc…
4. Il y a eu une erreur d'acheminement…
5. La grève des transporteurs routiers…

a. d'éventuels dégâts peuvent arriver lors du transport.
b. notre société a indiqué l'adresse exacte du destinataire.
c. nous préférons utiliser un transporteur routier.
d. nous avons réussi à nous faire livrer à temps.
e. l'emballage a été fait avec soin.

❹ Une année d'exportation

Marc Legendre, responsable export, fait le bilan des exportations de son entreprise.

Complétez son intervention à l'aide des mots suivants : malgré – même si – avoir beau – alors que – pourtant – tandis que.
Plusieurs réponses sont possibles.

Cette année, nos exportations ...... **(1)** avoir fortement progressé en Europe, elles ont stagné en Asie. ...... **(2)** cette stagnation, on constate ...... **(3)** un vif intérêt de la Corée pour nos produits ...... **(4)** le Japon semble se tourner vers nos concurrents nord-américains. ...... **(5)**, sur le marché sud-américain, nos produits continuent à enregistrer d'excellentes performances, le résultat net a beaucoup diminué depuis quelques années. Globalement, ... **(6)** notre entreprise s'est bien comportée, certains de nos concurrents ont connu de graves difficultés.

Comment dire

Exprimer des fluctuations

● **Une augmentation, une croissance, une progression**
  – Notre activité à l'export **s'est accrue** (s'accroître) de 20 % en deux ans.
  – Les prix des matières premières **ont** fortement **augmenté**.
  – Nos ventes vers les pays du Moyen-Orient **ont doublé** cette année.
  – Le nombre de commandes à l'export **progresse** chaque semestre.
  – Pour la première fois, la vente de CD de chansons françaises **a explosé** au Brésil.

● **Une stagnation, une stabilisation**
  – Pour la deuxième année consécutive, le chiffre d'affaires de notre filiale **stagne**.
  – Les résultats de M. Louvrier sur la zone Europe centrale **restent stables**.
  – Le coût du transport par bateau **se maintient** vers la zone Asie.

● **Une diminution, une chute, une baisse, une régression**
  – Le prix du baril de pétrole **a chuté** brutalement à la Bourse de Rotterdam.
  – Notre agent canadien **a baissé** sa commission de 2 %.
  – Nos marges **ont diminué** pour la première fois depuis cinq ans.
  – Les ventes **régressent** en Italie depuis le changement d'importateur.

❺ Quelques nouvelles brèves

Lisez ces extraits d'articles et complétez-les avec les mots suivants : chuter – augmenter – diminuer – stagner.
Faites toutes les transformations nécessaires.

1. Le résultat du commerce extérieur français .... par rapport à l'année dernière en raison de l'augmentation du prix du pétrole.

2. Nos exportations de voitures de tourisme .... de 50 % en Europe alors qu'elles ont bien augmenté en Amérique du Sud.

3. Avec seulement 0,1 % d'augmentation de chiffre d'affaires vers les pays scandinaves, on peut dire que l'activité ....

4. Le succès du lancement à l'export de notre nouveau parfum *Diamant* a permis d'......... de 10 % nos ventes.

1 Un exportateur avisé

Avant d'exporter, une entreprise doit rassembler toutes les informations nécessaires sur le marché qu'elle veut pénétrer. Un certain nombre de contraintes doivent être étudiées.

1. Indiquez pour chacune d'elles s'il s'agit de contraintes réglementaires, techniques, financières ou culturelles en mettant une croix dans la bonne colonne.

Contrainte	réglementaire	technique	financière	culturelle
la législation douanière				
le respect d'une chaîne de froid				
le contingentement*				
les habitudes alimentaires et vestimentaires				
les marchandises prohibées*				
un virement international				
une licence d'exportation*				
les conditions de chargement et de déchargement des marchandises				
la religion				
les normes* en vigueur				
la langue				
le niveau des prix				
le circuit de distribution				

2. De quelles contraintes parlent-ils ?
Écoutez ces chefs de zone export en réunion puis retrouvez, pour chaque énoncé, la contrainte dont ils parlent.
Exemple : « Il faut faire attention aux étiquettes et prévoir une traduction du mode d'emploi. » ➜ *la langue*

2 Un appel d'offres

Le canard gourmand vient de recevoir un e-mail d'un acheteur canadien (page ci-contre).

❶ **Avez-vous bien compris ?**

1. Que dit la société dans son e-mail ?

Lisez les énoncés et cochez la bonne réponse.	Vrai	Faux	Non mentionné
1. Elle indique sa source d'information.	☐	☐	☐
2. Elle demande la visite d'un représentant.	☐	☐	☐
3. Elle sollicite une réponse et prend congé.	☐	☐	☐
4. Elle fait part de ses tarifs.	☐	☐	☐
5. Elle exprime son intérêt pour les produits.	☐	☐	☐
6. Elle se présente.	☐	☐	☐
7. Elle demande des renseignements.	☐	☐	☐
8. Elle précise une date pour la réponse.	☐	☐	☐
9. Elle fait part de la venue en France d'un de ses responsables.	☐	☐	☐
10. Elle invite à participer à un Salon.	☐	☐	☐

Notes
* Un contingentement ou **un quota** : une limite quantitative de marchandises importées ou exportées.

* Prohibé : interdit.

* Une licence d'exportation : une autorisation d'exporter dans un pays.

* Une norme : une règle à respecter par le fabricant.

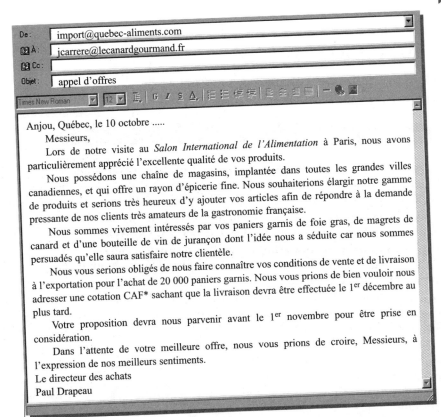

De : import@quebec-aliments.com
À : jcarrere@lecanardgourmand.fr
Cc :
Objet : appel d'offres

Anjou, Québec, le 10 octobre .....

Messieurs,

Lors de notre visite au *Salon International de l'Alimentation* à Paris, nous avons particulièrement apprécié l'excellente qualité de vos produits.

Nous possédons une chaîne de magasins, implantée dans toutes les grandes villes canadiennes, et qui offre un rayon d'épicerie fine. Nous souhaiterions élargir notre gamme de produits et serions très heureux d'y ajouter vos articles afin de répondre à la demande pressante de nos clients très amateurs de la gastronomie française.

Nous sommes vivement intéressés par vos paniers garnis de foie gras, de magrets de canard et d'une bouteille de vin de jurançon dont l'idée nous a séduite car nous sommes persuadés qu'elle saura satisfaire notre clientèle.

Nous vous serions obligés de nous faire connaître vos conditions de vente et de livraison à l'exportation pour l'achat de 20 000 paniers garnis. Nous vous prions de bien vouloir nous adresser une cotation CAF* sachant que la livraison devra être effectuée le 1er décembre au plus tard.

Votre proposition devra nous parvenir avant le 1er novembre pour être prise en considération.

Dans l'attente de votre meilleure offre, nous vous prions de croire, Messieurs, à l'expression de nos meilleurs sentiments.

Le directeur des achats
Paul Drapeau

Note
Les conditions de transport à l'exportation
La Chambre de Commerce Internationale a élaboré les Incoterms qui précisent le moment et le lieu à partir duquel l'acheteur assume les risques et périls encourus par la marchandise et le partage des frais de logistique (le fret).
* CAF : coût, assurance, fret.
FAB : franco à bord.
CFR : coût et fret.
FLB : franco le long du bateau.

2. Retrouvez le plan de cet e-mail en faisant correspondre pour chacun des énoncés retenus « Vrai » à la page 150 la partie de l'e-mail qui convient.

3. Trouvez dans l'e-mail les expressions qui ont le même sens.
a. Notre clientèle apprécie beaucoup la cuisine française.
b. Nous avons dégusté avec plaisir.
c. Nous vous saurions gré de nous communiquer.
d. Votre offre doit nous être adressée avant une date limite pour être retenue.
e. Nous sommes propriétaires de plusieurs boutiques installées sur l'ensemble du Canada.
f. Nous aimerions avoir un plus grand assortiment.

❷ Un marché à l'exportation
Au reçu de cet e-mail, le Directeur général de l'entreprise *Le canard gourmand*, Joël Carrère, s'entretient avec son directeur export Pierre Zobrovski.
Écoutez la conversation, relisez l'e-mail ci-dessus et prenez des notes pour compléter la fiche client.

Fiche client

• **Nom :** Québec-Aliments
• **Adresse :** 8203 bd Métropolitain Est ANJOU QC. H1J 1J9
Tél : (514) 3517025
Télécopie : (514) 351 6564
E-mail : import@quebec-aliments.com
• **Commande :** *20 000 paniers garnis.*
• Mode de paiement : ....
• Remise : ....
• Condition de livraison : ....
• Date de livraison souhaitée : ....

❸ Une offre de représentation
Vous avez visité un Salon international dans votre pays. Connaissant bien le marché intérieur de votre pays, vous proposez d'être distributeur exclusif d'un produit français de votre choix.

À vous de rédiger votre offre de représentation en vous montrant convaincant(e).

3 Des conseils avisés

Voici des recommandations données à des patrons français.
Reliez les énoncés aux conseils.

❶ Quand ils présentent un projet, les Français, qui aiment convaincre, commencent par une longue introduction, ce qui n'est pas toujours apprécié par vos partenaires.

❷ Vos collaborateurs étrangers ne se contenteront pas d'être informés. Ils voudront d'abord être consultés et participer à votre décision.

❸ Les affaires reposent sur des relations interpersonnelles riches. Tout se justifie. Même un appel en pleine nuit pour aller boire un verre ou évoquer un problème familial.

❹ Dans une société à dominante collective, la qualité des relations est déterminante : si vous remplacez les négociateurs en cours de route, il faudra tout reprendre à zéro.

❺ La cohésion du groupe prime. Résultat : avant de vous faire confiance, vos interlocuteurs voudront en savoir plus long sur vous. Pour une négociation, cela peut prendre du temps.

❻ Ici, les réunions sont longues et animées, chacun tenant à donner son avis. On vous tutoie ? La langue le favorise et surtout c'est le signe que vous faites partie de l'équipe. Faites de même sinon vous passerez pour méprisant.

❼ Il faut ménager la susceptibilité de vos invités : renseignez-vous à l'avance sur les fonctions des membres de la délégation que vous recevez car vos hôtes doivent être au moins d'un rang égal au vôtre.

Conseils

a. Adaptez votre niveau de langue.

b. Montrez patte blanche* et restez patient.

c. Pensez aux concertations préalables.

d. Faites attention aux questions de hiérarchie.

e. Évitez les longs préambules et allez droit au but.

f. Évitez de changer vos équipes.

g. Oubliez les barrières de la vie privée.

Note
* **Montrer patte blanche** : donner des preuves de l'honnêteté de ses intentions.

Entraînez-vous à l'oral

Relisez les conseils avisés de l'activité précédente et dites s'ils sont valables pour votre pays. Quels conseils donneriez-vous à un homme ou une femme d'affaires français(e) qui viendrait en voyage professionnel dans votre pays ?

S'implanter en France

Si vous souhaitez vous implanter en France, vous devez tenir compte d'un certain nombre d'éléments :

1 L'activité économique exercée (production, prestations de services, vente) et ses impératifs logistiques, la position de la société dans le secteur d'activité.

2 La connaissance du marché et les relations déjà établies avec des personnes ou des sociétés installées en France.

3 Votre capacité financière.

4 La rapidité d'implantation.

Si votre volonté est de prendre des contacts, de connaître le marché visé ou de vous faire connaître, une structure légère, rapide à mettre en place et peu onéreuse, telle que le **bureau de liaison**, semble alors plus appropriée.

En revanche, si votre souhait est de vous introduire réellement sur le marché avec une véritable stratégie de développement, d'autres structures semblent plus adaptées :

- Vous pouvez opter pour la création d'une **succursale***, établissement autonome, dont la direction est dotée d'une certaine liberté de gestion.

- Vous pouvez aussi choisir de constituer une société de droit français qui peut être ou non **filiale*** de votre société. Le choix entre les différentes formes de sociétés (SA, SARL, SNC) doit alors être examiné avec attention.

- Vous pouvez aussi vous immatriculer en France comme **entrepreneur individuel** : commerçant, artisan, agent commercial, profession libérale.

D'après le site Internet de la *CCIP*.

Notes
* Une succursale : un établissement décentralisé d'une entreprise.
Exemple : une succursale de banque.
* Une filiale : une société détenue à plus de 50 % par une société mère.

Importer et exporter

❶ Un avis d'expédition

Lisez cet e-mail et choisissez la bonne réponse.

> Messieurs,
>
> Nous avons confié ce jour au transporteur *Les messageries maritimes* les marchandises ... **(1)** à votre commande du 12 janvier dernier.
>
> Ces marchandises voyageant aux risques et ... **(2)** du destinataire, nous vous recommandons instamment de bien vérifier le nombre, l'état et le ... **(3)** des colis à l'arrivée, devant le transporteur, avant d'en prendre livraison.
>
> Nous avons apporté le meilleur soin à l'emballage de la marchandise. Si toutefois vous constatez une ... **(4)** ou un manquant, n'oubliez pas de faire les réserves d'usage sur le bordereau du transporteur et de lui confirmer ces réserves dans les trois jours par lettre recommandée.
>
> Nous vous souhaitons bonne ... **(5)** de notre envoi et nous espérons que nos produits vous donneront pleine satisfaction.
>
> Veuillez agréer, Messieurs, l'expression de nos sentiments dévoués.

1. a. dépendant
   b. sujet
   c. relatives
   d. destinées
2. a. périls
   b. dangers
   c. dommages
   d. conséquences
3. a. contenant
   b. chargement
   c. contenu
   d. dedans
4. a. panne
   b. avarie
   c. dommage
   d. accident
5. a. réception
   b. livraison
   c. entrée
   d. remise

❷ Des nouvelles brèves

Écoutez ces informations diffusées à la radio concernant des résultats à l'exportation et indiquez pour chaque annonce si les résultats sont en hausse, stables ou en baisse.

	↗	→	↘
Annonce 1	☐	☐	☐
Annonce 2	☐	☐	☐
Annonce 3	☐	☐	☐
Annonce 4	☐	☐	☐
Annonce 5	☐	☐	☐
Annonce 6	☐	☐	☐
Annonce 7	☐	☐	☐
Annonce 8	☐	☐	☐

❸ Comment adapter ses produits à l'international ?

Lisez le texte suivant et répondez aux questions en choisissant la bonne réponse.

> Une collection de vêtements internationale est soumise à de multiples contraintes : coloris, matières, formes, tailles…
> Pour le spécialiste de la mode enfantine *IKKS*, cela commence d'abord par « écouter les autres » et prendre en compte leurs particularismes. Des tables rondes réunissant des vendeurs du monde entier sont organisées tout au long du processus de création des collections. À partir des thèmes lancés avec les stylistes, chacun réagit et intègre les contraintes des autres. Les Allemands exigeant du 100 % coton pour les vêtements d'enfants, les Américains et les Français en profitent. Les lignes classiques ont la faveur des Suédois et des Grecs qui aiment le bleu marine et les motifs sobres. Les vêtements « tendance » sont plébiscités par les Néerlandais et les Belges, très amateurs de matières confortables et de graphismes innovants. Ce qui n'empêche pas *IKKS* d'imposer certaines évolutions ou certains produits. Leurs produits à succès sont en général les meilleurs dans tous les pays en même temps. Ce qui est le signe de la force de la marque. Un blouson jaune est actuellement l'article le plus demandé alors que cette couleur est habituellement diversement appréciée.
> D'après *L'Entreprise,* n° 141.

1. Comment l'entreprise *IKKS* met-elle au point ses produits ?
   a. Elle organise des réunions où elle regroupe sa force de vente internationale.
   b. Elle suit uniquement les tendances de la mode pour créer ses modèles.
   c. Elle s'inspire de dessins vus dans la presse étrangère.
   d. Elle organise pour ses vendeurs un défilé de mode.
2. Quels sont les besoins exprimés par les consommateurs ?
   a. Les Néerlandais adorent la couleur jaune.
   b. Les Grecs raffolent de dessins fantaisistes sur les vêtements.
   c. Les Belges apprécient surtout la créativité des dessins imprimés sur les tissus.
   d. Les Allemands aiment tout particulièrement les textures modernes.
3. Quelle est l'attitude de l'entreprise face au marché ?
   a. Elle fabrique les vêtements dessinés dans chaque pays.
   b. Elle innove en mettant aussi sur le marché des produits nouveaux.
   c. Elle ne prend pas de risques inutiles et suit les recommandations de ses vendeurs.
   d. Elle retire du marché les articles dont les couleurs ne plaisent pas.

Des manifestations commerciales

situations

➊ Quelques manifestations commerciales

Du 15 au 30 mai
Grande quinzaine commerciale
Centre commercial
ULIS 2

a.

Du 1 juin au 31 octobre
Exposition internationale de
Nagoya au Japon

b.

Du 22 septembre au 2 octobre

Foire de Marseille

c.

Prêt-à-porter
Du 7 au 10 septembre
Salon du Prêt-à-porter féminin et des accessoires de mode

d.

Trouvez sur les affiches l'expression correspondant à la bonne définition.

1. C'est une grande réunion périodique multisectorielle où l'on présente au grand public des marchandises diverses.
2. C'est une manifestation commerciale avec un caractère exclusif où l'on présente aux professionnels et / ou au grand public des produits ou services concernant un même genre d'activité.
3. Il s'agit souvent d'un groupe de commerçants qui propose une animation promotionnelle pendant une durée limitée.
4. Cette manifestation permet de présenter les produits de l'industrie et de l'agriculture de demain d'un ou de plusieurs pays.

➋ Un Salon international

❶ Avez-vous bien compris ?

Lisez la lettre (page 156) et choisissez la bonne réponse.

1. Qui est l'expéditeur de cette lettre ?
   a. Un exposant à un salon.
   b. Un industriel du secteur agricole.
   c. Un organisateur de salons.
   d. Un client potentiel.
2. Quel est le but de cette lettre ?
   a. Demander des renseignements.
   b. Inviter à une manifestation commerciale.
   c. Convoquer à une réunion d'information.
   d. Proposer de participer à un salon.

SITEVI
13-15 novembre

EXPOSIMA
1, rue du Parc
92593 Levallois-Perret Cedex

Société AVIVA
Lotissement El Farah, lot n°4
Mohammedia - Maroc
Tél : 2 331 35 35
Télécopie : 2 331 12 25

Levallois-Perret, le 4 février…

Messieurs,

La 20ᵉ édition de *SITEVI* se tiendra du 13 au 15 novembre au Parc des Expositions de Montpellier qui sera agrandi et amélioré à cette occasion.

Ce salon professionnel international présente l'offre complète des deux filières qui le composent : la viticulture-œnologie et l'arboriculture-maraîchage.

Le *SITEVI* est devenu un salon incontournable pour les exposants : 75 % d'entre eux ont été satisfaits de la réalisation de leurs objectifs commerciaux et plus de 40 % ont pris des commandes pendant le dernier salon.

Nous vous rappelons que la date limite d'inscription est fixée au 31 mai. Aussi, veuillez nous faire parvenir avant cette date votre dossier d'inscription pour bénéficier de la meilleure implantation.

Pour toute demande complémentaire de renseignements, n'hésitez pas à nous contacter.

Nous vous prions d'agréer, Messieurs, l'expression de nos salutations les meilleures.

Laurice PECHBERTY
Le Commissaire de l'Exposition

Salon international des techniques et équipements pour la viticulture et l'arboriculture
Exposima – S.A. au capital de 160 000 euros
392 145 181 RCS NANTERRE - N° TVA FR 58 392 145 181
Tél. relations exposants : +33 (0)1 49 68 52 50 – Tél. communication/presse : +33(0)1 49 68 51 90
Télécopie : +33(0)1 49 68 52 99 – E-mail : sitevi@exposima.fr

❷ Un dossier d'inscription
M. Giraudet, directeur général de la société *Aviva* au Maroc, fabricant de matériel agricole, vient de recevoir la lettre et s'entretient avec son assistante.
Écoutez le dialogue et complétez le dossier d'inscription.

SITEVI

Viticulture - Vinification - Arboriculture - Maraîchage - Horticulture
DOSSIER D'INSCRIPTION
13-14-15 novembre … Montpellier France

Ce document est à retourner à EXPOSIMA / SITEVI avant le 31/05/…
1, rue du Parc - 92593 Levallois-Perret Cedex - France
Tél. : + 33 (0)1 49 68 52 50 - Télécopie : + 33 (0)1 49 68 52 99
SA au capital de 160 000 euros 392 145 181 RCS Nanterre N° TVA FR 58 392 145 181

VOTRE ENTREPRISE

Souscripteur
Raison sociale : ....
Adresse : ....
Code Postal : .... Ville : ....
Pays : .... Téléphone : .... Télécopie : ....

Nom sous lequel votre société doit apparaître dans le classement alphabétique des exposants :
....

Noms des responsables de votre entreprise
Directeur général : ....
Responsable du stand : ....

Catégories économiques
☐ Fabricant /constructeur   ☐ Importateur
☐ Distributeur   ☐ Autre, précisez

VOTRE STAND

Situation du stand
La répartition des emplacements se fait par secteur d'activité. Indiquez, éventuellement, vos souhaits (proximité, éloignement) quant à votre environnement et la forme de votre stand :
....
....
....

Surface : ....

Matériels / Produits exposés : ....
....

3 Au *Mondial de l'Automobile* 📼

Anne Miller, journaliste pour le magazine *Nouvelle Entreprise,* est allée interroger des personnes au *Mondial de l'Automobile* de Paris.
Qui sont ces personnes : des exposants ou des visiteurs du Salon ?

Écoutez et choisissez pour chaque personne la (ou les) raison(s) de sa présence au Salon. Cochez la bonne réponse.

Personnes :	1	2	3	4
a. Exposant	☐	☐	☐	☐
b. Visiteur	☐	☐	☐	☐
Raisons de la présence au Salon :				
c. Se faire connaître.	☐	☐	☐	☐
d. Faire connaître ses produits.	☐	☐	☐	☐
e. Se renseigner.	☐	☐	☐	☐
f. Connaître l'attitude des clients.	☐	☐	☐	☐
g. Connaître les produits concurrents.	☐	☐	☐	☐
h. Faire de la publicité.	☐	☐	☐	☐
i. Développer le fichier clients.	☐	☐	☐	☐
j. Élargir la liste des fournisseurs.	☐	☐	☐	☐
k. Essayer les produits.	☐	☐	☐	☐
l. Passer des commandes.	☐	☐	☐	☐
m. Comparer.	☐	☐	☐	☐

outils · outils

Exprimer la cause

- **Grâce à / À cause de + nom :**
  Grâce à la couverture médiatique dont il bénéficie, ce Salon est un fantastique outil de publicité.
  À cause d'un manque d'information, nous n'avons pas pu nous inscrire à temps.

- **Parce que / Puisque / Comme + indicatif :**
  Nous venons au Salon, parce que c'est l'occasion de découvrir les nouveautés en exclusivité.
  Puisque je ne peux pas venir, un de mes proches collaborateurs me représentera.

- **À force de + nom / + infinitif :**
  À force de publicité, nous avons pu modifier notre image de marque.

- **Étant donné + nom / + que – Vu + nom / + que :**
  Étant donné l'affluence habituelle, le Salon offre une extraordinaire vitrine internationale.
  Vu la qualité de l'accueil, il serait dommage de ne pas venir.

❶ Au *Salon de la gastronomie*

L'organisateur de la *FIGAT (Foire Internationale de la Gastronomie et des Arts de la Table)* explique comment faire pour attirer un maximum d'exposants.

Complétez avec les éléments suivants en faisant les modifications nécessaires (attention aux articles) : grâce à – à cause de – à force de – étant donné que – parce que.

… **(1)** il est difficile de convaincre des clients de se déplacer, une simple invitation ne suffit pas. En effet, … **(2)** les coûts importants de location et d'installation d'un stand et … **(3)** les clients n'ont pas toujours le temps de venir, il est essentiel de leur expliquer les bénéfices qu'ils tireront de cet investissement en termes de renommée. C'est donc … **(4)** relances et … **(5)** notre argumentaire que nous réussissons à attirer le plus d'exposants.

Exprimer la conséquence

- **Par conséquent / En conséquence :**
  Nous sommes contraints d'annuler notre participation à votre Salon. En conséquence, nous vous prions de bien vouloir nous rembourser les frais de location de stand.

- **C'est la raison pour laquelle / C'est pourquoi :**
  La clientèle se fait une opinion en venant au salon, c'est la raison pour laquelle il faut savoir séduire, être convaincant.

- **Alors / C'est pour cela que :**
  Un stand reflète l'image de son entreprise ; c'est pour cela que son aménagement doit être très soigné.

- **Tellement + adjectif + que / Tellement de + nom + que :**
  On est dans un secteur tellement concurrentiel, il y a tellement de modèles proposés sur le marché que c'est justement l'occasion d'observer les concurrents.

❷ Un témoignage

Le responsable du service technique et de la sécurité d'un salon nous parle de son travail.

Complétez avec les éléments suivants : alors – c'est pour cela que – tellement de … que – par conséquent.

Vous savez, il y a … exposants et de visiteurs … **(1)** il est nécessaire de leur attribuer un badge pour des raisons d'organisation. … **(2)**, aux entrées, il faut bien vérifier que chacun d'eux a son badge. Il faut aussi faire très attention au risque d'incendie, … **(3)** je dois diffuser des messages par haut-parleur pour rappeler qu'il est interdit de fumer excepté dans les espaces fumeurs. … **(4)**, je n'ai pas une minute à moi pendant toute la durée du salon.

❸ Quelques informations de la presse économique

Reformulez les informations comme dans l'exemple.

Exemple : La grève de métro. Le nombre de visiteurs au Salon de l'Étudiant *est en forte baisse (à cause de)*
➙ **À cause de** *la grève de métro, le nombre de visiteurs au* Salon de l'Étudiant *est en forte baisse.*

1. Le *Mondial du Tourisme*. J'ai enfin trouvé le lieu de mes vacances. (grâce à)
2. Le nombre important de visiteurs. Il faut nous inscrire immédiatement à cette Foire. (vu)
3. Votre acompte pour la réservation de votre espace au *Salon de l'Informatique* ne nous est pas parvenu. Nous ne pouvons pas maintenir votre réservation. (en conséquence)
4. Nous n'avons pas pu obtenir l'implantation que nous souhaitions. Je vous propose de ne pas participer au *Salon Nautique International* cette année. (puisque)
5. Recevoir des relances téléphoniques pour le *Salon des Technologies de l'Image et du Son*. Je crois que je vais finir par m'y rendre. (à force de)
6. Mon groupe de recherche en biologie fait un mémoire à l'université. Nous allons participer aux *Journées de la Biologie*. (c'est pour cela que)

Comment dire

Construire son argumentaire avec logique

● **Exprimer la cause / la conséquence avec des articulateurs (page 158).**

● **Exprimer la cause / la conséquence avec des verbes :**
   – Le mauvais temps **a provoqué** une baisse du nombre de visiteurs à la *Foire de Lyon*.
   – Les nouvelles technologies de communication (Internet...) **ont entraîné** une forte affluence sur notre stand.
   – La chute du nombre de participants au *Salon de l'Occasion* a été causée par les droits d'inscription trop élevés.

● **Exprimer une hypothèse :**
   Si vous achetez sur le Salon, vous obtenez une remise de 10 % sur nos nouveaux modèles.
   Si vous aviez réservé votre emplacement plus tôt, vous ne seriez pas au fond du hall B.

● **Exprimer l'opposition** (*alors que, tandis que...*).

❹ La préparation de la brochure *Sitevi*

La société *Exposima*, organisatrice de salons, prépare sa brochure pour le prochain *Sitevi* à Montpellier.

Proposez d'autres formulations comme dans l'exemple.

Exemple : Sitevi *augmente sa capacité d'accueil,* **c'est pourquoi** *un nouveau hall d'exposition de 50 000 m^2 sera construit. /* **Grâce à** *la construction d'un nouveau hall d'exposition de 50 000 m^2,* Sitevi *augmente sa capacité d'accueil. /* Sitevi *augmente sa capacité d'accueil ;* **en conséquence,** *un nouveau hall d'exposition de 50 000 m^2 sera construit.*

1. Les nombreux contacts pendant *Sitevi* ont entraîné une hausse de 20 % des commandes.
2. Étant donné que 70 % des visiteurs sont des professionnels, *Sitevi* est un événement incontournable.
3. Le succès de *Sitevi* a permis la venue à Montpellier de 45 000 visiteurs dont 10 % d'étrangers.
4. Puisque les visiteurs sont satisfaits de la qualité de *Sitevi*, 90 % souhaitent revenir au prochain Salon.
5. Si vous choisissez *Sitevi*, vous relèverez les défis technologiques de demain.

 Une lettre d'invitation

Vous êtes chargé(e) de relire la lettre suivante avant qu'elle soit envoyée par publipostage aux clients. Deux expressions sont incorrectes dans chaque paragraphe de la lettre.

À vous de les corriger en les remplaçant par la formule qui convient.

PARI-STYLES

58, Rue de la Pompe
75016 Paris
Tél : +33 (0)1 54 78 92 92 / Télécopie : +33 (0)1 54 78 92 00
E-mail : www.pari-styles@netmonde.com

Paris, le 3 septembre…

Objet : Salon International du Prêt-à-porter

Madame, Monsieur,

Nous avons le regret de vous informer que notre entreprise participera, comme chaque année, au *Salon International du Prêt-à-porter* qui ira du lundi 29 janvier au dimanche 4 février à Paris Expo, Porte de Versailles.

Comme tous les ans, notre entreprise est absente de ce rendez-vous important des professionnels de la mode afin d'y voir ses nouvelles collections.

Nous vous faisons parvenir ci-dedans une invitation qui vous permettra de visiter notre entrepôt et de découvrir en avant-première la gamme de nos nouveaux modèles ainsi que les dernières tendances du marché.

Nous serions très reconnaissants de vous accueillir et, vous prions de croire, Madame, Monsieur, à l'expression de nos sentiments très amicaux.

S. Clamart
Le Directeur Général
Simon Clamart

PS : Si votre temps libre ne vous permet pas d'être personnellement présent à ce Salon, merci de bien vouloir transmettre cette invitation à l'un de vos proches concurrents.

SA au capital de 120 000 euros - 325 687 365 RCS Paris B

 Participer à un salon

Votre entreprise (ou une entreprise de votre choix) souhaite participer à l'une de ces manifestations commerciales internationales. Vous travaillez au service commercial et, en arrivant à votre bureau, vous trouvez des messages sur l'intranet de votre entreprise.

Rédigez les deux lettres correspondantes en choisissant le salon qui convient en fonction du type d'activité de votre entreprise et du calendrier page 161.

Times New Roman | 12 | G I S A

Pouvez-vous envoyer d'urgence par e-mail une lettre de demande de renseignements concernant la participation de notre entreprise au Salon.
– Vous donnerez toutes les précisions utiles sur notre activité, notre gamme de produits et de services.
– Vous demanderez aussi des informations sur les modalités d'inscription, les tarifs de participation, le programme des manifestations, le type de stand… Merci.
Anne Rebours
Directrice commerciale

Times New Roman | 12 | G I S A

Vous serait-il possible de rédiger la lettre circulaire d'invitation à adresser à nos clients francophones pour les informer de notre participation au Salon ?
– Vous donnerez toutes les informations pratiques concernant les dates, le lieu et le numéro de notre stand.
– N'oubliez pas de leur expliquer les avantages que représente ce Salon.
– Vous enverrez un carton d'invitation et vous les inviterez à nous rendre visite.
– Vous me donnerez la lettre à signer dès que vous l'aurez terminée.
Je vous remercie de votre précieuse collaboration.
Anne Rebours
Directrice commerciale

FRANCE
SALONS
calendrier

Mondial du Tourisme
15-18 mars
Salon Mondial du Tourisme
Paris Expo, Porte de Versailles

Contact : Exposium
1, rue du Parc
92593 Levallois-Perret Cedex

Tél. relations exposants :
+33 (0)1 49 68 52 50 / 52 81
Télécopie : +33 (0)1 49 68 52 99
E-mail : mdt@exposium.fr

Machine Outils
26-30 mars
Exposition Internationale des Équipements de production pour les industries mécaniques
Paris-Nord Villepinte

Contact : Exposium
1, rue du Parc
92593 Levallois-Perret Cedex

Tél. relations exposants :
+33 (0)1 49 68 52 50 / 52 81
Télécopie : +33 (0)1 49 68 52 99
E-mail : mo@exposium.fr

Vinexpo – 17-21 juin
Salon International des Vins et des Spiritueux au parc des expositions de Bordeaux

Contact : Vinexpo
9, cours du Chapeau-rouge
33024 Bordeaux

Tél : +33 (0)5 56 56 00 22
Télécopie : +33 (0)5 56 56 00 00
E-mail : info@vinexpo.fr

Prêt-à-Porter – Paris
7-10 septembre
Prêt-à-porter féminin et accessoires de mode
Paris Expo, Porte de Versailles

Contact : SODES
5, rue Caumartin
75009 Paris

Tél : +33 (0)1 44 94 70 00
Télécopie : +33 (0)1 44 94 70 34
E-mail : exhidept@pretparis.com

FIAC – 10-15 octobre
Salon International d'Art Contemporain
Paris Expo, Porte de Versailles

Contact : Reed-OIP
11, rue du colonel Pierre-Avia
BP 571 75726 Paris cedex 15

Tél : +33 (0)1 41 90 47 47
Télécopie : +33 (0)1 41 90 47 59
E-mail : fiac@reed.fr

2-3 Au *Sitevi*

Écoutez ces messages diffusés par haut-parleur au *Sitevi*. Indiquez de quel lieu il est question en donnant la lettre qui correspond sur le plan.

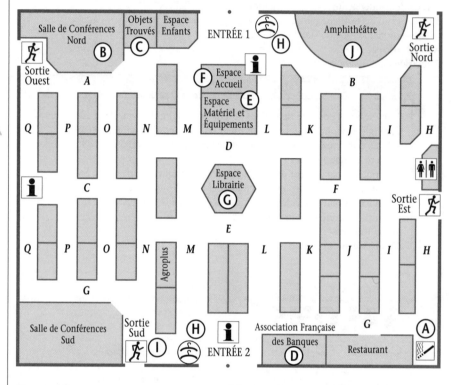

Message 1 : ...
Message 2 : ...
Message 3 : ...
Message 4 : ...
Message 5 : ...

Message 6 : ...
Message 7 : ...
Message 8 : ...
Message 9 : ...
Message 10 : ...

Entraînez-vous à l'oral

Vous travaillez dans une entreprise de votre pays. Celle-ci participe pour la première fois à une manifestation commerciale qui se tient en France. Vous êtes chargé(e) d'accueillir et de renseigner les visiteurs francophones qui se présentent sur votre stand. Vous précisez l'activité et la localisation de votre entreprise, les produits vendus, les avantages de vos produits par rapport à la concurrence, les pays avec lesquels vous travaillez déjà et pourquoi... Vous répondez aux questions des visiteurs.

Jouez la scène.

Une vitrine pour les nouveaux produits

Pour être réellement attractif, votre stand se doit d'être visuel et fonctionnel.

❶ affichage (logo, visuel…)
❷ espace de rangement
❸ présentoir (documentation/produits)
❹ meuble mini-bar
❺ espace de discussion
❻ borne audiovisuelle ou interactive
❼ éclairage et décoration
❽ point d'accueil

D'après Défis.

Les dix règles d'or du salon

1 Attendre si possible que le produit soit techniquement au point et disponible dans un délai raisonnable.

2 Choisir le salon en fonction de la politique globale de lancement du produit et de sa cible.

3 Former le personnel de l'entreprise qui présentera le produit sur le stand et sur le terrain.

4 Prévoir une documentation détaillée et en plusieurs langues du produit ainsi que des photos.

5 Inviter les clients et prospects à venir découvrir le produit sur le stand en stimulant leur curiosité.

6 Mettre en avant le produit sans oublier l'offre globale de l'entreprise.

7 Présenter le produit de façon dynamique, si possible en mouvement ou en proposant des échantillons.

8 Communiquer pendant le salon, auprès des clients, des prospects et de la presse.

9 Utiliser au maximum le salon : son service de presse, ses animations (Prix de l'innovation, etc.).

10 Poursuivre le lancement après le salon, à l'aide de la force de vente et de la communication.

D'après L'Usine nouvelle, n° 2 529.

Des manifestations commerciales

testez-vous

❶ Bien choisir son salon

Écoutez ces cinq personnes qui s'adressent à un organisateur de salons et choisissez dans la liste le salon qui répond à leur demande.

Personne 1 : ...
Personne 2 : ...
Personne 3 : ...
Personne 4 : ...
Personne 5 : ...

a. Salon International de la Mode.
b. Salon du Livre-Multimédia.
c. Salon International de l'Agriculture.
d. Salon International de la Décoration.
e. Salon Mondial du Tourisme.
f. Salon de la Restauration Rapide.
g. Salon de la Maroquinerie.
h. Salon Nautique International.

❷ Un carton d'invitation

Lisez ce carton d'invitation et choisissez la bonne réponse.

Salon de l'entreprise

CNIT Paris – la Défense

Pour obtenir rapidement votre badge d'accès au salon, préenregistrez-vous avant le 15 octobre sur www.entreprise.com ou renvoyez ce bon à *Événements Plus* par courrier : 15 avenue du Maine 75006 Paris ou par télécopie 01 42 55 65 87. Passé cette date, gardez ce coupon afin de faire établir gratuitement votre badge à l'entrée du salon.

150 exposants

60 conférences et tables rondes

Nom :
Prénom :
Société :
Adresse :
Code postal :
Ville :   Pays :
Tél :
Télécopie :
Votre fonction :

Pour obtenir un badge d'accès au salon,
a. vous devez obligatoirement retourner ce coupon par lettre.
b. vous êtes obligé de régler le prix d'entrée avant le 15 octobre.
c. vous devez vous faire enregistrer impérativement avant une date limite.
d. vous pouvez le retirer le jour de votre visite au salon.

❸ Un compte rendu

Complétez ce compte rendu en choisissant la bonne réponse.

Nous avons ... **(1)** pour la première fois au *Salon de la Décoration et de la Maison* afin de ... **(2)** notre nouvelle gamme d'accessoires pour salles de bains. ... **(3)** nous avons reçu plus de 10 000 visiteurs sur notre ... **(4)**, nous sommes très satisfaits des retombées commerciales. Nous avons obtenu le Prix de l'innovation et ... **(5)** cela nous avons bénéficié d'articles dans de nombreux journaux et revues spécialisés. C'est une publicité inattendue ... **(6)** une petite société comme la nôtre n'aurait jamais pu s'offrir autant d'encarts dans la presse. Une chose est certaine, ... **(7)** nous voulons être présents de nouveau au Salon l'an prochain, il faudra réserver très tôt une meilleure ... **(8)**.

1. a. invité   **b.** participé   **c.** choisi   **d.** inscrit
2. a. mettre   **b.** avoir   **c.** envoyer   **d.** lancer
3. a. étant donné que   **b.** étant donné   **c.** alors que   **d.** parce que
4. a. boutique   **b.** exposition   **c.** stand   **d.** lieu
5. a. à cause   **b.** grâce à   **c.** à force de   **d.** étant donné
6. a. vu qu'   **b.** en conséquence   **c.** par conséquent   **d.** c'est pourquoi
7. a. alors   **b.** c'est pour cela que   **c.** bien que   **d.** si
8. a. succursale   **b.** stand   **c.** implantation   **d.** emplacement

164 – cent soixante-quatre

Les principales villes administratives françaises

GRANDE-BRETAGNE

Bruges

Dunkerque

BRUXELLES

Lille

BELGIQUE

Arras

LUXEMBOURG

ALLEMAGNE

MANCHE

Amiens

Cherbourg

Laon

Charleville-Mézières

Deauville

Rouen

Beauvais

Saint-Lô

Caen

Reims

Châlons-en-Champagne

Metz

Évreux

Alençon

PARIS

Melun

Seine

Bar-le-Duc

Nancy

Strasbourg

Brest

Chartres

Troyes

Chaumont

Épinal

Saint-Brieuc

Quimper

Rennes

Laval

Le Mans

Orléans

Auxerre

Colmar

Vesoul

Belfort

Vannes

Loire

Angers

Tours

Blois

Loire

Dijon

Besançon

Nantes

Bourges

Nevers

Lons-le-Saunier

SUISSE

La Roche-sur-Yon

Châteauroux

Poitiers

Moulins

Mâcon

Bourg-en-Bresse

Niort

Évian

OCÉAN ATLANTIQUE

La Rochelle

Guéret

Clermont-Ferrand

Lyon

Annecy

Chambéry

Limoges

Angoulême

Saint-Étienne

Grenoble

Périgueux

Tulle

Le Puy

Valence

ITALIE

Bordeaux

Brive-la-Gaillarde

Aurillac

Privas

Gap

Arcachon

Garonne

Cahors

Mende

Rhône

Agen

Rodez

Bayonne

Mont-de-Marsan

Montauban

Nîmes

Avignon

Digne-les-Bains

Biarritz

Auch

Albi

Toulouse

Montpellier

Aix-en-Provence

Grasse

Monaco

Nice

Pau

Tarbes

Carcassonne

Marseille

Foix

Narbonne

Toulon

ESPAGNE

Perpignan

ANDORRE

MER MÉDITERRANÉE

Bastia

Cergy-Pontoise

Oise

A 15

Seine

A 1

A 3

Nanterre

Levallois

Bobigny

PARIS

A 3

Versailles

Vanves

A 12

A 13

Clamart

A 86

Créteil

Vélizy

N 118

Antony

Seine

Les Ulis

A 10

A 6

Évry

N 104

0   10 km

Papeete

TAHITI

0   10 km

● Chef-lieu de région et préfecture

● Autres villes

0   100 km

Ajaccio

St-Laurent-du-Maroni

Cayenne

GUYANE

0   100 km

MARTINIQUE

Fort-de-France

0   10 km

GUADELOUPE

Pointe-à-Pitre

0 10 km

RÉUNION

Saint-Denis

0 10 km

Miquelon

SAINT-PIERRE ET MIQUELON

Saint-Pierre

0 10 km

NOUVELLE-CALÉDONIE

Nouméa

0   100 km

AG	Assemblée générale
ANPE	Agence nationale pour l'emploi
AOC	Appellation d'origine contrôlée
APE	Activité principale exercée
APEC	Association pour l'emploi des cadres
AR	Accusé de réception
ARTT	Aménagement et réduction du temps de travail (35 heures)
ASSEDIC	Association pour l'emploi dans l'industrie et le commerce (assurance complémentaire chômage)
Av	Avenue
Bac	Baccalauréat
Bd	Boulevard
BEP	Brevet d'études professionnelles
BIT	Bureau international du travail
BP	Boîte postale
BTP	Bâtiment et travaux publics
BTS	Brevet de technicien supérieur
CA	Chiffre d'affaires
CAF	Coût assurance fret
CAP	Certificat d'aptitude professionnel
Cat.	Catégorie
CB	Carte bleue ou Compte bancaire
CCIP	Chambre de commerce et d'industrie de Paris
CCP	Compte chèque postal
CDD	Contrat à durée déterminée
Cde	Commande
CDI	Contrat à durée indéterminé
CE	Comité d'entreprise
CEDEX	Courrier d'entreprise à distribution exceptionnelle
cf.	Confer (reportez-vous à)
CFDT	Confédération française du travail
CFR	Coût et fret
CFTC	Confédération française des travailleurs chrétiens
CGC	Confédération générale des cadres
CGT	Confédération générale du travail
Cie	Compagnie
CIF	Congé individuel de formation
COB	Commission des opérations de bourse
CSG	Contribution sociale généralisée
CV	Curriculum vitæ
DEA	Diplôme d'études approfondies
DESS	Diplôme d'études supérieures spécialisées
DEUG	Diplôme d'études universitaires généralisées
DG	Direction générale
Dir.	Directeur
DOM-TOM	Départements et Territoires d'outre-mer
DRH	Direction des ressources humaines
DUT	Diplôme universitaire de technologie
Ets	Établissements
EURL	Entreprise unipersonnelle à responsabilité limitée
Exp.	Expérience
FAB	Franco à bord
FLB	Franco le long du bateau
FMI	Fonds monétaire international
FO	Force ouvrière
GATT	Accord général sur les tarifs douaniers et le commerce (General Agreement on Tariffs and Trade)
GIE	Groupement d'intérêt économique
HEC	Hautes études commerciales
HLM	Habitation à loyer modéré
HT	Hors taxes
INPI	Institut national de la propriété industrielle
INSEE	Institut national de la statistique et des études économiques
JF	Jeune fille

JH	Jeune homme
LCR	Lettre de change relevée
LTA	Lettre de transport aérien
M.	Monsieur
MATIF	Marché à terme international de France
MEDEF	Mouvement des entreprises de France
Mlle	Mademoiselle
MM	Messieurs
Mme	Madame
MONEP	Marché à terme des options négociables de Paris
MT	Montant
N/Réf	Notre référence
NB	Nota bene
NF	Norme française
OCDE	Organisation de coopération et de développement économiques
OM	Obligations militaires
OMC	Organisation mondiale du commerce
OPA	Offre publique d'achat
OPE	Offre publique d'échange
OPV	Offre publique de vente
PC	Ordinateur individuel (Personnal computer)
PDG	Président-directeur général
PIB	Produit intérieur brut
PJ	Pièce jointe
PLV	Publicité sur le lieu de vente
PME-PMI	Petites et moyennes entreprises – Petites et moyennes industries
PNB	Produit national brut
P^o	Pour ordre
Prét.	Prétentions
PS	Post scriptum
PU	Prix unitaire
Pub	Publicité
Qc.	Québec
RATP	Régie autonome des transports parisiens
RCS	Registre du commerce et des sociétés
Réf	Référence
Rép.	Réponse
RER	Réseau express régional
Resp.	Responsable
RIB	Relevé d'identité bancaire
RMI	Revenu minimum d'insertion
RSVP	Répondez s'il vous plaît
S/Réf	Sous référence
SA	Société anonyme
SARL	Société à responsabilité limitée
SAV	Service après-vente
SCA	Société en commandite par actions
SIREN	Système informatique pour le répertoire des entreprises
SIRET	Système informatique pour le répertoire des établissements
SMIC	Salaire minimum interprofessionnel de croissance
SNC	Société en nom collectif
SNCF	Société national des chemins de fer français
Sté	Société
Sup de Co	École supérieure de commerce
Supp.	Supplémentaire
SVP	S'il vous plaît
Tél	Téléphone
TGV	Train à grande vitesse
TTC	Toutes taxes comprises
TVA	Taxes sur la valeur ajoutée
UE	Union européenne
V/Réf	Vos références
VPC	Vente par correspondance
VRP	Voyageur, représentant, placier
ZI	Zone industrielle

La lettre

Comment rédiger une lettre commerciale ?

Nom de l'expéditeur

Adresse de l'expéditeur

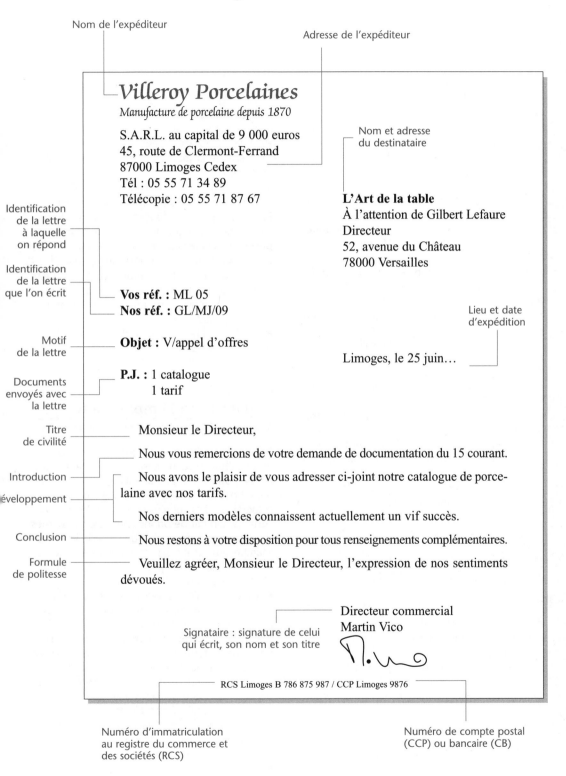

Villeroy Porcelaines
Manufacture de porcelaine depuis 1870

S.A.R.L. au capital de 9 000 euros
45, route de Clermont-Ferrand
87000 Limoges Cedex
Tél : 05 55 71 34 89
Télécopie : 05 55 71 87 67

Nom et adresse du destinataire

L'Art de la table
À l'attention de Gilbert Lefaure
Directeur
52, avenue du Château
78000 Versailles

Identification de la lettre à laquelle on répond

Identification de la lettre que l'on écrit

Vos réf. : ML 05
Nos réf. : GL/MJ/09

Lieu et date d'expédition

Motif de la lettre

Objet : V/appel d'offres

Limoges, le 25 juin…

Documents envoyés avec la lettre

P.J. : 1 catalogue
1 tarif

Titre de civilité

Monsieur le Directeur,

Nous vous remercions de votre demande de documentation du 15 courant.

Introduction

Développement

Nous avons le plaisir de vous adresser ci-joint notre catalogue de porcelaine avec nos tarifs.

Nos derniers modèles connaissent actuellement un vif succès.

Conclusion

Nous restons à votre disposition pour tous renseignements complémentaires.

Formule de politesse

Veuillez agréer, Monsieur le Directeur, l'expression de nos sentiments dévoués.

Directeur commercial
Martin Vico

Signataire : signature de celui qui écrit, son nom et son titre

RCS Limoges B 786 875 987 / CCP Limoges 9876

Numéro d'immatriculation au registre du commerce et des sociétés (RCS)

Numéro de compte postal (CCP) ou bancaire (CB)

Unité 4
Rechercher un emploi
Situations – Un entretien d'embauche

Sophie Médiani est convoquée à la direction des ressources humaines du Parc Astérix.

LE CHARGÉ DE RECRUTEMENT (NICOLAS JOSEPH) : Vous souhaitez rejoindre notre société en qualité de secrétaire de notre nouveau directeur commercial. Qu'est-ce qui vous motive le plus dans le poste que nous vous proposons ?

SOPHIE MÉDIANI : J'occupe en ce moment les mêmes fonctions au *Futuroscope* et je souhaiterais pouvoir continuer et développer ma carrière dans une société du même type. De plus, ce poste s'adresse à un profil jeune. Vous avez décidé de donner des responsabilités à la personne recrutée ; c'est ce qui m'intéresse.

NJ : Très bien... Parlez-moi de vous maintenant... Quelles sont vos qualités ou vos points forts ?

SM : En Irlande, mon expérience comme hôtesse d'accueil bilingue m'a permis de développer mes qualités relationnelles. Bien sûr, j'ai pu améliorer ma pratique de l'anglais. Je suis exigeante avec moi-même et persévérante ; je possède une grande force de travail.

NJ : Et votre principal défaut ?

SM : En ce qui concerne mes défauts, je dirais que je suis perfectionniste et cela me fait parfois perdre du temps...

NJ : Euh, dites-moi, en quoi consistait votre travail en Irlande ?

SM : Bien, j'étais chargée d'effectuer les réservations, je devais m'occuper des passagers à l'embarquement et au débarquement des bateaux. C'est une expérience qui m'a permis de découvrir une autre culture...

Unité 6
Prendre contact par téléphone
Situations – Un correspondant entêté

PIERRE ZERCA : Oui bonjour Madame, me serait-il possible de parler à Mme Ladure ?

SECRÉTAIRE : Je suis désolée, Mme Ladure est en réunion, puis-je vous renseigner ?

PZ : Euh, c'est-à-dire que je préférerais m'entretenir directement avec elle. J'ai eu le plaisir de la rencontrer, il y a huit jours, à l'occasion du *Salon des Entrepreneurs* et...

S : C'est de la part de qui ?

PZ : Euh, je suis Pierre Zerca de la société *Photocop21*, représentant en photocopieurs couleurs.

S : C'est à quel sujet exactement ?

PZ : Lors de notre rencontre, j'ai proposé à Mme Ladure de la rappeler pour envisager une possible collaboration. En fait, cela fait quatre jours que j'essaie de la joindre... mais sans succès...

S : Pouvez-vous épeler votre nom, s'il vous plaît ?

PZ : ZERCA– Z comme Zoé – E – R comme Rome – C – A.

S : Je regrette mais je ne pense pas qu'il soit possible que vous lui parliez aujourd'hui. Son agenda est très chargé. Rappelez-moi vos coordonnées et je les lui transmettrai.

PZ : Vous pourriez peut-être me dire à quel moment de la journée je peux la joindre plus facilement ?

S : Écoutez, comme je vous l'ai dit, M. Zerca, Mme Ladure est très occupée actuellement...

PZ : Alors peut-être pourriez-vous me donner son numéro de ligne directe ou son numéro de portable, cela faciliterait les choses et...

S : Je comprends votre insistance, mais il est préférable que Mme Ladure vous contacte directement. Elle ne manquera pas de vous rappeler. Quel est votre numéro de téléphone, s'il vous plaît ?

PZ : Alors, Pierre ZERCA de *Photocop21* au 05 49 58 16 83.

Unité 7
Organiser son emploi du temps
Situations – Des emplois du temps chargés

PERSONNE 1 : Je ne vois pas le temps passer. Aujourd'hui, certains loisirs sont devenus trop chers pour moi. J'ai beaucoup travaillé. Ce n'était pas toujours facile mais j'ai aussi de bons souvenirs... Les copains du boulot ? J'en revois certains. On fait de bonnes bouffes, des parties de pétanque et puis, chaque samedi, je vais au Marché aux timbres ; c'est mon passe-temps favori. Le dimanche, je vois mes petits-enfants, c'est mon plus grand bonheur.

PERSONNE 2 : Vous savez avec les voyages, les décalages horaires, les sorties avec les clients, j'ai un emploi du temps très chargé. Mais j'essaie quand même de garder du temps libre pour me détendre. Quand je ne suis pas en mission, je joue au golf le week-end avec ma femme. Ça nous permet de nous retrouver un peu. Ah, et puis toutes les vacances sont consacrées à ma famille. Quand je ne suis pas pris par des dîners d'affaires, j'essaie d'être chez moi à 8 h 30 pour dîner en famille. Je tiens à préserver ma vie privée, c'est important pour mon équilibre.

PERSONNE 3 : Pour le troisième enfant, j'avais pris un congé parental. Et puis, j'ai repris le travail quand il a eu six ans. Je travaille à mi-temps deux jours et demi par semaine. Cela me permet de m'occuper de mes enfants et de faire le taxi pour les emmener à l'école ! J'ai aussi le temps de faire du sport, de m'occuper d'une association de parents d'élèves et, pour ce qui est du travail, je partage mon poste avec une collègue ; au bureau, on travaille en binôme et tout le monde y trouve son compte, c'est vraiment une bonne solution quand on est mère de famille.

PERSONNE 4 : Dans le bâtiment, les horaires varient avec les saisons et le temps qu'il fait. J'essaie de refuser les chantiers trop éloignés de mon domicile mais ce n'est pas toujours possible. Physiquement c'est dur... Je prends en général trois semaines de congé l'été. Quand on travaille à son compte, ce n'est pas toujours facile. Il faut prendre le travail quand il y en a. Le travail, j'y passe ma vie. J'aimerais avoir plus de temps pour voir mes enfants, pour ne rien faire.

PERSONNE 5 : Ce qui me pèse le plus, ce sont surtout les trajets. C'est vraiment la course du matin au soir. Bien sûr, j'ai une jeune fille qui vient s'occuper des enfants pendant que je travaille et c'est elle qui va les chercher à l'école. Moi, je ne peux pas. J'arrive trop tard. Vraiment, je ne sais pas si je vais encore tenir longtemps comme ça. Heureusement que je ne travaille pas le mercredi, que j'ai un temps partiel.

Unité 8
Organiser un déplacement
Situations – Une réservation de train et d'hôtel

Pauline Lebec, assistante de M. Gautier, téléphone à la centrale de réservation (Ligne Directe) de la SNCF.
« Bienvenue sur Ligne Directe, le service d'information et de vente de la *SNCF*. Ce service sera facturé 0,35 euro la minute. Pour être mis en relation avec un vendeur, tapez 9, sinon pour des informations sur des horaires et le trafic, tapez étoile. Le vendeur du poste A147 va traiter votre demande. »
EMPLOYÉ : *SNCF,* bonjour.
PAULINE LEBEC : Oui bonjour, ici la société *Aérofret*, je voudrais réserver deux places pour Paris au départ de Bordeaux pour le lundi 18 mai en première classe et non-fumeurs.
E : Hum... à quelle heure souhaiteriez-vous partir ?
PL : S'il y avait un TGV après 20 heures, ce serait parfait.

E : Alors, vous avez un train à 20 h 46.
PL : Oui, c'est bien.
E : Non, attendez. Euh, il ne nous reste plus de place disponible en non-fumeurs. C'est la fin d'un long week-end.
PL : Ah, si j'avais su, j'aurais réservé plus tôt. Vous n'auriez pas un train avant, alors ?
E : Je peux vous proposer un départ à 19 h 30. Ça vous irait ?
PL : J'ai peur que ce soit un peu juste. Vous n'auriez pas un train plus tard ?
E : Ah, il reste encore des places sur le TGV de 19 h 45.
PL : À quelle heure arrive-t-il à Paris ?
E : Alors, Paris-Montparnasse, arrivée 23 h 15.
PL : Bien. Je réserve.
E : Je confirme votre demande. On a dit deux allers Bordeaux – Paris-Montparnasse, le 18 mai avec un départ à 19 h 45 et une arrivée à 23 h 15 en première. Euh, vous avez droit à des réductions ?
PL : Euh, non.
E : C'est donc du plein tarif. Alors ça fait 165,25 euros. La réservation est à quel nom, s'il vous plaît ?
PL : Gautier.
E : Je vous donne la référence de votre dossier de réservation : X comme Xavier, Z comme Zoé, N comme Nathalie, A comme Anatole, T comme Thierry. Les billets sont à retirer avant le 2 mai prochain à midi avec la référence de votre dossier.
PL : Bien, merci Monsieur. Au revoir.
E : Au revoir, Madame.

Unité 11
Passer commande
Situations – Une réclamation

SECRÉTAIRE : *Champagne Rozet,* bonjour.
MARINE LESAGE : Bonjour Madame, je vous appelle au sujet d'une erreur concernant une commande que nous avons passée chez vous il y a dix jours...
S : Euh, rappelez-moi les références de votre bulletin de commande, s'il vous plaît...
ML : En fait, il s'agissait d'un bon de commande à l'en-tête de notre magasin *Caves de Bacchus,* faxé le 11 avril dernier. Votre service m'a dit au téléphone que vous aviez bien reçu l'original par courrier...
S : Tout à fait, j'ai votre dossier sous les yeux... Vous nous aviez commandé quinze caisses fois six bouteilles de Brut, cinq caisses fois six bouteilles de Brut Prestige et trois caisses fois six

bouteilles de Brut rosé, livrables par nos soins dans la semaine à compter du jour de réception de la commande, pour le montant de 1 567,80 euros hors taxes, déduction faite d'une remise de 10 %... C'est bien ça... ?

ML : Absolument, nous avons bien été livrés dans les délais prévus, mais lors de la vérification des articles et du bon de livraison, nous avons constaté que vous nous aviez livré dix caisses de Brut prestige au lieu de cinq et que vous n'aviez pas envoyé les trois caisses de Brut rosé. Les cinq caisses supplémentaires n'ont pas été facturées mais les trois caisses de Brut rosé ont été facturées pour le même montant initial de 1 567,80 euros hors taxes.

S : Ah oui, oui, oui, j'y suis maintenant... Notre directeur des ventes nous a dit qu'il vous avait eue au téléphone ce matin.... Il nous a confirmé que vous gardiez les cinq caisses de Brut prestige moyennant une remise supplémentaire de 2 % et que notre service vous livrerait les caisses de Brut rosé dans les plus brefs délais, aux conditions habituelles.

ML : C'est donc pour ça que je vous appelle ; quand est-ce que vous allez me les livrer car c'est urgent.

S : Attendez, attendez, je crois qu'il y a un problème. Une lettre avec accusé de réception vous a été adressée…

Unité 12
Promotion et vente

Situations – Les métiers de la vente

Une revue professionnelle a demandé à des personnes qui travaillent dans la vente de parler de leur métier et de leur rémunération.

ANTOINE RUIZ : Je suis responsable d'un espace de vente dans un hypermarché de la région nantaise ; alors, j'assure la gestion et la mise en place des produits frais dans les rayons. Je dois vérifier que les produits sont disponibles en quantité suffisante, au bon endroit, au bon moment mais aussi avec le bon affichage des prix dans les rayons. Ben, en effet, si des produits sont en promotion, ils doivent être présentés dans des endroits très visibles et très accessibles, par exemple en tête de gondole. Mon salaire correspond à celui pratiqué dans la profession. J'ai un treizième mois et des avantages en nature.

FRANÇOIS LEMARCHAND : Je travaille dans l'équipe commerciale de la société *Trimex* qui fabrique des photocopieurs. À partir de mon fichier clients, je prospecte la région Rhône-Alpes pour vendre la gamme de produits *Trimex 28* en exclusivité. Je dois réaliser mes objectifs de

vente et bien sûr essayer de les dépasser. Ma rémunération ? Elle consiste en un fixe plus une prime sur objectifs. À cela, il faut ajouter des frais de vie et des indemnités kilométriques.

RAPHAËL PRESSE : Je fais le même métier que mon ami François Lemarchand mais la différence est que je ne vends pas seulement les photocopieurs de la marque *Trimex,* mais je représente aussi les sociétés *Cpress* et *Photonet*. Et j'ai des commissions sur le chiffre d'affaires réalisé.

STÉPHANIE MIMET : Je travaille pour le groupe *Cosmetical* et je suis responsable de la gestion marketing de la crème de jour *Co\méa* de la gamme *Orea*. Mon travail consiste à analyser l'évolution du marché, faire évoluer techniquement ce produit et coordonner les campagnes de promotion et de communication. Mon salaire est tout à fait satisfaisant avec une prime d'intéressement.

CHARLOTTE SCHULLER : Je supervise une équipe de dix vendeurs dans un magasin d'une zone commerciale. Je suis responsable de la vente de matériel d'électroménager dans la région Alsace pour une grande marque. J'ai un fixe correct plus un pourcentage sur les ventes réalisées.

LAURENT GUSDORF : Je, je suis lié par contrat à un important groupe d'assurance. Mon travail consiste à développer un portefeuille de clients. Pour avoir l'exclusivité de la région Bretagne, mon apport personnel a été de 30 % du montant des commissions qui s'élève annuellement à environ 75 000 euros.

GILLES BUI : Je m'occupe du rayon tennis chez *Sportis*. J'accueille et conseille les clients dans leur choix et je leur propose des produits adaptés à leurs besoins. C'est moi qui recrute et anime l'équipe de vente. Je suis aussi chargé de développer l'activité du rayon. Je suis en relation directe avec l'acheteur du groupe pour lui indiquer les tendances du marché. J'ai un salaire plus des stock-options.

JULIEN PRAT : Je possède une grande surface spécialisée dans une zone commerciale et j'ai signé un contrat d'exclusivité de vente pour la région niçoise de tout le gros électroménager de la marque *Bimler*. Mes gains proviennent des bénéfices réalisés sur les ventes.

Unité 15
Des manifestations commerciales

Situations – Un Salon internationnal

Monsieur Giraudet, directeur général de la société Aviva *au Maroc, fabricant de matériel agricole vient de recevoir la lettre de* Sitevi *et s'entretient avec son assistante.*

Pierre Giraudet : Vous avez lu le fax d'*Exposima*. Ils demandent de retourner le dossier d'inscription pour le Salon *Sitevi*. Est-ce que vous avez le dossier s'il vous plaît ?

Assistante : Un instant, Monsieur, je le cherche. Voilà, je l'ai.

PG : Merci. D'abord, notez que c'est notre représentant en France, M. Raoul, qui sera responsable du stand. Vous n'oublierez pas de mentionner son nom.

A : D'accord. Ils demandent aussi des informations sur l'emplacement du stand.

PG : Ça, c'est très important. Vous précisez sur le dossier : « Éloignés de nos concurrents et à proximité de l'entrée principale. » Il y a deux ans, nous étions mal placés. Un stand rectangulaire et équipé de 80 m^2 serait bien et surtout plus facile à aménager.

A : Et concernant les produits exposés, qu'est-ce que je mets ?

PG : Vous mettez « arboriculture ». Ah, j'oubliais. Vous faites comme d'habitude pour l'agencement. Prévoyez un coin pour recevoir les clients avec un décor convivial et l'équipement nécessaire pour montrer nos matériels de conditionnement automatique de fruits. Je pense que c'est tout. Merci.

A : Bien, je m'en occupe. Je remplis le dossier et je l'envoie.

Unité 15
Des manifestations commerciales

Situations – Au *Mondial de l'Automobile*

Anne Miller, journaliste pour le magazine Nouvelle Entreprise, *est allée interroger des personnes au* Mondial de l'Automobile *de Paris.*

Personne 1 : Vous savez, chaque année nous sommes là. C'est très important pour notre image de constructeurs d'être présents à ce genre de manifestation commerciale. Le *Mondial*, c'est l'occasion de présenter à notre clientèle, mais aussi à la presse sans oublier le grand public, nos nouveaux modèles ainsi que nos dernières innovations en matière de technologie automobile. Imaginez ! 8 500 journalistes sont là qui couvrent 81 pays différents. On espère 1 400 000 visiteurs en deux semaines. Étant donné l'affluence record, ce Salon est pour nous une extraordinaire vitrine nationale et internationale pour nos réalisations et, grâce à la couverture médiatique dont il bénéficie, c'est un fantastique outil de communication et de publicité pour faire valoir la gamme de nos véhicules.

Personne 2 : Bien sûr, dans ce Salon, nous exposons nos nouveautés, nos prototypes, nous présentons également certaines de nos meilleures réalisations et réussites commerciales précédentes. Mais, c'est aussi un moment pour renforcer les relations avec nos clients et pour lier des contacts avec les acheteurs potentiels. Vous savez, même si nous ne sommes pas là pour faire du chiffre d'affaires, c'est au Salon que la clientèle se fait une première opinion des modèles que nous lançons sur le marché, et la première impression est souvent décisive ; c'est la raison pour laquelle il faut savoir séduire, être convaincant, répondre à toutes les questions et donner toutes les informations nécessaires pour que le client se fasse la meilleure idée possible de notre produit. C'est essentiel pour notre carnet de commandes.

Personne 3 : Eh bien, en tant que professionnel, je dirais qu'une Exposition ou un Salon comme celui-ci, ça permet de voir et de savoir ce qui se fait dans notre branche et quelles sont les dernières tendances sur le marché. Oui, on est dans un secteur tellement concurrentiel ; 700 marques et 30 pays sont représentés ! Il y a tellement de modèles proposés sur le marché que c'est justement l'occasion d'observer les concurrents et de tester les réactions des clients et du grand public sur notre stand. C'est très important, vous savez, pour définir notre stratégie commerciale…

Personne 4 : Ah ben, venir ici, c'est l'occasion de découvrir en exclusivité les nouveautés sorties sur le marché, et puis de comparer les différents produits. Ça permet d'obtenir de la documentation, des brochures d'information et aussi de participer à des démonstrations techniques. En fait, nous recherchons des véhicules utilitaires pour agrandir notre flotte d'entreprise. Et surtout, ça permet de mieux faire jouer la concurrence entre les fournisseurs avant de programmer nos commandes. On signe même parfois quelques contrats ! Et puis, vu la qualité de l'accueil en général, et vu qu'on peut mieux se rendre compte des innovations techniques, je trouve qu'il serait dommage de ne pas venir au *Mondial*.

LE VERBE

L'indicatif

Le présent

Auxiliaires

être

Je **suis**
Tu **es**
Il/Elle/On **est**
Nous **sommes**
Vous **êtes**
Ils/Elles **sont**

avoir

J'**ai**
Tu **as**
Il/Elle/On **a**
Nous **avons**
Vous **avez**
Ils/Elles **ont**

Verbes à un radical en -er

demander

Je **demande**
Tu demandes
Il/Elle/On demande
Nous demandons
Vous demandez
Ils/Elles demandent

commencer

Je **commence**
Tu commences
Il/Elle/On commence
Nous commençons
Vous commencez
Ils/Elles commencent

Verbes à 1 ou 2 radicaux en -er

voyager

Je **voyage**
Tu voyages
Il/Elle/On voyage
Nous voyageons
Vous voyagez
Ils/Elles voyagent

payer

Je **paie** (paye)
Tu paies
Il/Elle/On paie
Nous payons
Vous payez
Ils/Elles paient

préférer

Je **préfère**
Tu préfères
Il/Elle/On préfère
Nous préférons
Vous préférez
Ils/Elles préfèrent

renouveler

Je **renouvelle**
Tu renouvelles
Il/Elle/On renouvelle
Nous renouvelons
Vous renouvelez
Ils/Elles renouvellent

Verbes à 1 ou 2 radicaux en -ir, -re, -oir

finir

Je **finis**
Tu finis
Il/Elle/On finit
Nous **finiss**ons
Vous finissez
Ils/Elles finissent

partir

Je **pars**
Tu pars
Il/Elle/On part
Nous **part**ons
Vous partez
Ils/Elles partent

mettre

Je **mets**
Tu mets
Il/Elle/On met
Nous **mett**ons
Vous mettez
Ils/Elles mettent

connaître

Je **connais**
Tu connais
Il/Elle/On connaît
Nous **connaiss**ons
Vous connaissez
Ils/Elles connaissent

entendre

J'**entends**
Tu entends
Il/Elle/On entend
Nous entendons
Vous entendez
Ils/Elles entendent

savoir

Je **sais**
Tu sais
Il/Elle/On sait
Nous **sav**ons
Vous savez
Ils/Elles savent

voir

Je **vois**
Tu vois
Il/Elle/On voit
Nous **voy**ons
Vous voyez
Ils/Elles voient

Verbes à 3 radicaux

prendre

Je **prend**s
Tu prends
Il/Elle/On prend
Nous **pren**ons
Vous prenez
Ils/Elles **prenn**ent

venir

Je **vien**s
Tu viens
Il/Elle/On vient
Nous **ven**ons
Vous venez
Ils/Elles **vienn**ent

vouloir

Je **veux**
Tu veux
Il/Elle/On veut
Nous **voul**ons
Vous voulez
Ils/Elles **veul**ent

pouvoir

Je **peux**
Tu peux
Il/Elle peut
Nous **pouv**ons
Vous pouvez
Ils/Elles **peuv**ent

Autres verbes

aller

Je **vais**
Tu **vas**
Il/Elle/On **va**
Nous **all**ons
Vous **all**ez
Ils/Elles **vont**

faire

Je **fais**
Tu fais
Il/Elle/On fait
Nous **fais**ons
Vous **faites**
Ils/Elles **font**

Verbes pronominaux

s'appeler

Je **m'**appelle
Tu **t'**appelles
Il/Elle/On **s'**appelle
Nous **nous** appelons
Vous **vous** appelez
Ils/Elles **s'**appellent

se lever

Je **me** lève
Tu **te** lèves
Il/Elle/On **se** lève
Nous **nous** levons
Vous **vous** levez
Ils/Elles **se** lèvent

Le passé composé

Avoir ou *être* au présent + participe passé

Le passé composé avec l'auxiliaire *avoir*

négocier	finir	entendre
J'ai négocié	**J'ai fini**	**J'ai entendu**
Tu as négocié	Tu as fini	Tu as entendu
Il/Elle/On a négocié	Il/Elle/On a fini	Il/Elle/On a entendu
Nous avons négocié	Nous avons fini	Nous avons entendu
Vous avez négocié	Vous avez fini	Vous avez entendu
Ils/Elles ont négocié	Ils/Elles ont fini	Ils/Elles ont entendu

• Les participes passés de verbes fréquents en -ir, -re, -oir avec *avoir*

apprendre : appris
comprendre : compris
mettre : mis
avoir : eu
être : été
faire : fait
écrire : écrit
dire : dit

répondre : répondu
tenir : tenu
savoir : su
vouloir : voulu
pouvoir : pu
voir : vu
devoir : dû
recevoir : reçu
connaître : connu

joindre : joint
craindre : craint
éteindre : éteint
ouvrir : ouvert
offrir : offert

Le passé composé avec l'auxiliaire *être*

• Les 14 verbes suivants et leurs composés
  Aller, venir (revenir, survenir...),
  monter, descendre, entrer,
  sortir, retourner, arriver, rester,
  partir, tomber, naître, mourir, passer.

venir
Je **suis venu(e)**
Tu es venu(e)
Il/Elle/On est venu(e)
Nous sommes venu(e)s
Vous êtes venu(e)s
Ils/Elles sont venu(e)s

• Les verbes pronominaux
  se dépêcher
  Je **me** suis dépêché(e)
  Tu **t'**es dépêché(e)
  Il/Elle/On **s'**est dépêché(e)
  Nous **nous** sommes dépêché(e)s
  Vous **vous** êtes dépêché(e)s
  Ils/Elles **se** sont dépêché(e)s

L'accord du participe passé

• Avec l'auxiliaire *être*, il s'accorde avec le sujet. ***Elles** sont parties.*
  Dans le cas des verbes pronominaux, l'accord se fait avec le COD.
  ▌ Quand le pronom est COI, le participe passé est invariable.
  ▌ *Nous **nous** sommes parlé (parler à quelqu'un).*

• Avec l'auxiliaire *avoir*, il ne s'accorde pas. *Elle a poursuivi des études de gestion.*
  ▌ Il s'accorde avec le COD s'il est placé avant le verbe.
  ▌ ***Quelles études** avez-vous suivies ?*

L'imparfait

Radical de la 1re personne du pluriel du présent de l'indicatif + les terminaisons
de l'imparfait : -ais, -ais, -ait, -ions, -iez, -aient ; sauf le verbe *être* : *j'étais*

aller	avoir	faire	habiter
J'**all**ais	J'**av**ais	Je **fais**ais	J'**habit**ais
Tu allais	Tu avais	Tu faisais	Tu habitais
Il/Elle/On allait	Il/Elle/On avait	Il/Elle/On faisait	Il/Elle/On habitait
Nous allions	Nous avions	Nous faisions	Nous habitions
Vous alliez	Vous aviez	Vous faisiez	Vous habitiez
Ils/Elles allaient	Ils/Elles avaient	Ils/Elles faisaient	Ils/Elles habitaient

finir	voir	pouvoir	prendre
Je **finiss**ais...	Je **voy**ais...	Je **pouv**ais...	Je **pren**ais...

Le plus-que-parfait

Avoir ou *être* à l'imparfait + participe passé
*J'**avais informé** mon collègue de mon retard mais il n'a pas reçu mon message.*
*J'**étais passé** au bureau avant d'aller au rendez-vous.*

Le futur

observer	finir	prendre
J'**observer**ai	Je **finir**ai	Je **prendr**ai
Tu observeras	Tu finiras	Tu prendras
Il/Elle/On observera	Il/Elle/On finira	Il/Elle/On prendra
Nous observerons	Nous finirons	Nous prendrons
Vous observerez	Vous finirez	Vous prendrez
Ils/Elles observeront	Ils/Elles finiront	Ils/Elles prendront

Autres verbes au futur

être : ser-	**pouvoir** : pourr-	**venir** : viendr-	**envoyer** : enverr-
avoir : aur-	**vouloir** : voudr-	**tenir** : tiendr-	**mourir** : mourr-
faire : fer-	**devoir** : devr-	**voir** : verr-	
aller : ir-	**savoir** : saur-	**recevoir** : recevr-	

Le futur antérieur

Avoir ou *être* au futur simple + participe passé
*Quand j'**aurai reçu** mon ordre de mission, vous me réserverez un vol pour Londres.*

Le conditionnel

Le conditionnel présent

Radical du futur + terminaisons de l'imparfait : -ais, -ais, -ait, -ions, -iez, -aient

observer
J'**observer**ais
Tu observerais
Il/Elle/On observerait
Nous observerions
Vous observeriez
Ils/Elles observeraient

finir
Je **finir**ais
Tu finirais
Il/Elle/On finirait
Nous finirions
Vous finiriez
Ils/Elles finiraient

prendre
Je **prendr**ais
Tu prendrais
Il/Elle prendrait
Nous prendrions
Vous prendriez
Ils/Elles prendraient

Le conditionnel passé

Avoir ou *être* au conditionnel présent + participe passé
*Nous **aurions pu** doubler notre chiffre d'affaires.*

Le subjonctif

Pour exprimer :

- Une nécessité, une obligation, une interdiction : *Il faut que le salarié **ait** 24 mois d'ancienneté.*
- Un but, une intention : *Il nous faut cette autorisation pour que nous **puissions** partir en congé.*
- Une concession : *Notre résultat net est excellent bien que le chiffre d'affaires **soit** en baisse.*
- Un regret : *Quel dommage que vous ne **veniez** pas à ce séminaire !*
- Un doute, une crainte : *J'ai peur que de nouveaux produits concurrents **arrivent** sur le marché.*
- Une volonté, un souhait, un sentiment :
  *Ça me fait plaisir que vous **soyez** à notre réunion aujourd'hui.*

Le subjonctif présent

Radical de la 3e personne du pluriel du présent de l'indicatif + terminaisons :
-e, -es, -e, -ions, -iez, -ent

Verbes à un radical

réserver
que je **réserv**e
que tu réserves
qu'il/elle/on réserve
que nous réservions
que vous réserviez
qu'ils/elles réservent

finir
que je **finiss**e
que tu finisses
qu'il/elle/on finisse
que nous finissions
que vous finissiez
qu'ils/elles finissent

lire
que je **lis**e
que tu lises
qu'il/elle/on lise
que nous lisions
que vous lisiez
qu'ils/elles lisent

Verbes à 2 ou 3 radicaux en -ir, -re, -oir

venir

que je **vienn**e
que tu viennes
qu'il/elle/on vienne
que nous **ven**ions
que vous veniez
qu'ils/elles viennent

recevoir

que je **reçoiv**e
que tu reçoives
qu'il/elle/on reçoive
que nous **recev**ions
que vous receviez
qu'ils/elles reçoivent

prendre

que je **prenn**e
que tu prennes
qu'il/elle/on prenne
que nous **pren**ions
que vous preniez
qu'ils/elles prennent

Autres verbes

être

que je **sois**
que tu sois
qu'il/elle/on soit
que nous **soy**ons
que vous soyez
qu'ils/elles soient

avoir

que j'**aie**
que tu aies
qu'il/elle/on ait
que nous **ay**ons
que vous ayez
qu'ils/elles aient

aller

que j'**aille**
que tu ailles
qu'il/elle/on aille
que vous **all**ions
que vous alliez
qu'ils/elles aillent

faire

que je **fasse**
que tu fasses
qu'il/elle/on fasse
que nous fassions
que vous fassiez
qu'ils/elles fassent

pouvoir

que je **puiss**e
que tu puisses
qu'il/elle/on puisse
que nous puissions
que vous puissiez
qu'ils/elles puissent

savoir

que je s**ach**e
que tu saches
qu'il/elle/on sache
que nous sachions
que vous sachiez
qu'ils/elles sachent

vouloir

que je **veuill**e
que tu veuilles
qu'il/elle/on veuille
que vous **voul**ions
que vous vouliez
qu'ils/elles veuillent

Le subjonctif passé

Avoir ou *être* au subjonctif présent + participe passé
*Bien qu'il **ait été** malade hier, il est venu à la réunion.*

L'impératif

L'impératif présent

Auxiliaires

être	avoir	aller	demander
Sois	Aie	Va	Demande
Soyons	Ayons	Allons	Demandons
Soyez	Ayez	Allez	Demandez

Verbes pronominaux

finir	prendre	se dépêcher
Finis	Prends	Dépêche-toi
Finissons	Prenons	Dépêchons-nous
Finissez	Prenez	Dépêchez-vous

Le participe

Le participe présent

Radical de la 1re personne du pluriel de l'indicatif présent + ant

Nous négocions : **négociant**

Le gérondif

Préposition *en* + participe présent

En négociant

L'infinitif

- Après un verbe : *N'oubliez pas d'**apporter** votre badge.*
- Après une forme impersonnelle : *Il est impératif de **quitter** ces locaux.*
- Pour exprimer un ordre : ***Téléphoner** à M. Rabier, **annuler** le rendez-vous de 15 heures...*
- Après une préposition : *Avant d'**envoyer** cette télécopie, faites-la-moi signer, s'il vous plaît.*

LA PHRASE SIMPLE ET SES TRANSFORMATIONS

Se reporter au précis grammatical de l'ouvrage *Comment vont les affaires*
pour la transformation négative, interrogative et exclamative.

La transformation passive

- Formation : *être* + participe passé
  *L'assiette **est décorée** au pinceau par un artiste.*
  *Autrefois, les matières premières **étaient mélangées** à la main.*
  *Les pièces avec un défaut devront **être retirées**.*

- Verbes pronominaux de sens passif
  *La pâte **se façonne** de plusieurs manières.*

Verbes à valeur modale (voir page 129)

La mise en valeur

- La transformation passive (voir ci-dessus)
- La nominalisation
  Les ventes de nos aspirateurs ont augmenté de 12 % en un an.
  ***Augmentation** de 12 % de la vente de nos aspirateurs en un an.*

- C'est… qui, c'est… que
  *C'est au Salon Sitevi **que** nous avons rencontré notre nouveau distributeur.*

LA PHRASE COMPLEXE

Quelques conjonctions pour relier des phrases

- Exprimer la cause
  Conjonctions : parce que, puisque, étant donné que, vu que…
  ***Étant donné** l'erreur de livraison, je vous retourne les marchandises.*

- Exprimer la conséquence
  Conjonctions : de sorte que, tellement, si bien que…
  *Vous n'avez pas payé votre dernière facture **si bien que** nous ne sommes pas en mesure de vous livrer les marchandises commandées.*

- Exprimer le but, la finalité
  Conjonctions : pour que, afin que, de sorte que…
  *La pièce subit une ou plusieurs cuissons de 780 à 1350 °C **afin que** les couleurs se fixent.*

- Exprimer la concession/ l'opposition
  Conjonctions : bien que, quoi que, même si…
  ***Bien que** notre importateur ait reçu la marchandise, il ne l'a toujours pas payée.*

- Exprimer la condition

  Conjonctions : à condition que, si, à moins que…

  *Nous vous confirmerons notre ordre d'achat, **à condition que** vous nous consentiez une remise de 10 %.*

- Exprimer le temps, la durée

  Conjonctions : dès que, après que, une fois que…

  ***Une fois que** votre travail sera terminé, passez me voir !*

- Exprimer la comparaison, l'énumération

  Conjonctions : comme, ainsi que, de même que, tel que…

  *Je vous ai fait parvenir le compte rendu **ainsi que** les documents du salon.*

- Exprimer l'hypothèse

  Conjonctions : si, même si…

  ***Si** mon emploi du temps le permettait, j'assisterais au congrès.*

Le discours indirect
et la concordance des temps

- Pour un fait antérieur

  *Il **a déclaré** qu'ils **avaient enregistré** des commandes fermes.*

- Pour un fait actuel

  *Brigitte Délas **a dit** que le modèle PIC **remportait** un vif succès.*

- Pour un fait postérieur

  *Adrien Thuy **a fait** remarquer qu'il leur **faudrait** améliorer la qualité de leur dernier modèle.*

LA COMPARAISON

Le comparatif

- Comparer une qualité

  *La progression du chiffre d'affaires a été **plus** forte **que** l'an passé.*
  *Les résultats sont **meilleurs que** l'an passé.*
  *Les résultats sont **aussi** bons **que** l'an passé.*
  *Les résultats sont **moins** bons **que** l'an passé.*

- Comparer une quantité

  *Le groupe Rigault a **autant d'**hôtels **que** le groupe Rêva.*
  *Le groupe Rêva a **plus de** restaurants **que** d'hôtels.*

Le superlatif

*C'est la progression **la plus** forte.*
*Ces résultats sont **les moins** bons de l'année.*

LE GROUPE DU NOM

Le nom, les adjectifs qualificatifs, les pronoms
et les déterminants sont dans le précis grammatical de l'ouvrage *Comment vont les affaires*.

Les pronoms relatifs simples

Sujet : **qui**
Complément d'objet direct : **que**
Complément de nom, de verbe, d'adjectif : **dont**
Complément de lieu, de temps : **où**

Les pronoms relatifs composés

masculin singulier : **lequel**
féminin singulier : **laquelle**
masculin pluriel : **lesquels**
féminin pluriel : **lesquelles**

Contractions après les prépositions *à* et *de* :

masculin singulier : **auquel / duquel**
féminin singulier : **à / de laquelle**
masculin pluriel : **auxquels / desquels**
féminin pluriel : **auxquelles / desquelles**

Les pronoms compléments qui se suivent

- **Ordre des pronoms dans la phrase : COI + COD**
  La secrétaire vous apporte les documents ➡ *La secrétaire **vous les** apporte tout de suite.*

- **Quand le COI est à la troisième personne (lui, leur) :**
  *Le directeur **le lui** avait dit.*

- **Avec le verbe à l'impératif affirmatif :**
  *Donne-**le-moi** !*

Lexique

FRANÇAIS	ANGLAIS	ALLEMAND	ESPAGNOL	PORTUGAIS	GREC
A					
à défaut de (loc. prép.)	for lack of	mangels	a falta de	na falta de, em lugar de	ελλείψει
à proximité (loc. adv.)	nearby	in der Nähe	cerca	próximo a, perto de	γειτονικά, κοντά
abonnement (n. m.)	subscription	Abonnement	abono	assinatura	συνδρομή
aboutir (v.)	to succeed, end up in	führen	conseguir, llegar a, conducir a	terminar, concluir	καταλήγω
absenter (s') (v.)	to leave, be absent	weggehen	ausentarse	ausentar-se	απουσιάζω
accéder à (v.)	to reach, rise to	Zugang haben zu	acceder a	aceder a	φθάνω, αποδέχομαι
accepter (v.)	to accept	annehmen	aceptar	aceitar	δέχομαι
accès en réseau (n. m.)	network access	Netzzugang	acceso a la red	acesso à rede	πρόσβαση σε δίκτυο
accueillir (v.)	to welcome	empfangen	acoger	acolher	υποδέχομαι
accuser réception (v.)	to acknowledge receipt	den Empfang bestätigen	acusar recibo	acusar recepção	απόδειξη παραλαβής
acheminement (n. m.)	forwarding, transporting	Beförderung	despacho, encauzamiento	encaminhamento	μεταφορά, διοχέτευση
acheminer (v.)	to forward, transport	befördern	despachar, transportar	encaminhar	διαβιβάζω
achever (s') (v.)	to end	enden	acabarse, consumarse	acabar(-se), concluir(-se)	τελειώνω
acompte (n. m.)	deposit	Anzahlung	anticipo	sinal (entrada em dinheiro)	προκαταβολή
acquérir (v.)	to acquire	kaufen	adquirir	adquirir	αποκτώ
actif (n.m.)	assets	Aktiva	activo	activo	ενεργητικό
action (n. f.)	share	Aktie	acción	acção	μετοχή
actionnaire (n. m.)	shareholder	Aktionär	accionista	accionista	μέτοχος
activité (n. f.)	activity, business	Aktivität	actividad	actividade	δραστηριότητα
adresser (v.)	to address	sich wenden an	dirigir	dirigir	απευθύνω
afficher (v.)	to post, show	bekanntmachen	anunciar, mostrar	afixar	επιδεικνύω
affluence (n. f.)	crowds	Stosszeit, Zulauf	afluencia	afluência	κοσμοσυρροή
agence bancaire (n. f.)	branch office	Bank	sucursal bancaria	agência bancária	παράρτημα τράπεζας
agence de location (n. f.)	rental agency	Mietagentur	agencia de alquiler	agência de aluguer	εταιρεία ενοικιάσεως (αυτοκινήτων)
agence de publicité (n. f.)	advertising agency	Werbeagentur	agencia de publicidad	agência de publicidade	διαφημιστική εταιρεία
agence immobilière (n. f.)	estate agent's	Immobilienagentur	agencia inmobiliaria	agência imobiliária	μεσιτικό γραφείο
agenda (n. m.)	diary, calendar	Terminkalender	agenda	agenda	ατζέντα
agent commercial (n. m.)	sales representative	Verkäufer	agente comercial	agente comercial	πωλητής
agrandir (v.)	to enlarge	vergrössern	agrandar	ampliar, aumentar	μεγεθύνω
agroalimentaire (adj.)	agro-food	Nahrungsmittel-	agroalimentario	agroalimentar	(τομέας) διατροφής
aligner (s') (v.)	to fall into line	ausrichten	alinearse	alinhar(-se)	ευθυγραμμίζομαι
ambition (n. f.)	ambition	Ehrgeiz	ambición	ambição	φιλοδοξία
améliorer (v.)	to improve	verbessern	mejorar	melhorar	καλιτερεύω
aménagement (n. m.)	organization, arrangement	Einrichtung, Ausstattung	acondicionamiento, instalación	instalação	διαρρύθμηση
ancienneté (n. f.)	seniority	Dienstalter	antigüedad	antiguidade	προϋπηρεσία
animation (n. f.)	promotional event	Event	animación	animação	δραστηριοποίηση
annexe (n. f.)	annex	Beilage	anexo	anexo	παράρτημα
annonce (n. f.)	advertisement	Anzeige	anuncio, noticia	anúncio	αγγελία
annotation (n. f.)	annotation	Anmerkung	anotación	anotação	σημείωση
annuler (v.)	to cancel	absagen	anular	anular	ματαιώνω
appareil (n. m.)	device	Apparat	aparato	aparelho	συσκευή
appel (n. m.)	call	Ruf	llamada	chamada	κλήση
appliquer (v.)	to apply	anwenden	aplicar	aplicar	εφαρμόζω
apport (n. m.)	contribution	Beitrag	aportación	entrada	εισφορά, συμβολή
approvisionnement (n. m.)	supplying, supplies	Versorgung	abastecimiento	abastecimento	εφοδιασμός
approvisionner (v.)	to supply, provide	versorgen	abastecer	abastecer	προμηθεύω
appuyer (v.)	to press	drücken	apoyar	apoiar	πατάω
après-vente (n. f.)	after-sales	Kundendienst	postventa	pós-venda	(υπηρεσίες) μετα πώλησης
arboriculture (n. f.)	tree cultivation	Baumzucht	arboricultura	arboricultura	δασοκομεία
arrondissement (n. m.)	district	Arrondissement	distrito	bairro (distrito)	διοικητικό διαμέρισμα
article (n. m.)	article	Artikel	artículo	artigo	αντικείμενο προς πώληση
artisan (n. m.)	craftsman	Handwerker	artesano	artesão	βιοτέχνης, τεχνίτης
ascenseur (n. m.)	lift	Lift	ascensor	elevador	ανελκυστήρας
assemblage (n. m.)	assembling, assembly	Zusammensetzen	acción de reunir o juntar	ajuntamento	συναρμολόγηση
assister (v.)	to attend	beiwohnen	asistir	assistir	παρευρίσκομαι
association (n. f.)	association	Verein	asociación	associação	σύλλογος
assurer (s') (v.)	to make sure, insure oneself	sich versichern	asegurar	fazer um seguro	βεβαιώνομαι
assureur (n. m.)	insurer	Versicherer	asegurador	segurador	ασφαλιστής
atelier (n. m.)	workshop	Werkstatt	taller	oficina	εργαστήρι
atout (n. m.)	advantage, asset	Trumpf	triunfo	trunfo	πλεονέκτημα
attachée commerciale (n. f.)	commercial attaché	kaufmännische Angestellte	agregada comercial	adida comercial	εμπορική ακόλουθος
attirer (v.)	to attract	anziehen	atraer	atrair	ελκύω, προσελκύω
au cœur de (loc. prép.)	in the heart of	mitten in	en pleno	no centro de	στο κέντρο
au sujet de (loc. prép.)	on the subject of	über	con relación a	acerca de	σχετικά με
augmentation (n. f.)	increase, rise	Erhöhung	aumento	aumento	αύξηση
augmenter (v.)	to increase	erhöhen	aumentar	aumentar	αυξάνω
automatiser (v.)	to automate	automatisieren	automatizar	automatizar	αυτοματοποιώ
autorisation de prélèvement (n. f.)	direct debit order	Abbuchungserlaubnis	autorización de adeudo	autorização de levantamento	πάγια εντολή πληρωμής
avant-première (n. f.)	preview	Avant Premiere	preestreno	anteestreia	προ-παρουσίαση
avarie (n. f.)	damage	Havarie	avería	avaria	αλλοίωση, αβαρία
aviser (v.)	to inform, to review	bemerken	avisar	avisar	ενημερώνω
axe publicitaire (n. m.)	advertising approach	Werbeachse	eje publicitario	eixo publicitário	διαφημιστικός άξονας
B					
baccalauréat (n. m.)	A-levels	Abitur	bachillerato	décimo segundo ano	απολυτήριο Λυκείου
badge d'accès (n. m.)	badge allowing access	Zugangskarte	insignia o chapa de acceso	crachá de acesso	σήμα πρόσβασης
baisse (n. f.)	decline, decrease	Baisse	baja	baixa	πτώση
baisser (v.)	to decline	senken	bajar	baixar	χαμηλώνω
banlieue (n. f.)	suburbs	Vorort	afueras	subúrbio	προάστεια, περιφέρεια
barrique (n. f.)	barrel	Fass	barrica	barrica	βαρέλι
base de données (n. f.)	database	Datei	base de datos	base de dados	βάση δεδομένων
bénéfice (n. m.)	profits	Gewinn	beneficio	benefício, lucro	κέρδος
bénéficiaire (n.m.)	beneficiary, payee	Berechtigte	beneficiario	beneficiário	δικαιούχος, κερδισμένος
bilan (n. m.)	balance sheet	Bilanz	balance	balanço	ισολογισμός
bilingue (adj.)	bilingual	zweisprachig	bilingüe	bilingue	δίγλωσσος
binôme (n. m.)	binomial	Binom	binomio	binómio	δυώνυμο
blé (n. m.)	wheat	Weizen	trigo	trigo	σιτάρι
blocage (n. m.)	(wage) freeze	Blockieren	bloqueo	bloqueio	πάγωμα, μπλοκάρισμα

n. = nom

m. = masculin

f. = féminin

pl. = pluriel

v = verbe

adj. = adjectif

adv. = adverbe

loc. prép. = locution prépositionnelle

loc. adv. = locution adverbiale

boîte (n. f.)	firm	Firma	empresa	empresa	επιχείρηση
boîte vocale (n. f.)	voice mail	Anrufbeantworter	secretaría telefónica de un móvil	caixa de mensagens	τηλεφωνητής
bon d'achat (n. m.)	voucher	Kaufbon	bono de compra	talão de compra	κουπόνι αγοράς
bon de commande (n. m.)	order form	Bestellschein	orden de pedido	talão de encomenda	δελτίο παραγγελίας
bon de réduction (n. m.)	reduction coupon	Zeichnungsschein	bono de reducción	vale de desconto	κουπόνι έκπτωσης
bordereau (n. m.)	note, statement	Zettel	factura, lista	factura	πινάκιο, απόκομμα
borne (n. f.)	electronic terminal	Automat	terminal	terminal electrónico	στήλη ηλεκτρονικής παρουσίασης
bosser (v.)	to work	arbeiten	trabajar, currelar (fam.)	trabalhar	δουλεύω
bouchon (n. m.)	cork	Korken	tapón, corcho	rolha	βούλωμα
branche (n. f.)	branch	Zweig	rama	ramo	κλάδος
bref (adj.)	brief	kurz	breve	breve	σύντομος
brevet (n. m.)	patent	Patent	patente	patente	δίπλωμα, πατέντα
bricolage (n. m.)	do-it-yourself	Basteln	bricolaje	bricolage	μαστόρεμα
brochure (n. f.)	brochure	Broschüre	folleto	brochura	φυλλάδιο
broyer (v.)	to crush	zermalmen	moler, triturar	moer	συνθλίβω
brut (adj.)	gross	brutto	bruto	bruto	καθαρά
budget (n. m.)	budget	Budget	presupuesto	orçamento	προϋπολογισμός
buffet (n. m.)	buffet meal	Büffet	bufete	bufete	μπουφές
bulletin de commande (n. m.)	order form	Bestellschein	cupón de pedido	boletim de encomenda	δελτίο παραγγελίας
bulletin de paie (n. m.)	pay slip	Gehaltszettel	hoja de paga	recibo de pagamento	απόδειξη καταβολής μισθού

C

cabinet de recrutement (n. m.)	recruitment agency	Einstellungsbüro	agencia o gestoría de contratación	gabinete de recrutamento	γραφείο πρόσληψης
cadre dirigeant (n. m.)	senior manager	leitender Angestellter	mando de una empresa	executivo de direcção	διευθυντικό στέλεχος επιχειρήσεως
caisse (n. f.)	cash register	Kasse	caja	caixa	ταμείο
caméscope (n. m.)	video camera	Videokamera	videocámara	câmara de vídeo	βιντεοκάμερα
camion (n. m.)	lorry	LKW	camión	camião	φορτηγό αυτοκίνητο
camionnette (n. f.)	van	Lieferwagen	camioneta	carrinha	φορτηγάκι
campagne d'affichage (n. f.)	poster campaign	Plakatkampagne	campaña de carteles	campanha de cartazes	καμπάνιο αφισοκόλλησης
campagne publicitaire (n. f.)	advertising campaign	Werbekampagne	campaña publicitaria	campanha publicitária	διαφημιστική καμπάνια
candidat (n. m.)	candidate, applicant	Kandidat	candidato	candidato	υποψήφιος
candidature (n. f.)	application	Bewerbung	candidatura	candidatura	υποψηφιότητα
capacité d'accueil (n. f.)	reception capacity	Empfangskapazität	capacidad, oferta hotelera	capacidade de recepção, lotação	δυνατότητα υποδοχής, χωρητικότητα
capital (n. m.)	capital	Kapital	capital	capital	κεφάλαιο
capter (v.)	to tap	einfangen	captar	captar	εντοπίζω
cargaison (n. f.)	cargo	Ladung	cargamento	carga	φορτείο
carrière (n. f.)	career	Karriere	carrera	carreira	καριέρα
carte bancaire (n. f.)	banker's card	Bankkarte	tarjeta de crédito	cartão bancário	πιστωτική κάρτα
carton (n. m.)	box, carton	Karton	cartón, caja de cartón	caixote	χαρτοκιβώτιο
casse-croûte (n. m.)	snack	Imbiss	refrigerio	pequena refeição leve, bocado	κολατσό
catalogue (n. m.)	catalogue	Katalog	catálogo	catálogo	κατάλογος
causer (v.)	to cause, to chat	sprechen, verursachen	causar, charlar, hablar	causar, conversar	προξενώ
cave (n. f.)	cellar	Keller	bodega	cave, adega	κάβα
CD-Rom (n. m.)	CD-ROM	CD-Rom	CD-Rom	CD-Rom	CD-ROM
centre d'appel (n. m.)	call centre	Rufzentrale	teléfono que centraliza las llamadas	central telefónica	τηλεφωνικό κέντρο
centre d'intérêt (n. m.)	centre of interest	Interessen	interés principal	centro de interesse	πεδίο ενδιαφερόντων
céramique (n. f.)	ceramic, ceramics	Keramik	cerámica	cerâmica	κεραμική
certifier (v.)	to certify	bescheinigen	certificar	certificar	βεβαιώνω
chaîne de magasins (n. f.)	chain of shops	Geschäftskette	cadena de almacenes	cadeia de lojas	αλυσίδα καταστημάτων
chaîne de télévision (n. f.)	TV channel	Fernsehprogramm	cadena de televisión	canal de televisão	τηλεοπτικό κανάλι
chantier (n. m.)	(construction) site	Baustelle	obra, taller	canteiro (de obras)	εργοτάξιο
chariot élévateur (n. m.)	fork-lift truck	Gabelstabler	carretilla elevadora	empilhadeira	ανυψωτικό όχημα
chef de produit (n. m.)	product manager	Produktleiter	jefe de producto	chefe de produto	υπεύθυνος προϊόντος̄
chef de rayon (n. m.)	departmental manager	Abteilungsleiter	jefe de sección	chefe de secção	υπεύθυνος τμήματος
chef des ventes (n. m.)	sales manager	Verkaufsleiter	jefe de ventas	chefe de vendas	υπεύθυνος πωλήσεων
chef du personnel (n. m.)	personnel manager	Personalchef	jefe de personal	chefe de pessoal	διευθυντής προσωπικού
chèque (n. m.)	cheque	Scheck	cheque	cheque	επιταγή
chèque restaurant (n. m.)	luncheon voucher	Scheck in Restaurants gültig	vale o pase restaurante	cheque restaurante	κουπόνι γεύματος
chiffre d'affaires (n. m.)	turnover, sales	Umsatz	facturación	facturamento	κύκλος εργασιών
chômage (n. m.)	unemployment	Arbeitslosigkeit	paro	desemprego	ανεργία
chute (n. f.)	fall, collapse	Fall	caída	queda	πτώση
chuter (v.)	to fall	fallen	caerse	cair	πέφτω
cible (n. f.)	target	Ziel	blanco	alvo	στόχος
circulation (n. f.)	circulation, traffic	Verkehr	circulación	circulação	κυκλοφορία
cloison (n. f.)	partition, barrier	Wand	tabique	divisória	διαχωριστικό
code (n. m.)	code	Kode	código	código	κωδικός
codification (n. f.)	codification	Kodifizierung	codificación	codificação	κωδικοποίηση
coffret (n. m.)	box	Kästchen	cofrecito, estuche	estojo	κιβωτίδιο
cohésion (n. f.)	cohesion	Kohäsion	cohesión	coesão	συνοχή
collaborateur (n. m.)	colleague	Mitarbeiter	colaborador	colaborador	συνεργάτη̄
collaboration (n. f.)	collaboration, contribution	Zusammenarbeit	colaboración	colaboração	συνεργασία
collation (n. f.)	snack	Imbiss	colación, merienda	merenda	ελαφρύ γεύμα
collecter (v.)	to collect	sammeln	recolectar, recaudar	colectar	συλλέγω
comité d'entreprise (n. m.)	works council	Betriebsrat	comité de empresa	comité de empresa	επιτροπή υπαλλήλων
comité de direction (n. m.)	management committee	Führungsgremium	comité de dirección	comité de direcção	επιτροπή διοίκηση̄
commande (n. f.)	order	Bestellung	encargo, pedido	encomenda	παραγγελία
commander (v.)	to order	bestellen	encargar	encomendar	παραγγέλλω, διευθύνω
commentaire (n. m.)	commentary	Kommentar	comentario	comentário	σχόλιο
commercial (n. m.)	sales person	Verkäufer	comercial	comercial	εμπορικός
commercialiser (v.)	to market, sell	in Umlauf bringen	comercializar	comercializar	εμπορεύομαι
commissaire de l'exposition (n. m.)	exhibition administrator	Kommissar einer Ausstellung	organizador o delegado de la exposición	comissário da exposição	υπεύθυνος της έκθεσης
commission (n. f.)	commission	Provision	comisión	comissão	προμήθεια, ποσοστό
communiqué financier (n. m.)	financial press release	Finanzbericht	comunicado financiero	comunicado financeiro	εξαγγελία περί οικονομικών
compensation (n. f.)	compensation	Ausgleich	compensación	compensação	αντιστάθμισμα

compétence (n. f.)	skill	Zuständigkeit	competencia	competência	ικανότητα
comptabilité (n. f.)	accountancy, bookkeeping	Buchhaltung	contabilidad	contabilidade	λογιστική, λογιστικά
comptable (n. m.)	accountant	Buchhalter	contador	contabilista	λογιστής
compte (n. m.)	account	Konto	cuenta	conta	λογαριασμός
compte postal (n. m.)	post office account	Postkonto	cuenta postal	conta postal	λογαριασμός ταχυδρομείου
compte rendu (n. m.)	report	Zusammenfassung	acta	relatório	πρακτικά, έκθεση
compter (v.)	to count	zählen	contar	contar	υπολογίζω
comptoir (n. m.)	counter	Theke, Schalter	mostrador	balcão	πάγκος
concentration (n. f.)	concentration	Konzentration	concentración	concentração	συγκέντρωση
concentrer (se) (v.)	to concentrate	sich konzentrieren	concentrarse	concentrar(-se)	συγκεντρώνομαι
conception (n. f.)	design	Konzeption	concepción	concepção	σύλληψη, δημιουργία
concertation (n. f.)	dialogue	Abmachung	concertación	concerto	συνεννόηση
concession (n. f.)	concession	Konzession	concesión	concessão	παραχώρηση
concessionnaire (n. m.)	agent, dealer	Vertragshändler	concesionario	concessionário	αντιπρόσωπος
concevoir (v.)	to design	ausdenken	concebir	conceber	συλλαμβάνω σχέδιο
concurrence (n. f.)	competition	Konkurrenz	competencia	concorrência	ανταγωνισμός
concurrent (n. m.)	competitor	Konkurrent	competidor	concorrente	ανταγωνιστής
condition d'acheminement (n. f.)	forwarding terms	Beförderungs-bedingungen	condiciones de despacho	condição de encaminhamento	όροι μεταφοράς
condition de livraison (n. f.)	delivery terms	Lieferbedingungen	condiciones de entrega	condição de entrega	όροι παράδοσης
condition de paiement (n. f.)	credit terms	Zahlungsbedingungen	condiciones de pago	condição de pagamento	όροι πληρωμής
condition générale de vente (n. f.)	terms of sale	allgem. Verkaufsbedingungen	condiciones generales de venta	condição geral de venda	γενικοί όροι πωλήσεως
conditionner (v.)	to package	verpacken, konditionieren	acondicionar	acondicionar	συσκευάζω
conférence téléphonique (n. f.)	conference call	Telefonkonferenz	conferencia telefónica	conferência telefónica	τηλεφωνική συνδιάσκεψη
confidentialité (n. f.)	confidentiality	Vertraulichkeit	confidencialidad	confidência	εμπιστευτικότητα
confier (v.)	to entrust	anvertrauen	confiar	confiar	εμπιστεύομαι
confirmation (n. f.)	confirmation	Bestätigung	confirmación	confirmação	επιβεβαίωση
confirmer (v.)	to confirm	bestätigen	confirmar	confirmar	επιβεβαιώνω
conformité (n. f.)	conformity	Übereinstimmung	conformidad	conformidade	συμβατικότητα, συμφωνία
congé (n. m.)	holiday, leave	Urlaub	licencia, vacaciones	feriado; férias	άδεια
congrès (n. m.)	conference	Kongress	congreso	congresso	συνέδριο
consacrer (v.)	to devote	widmen	dedicar	consagrar	αφιερώνω
conseil d'administration (n. m.)	board of directors	Aufsichtsrat	consejo de administración	conselho de administração	διοικητικό συμβούλιο
conseil en entreprise (n. m.)	business consultant	Betriebsrat	consultor o asesor de empresa	conselho empresarial	σύμβουλος επιχειρήσεως
consentir (v.)	to consent, grant	gewähren	consentir	consentir	παραχωρώ
conserverie (n. f.)	canning factory/industry	Konservenfabrik	conservería	conservaria	κονσερβοποιεία
consister à (v.)	to consist in	bestehen in	consistir en	consistir em	συνίσταται
consolider (v.)	to consolidate	konsolidieren	consolidar	consolidar	στερεώνω
constatation (n. f.)	noting, observation	Feststellung	constatación	constatar	διαπίστωση
construction (n. f.)	construction, building	Bau	construcción	construção	κατασκευή
consultant (n. m.)	consultant	Berater	consultor	consultor	σύμβουλος
contacter (v.)	to contact	in Verbindung setzen	contactar	contactar	έρχομαι σε επαφή
contingentement (n. m.)	quotas, quota system	Kontingentierung	contingentación, limitación	contingente, quota	ποσόστωση
contrainte (n. f.)	constraint	Zwang	coacción, apremio, obligación	constrangimento	περιορισμός
Contrat à Durée Déterminée (CDD) (n. m.)	fixed-term contract	zeitlich begrenzter Vertrag	contrato temporal	Contrato a prazo	Σύμβαση Ορισμένου Χρόνου
Contrat à Durée Indéterminée (CDI) (n. m.)	unlimited-term contract	zeitlich unbegrenzter Vertrag	contrato indefinido	Contrato a prazo indeterminado	Σύμβαση Αορίστου Χρόνου
contrat de travail (n. m.)	contract of employment	Arbeitsvertrag	contrato de trabajo	contrato de trabalho	σύμβαση εργασίας
contrôle vétérinaire (n. m.)	veterinary inspection	Tierarztkontrolle	control veterinario	controlo veterinário	κτηνιατρικός έλεγχος
contrôler (v.)	to inspect, control	kontrollieren	controlar	controlar	ελέγχω
contrôleur de gestion (n. m.)	management controller	Verwaltungskontrolleur	controlador o interventor de la gestión	inspector de administração	ελεγκτής διαχείρησης
convenir (v.)	to suit, to admit	taugen, passen	acordar	convir	ταιριάζω
convention (n. f.)	agreement, convention	Tarifvertrag	convenio, convención	convenção	σύμβαση, συνθήκη
convivial (adj.)	friendly	benutzerfreundlich	amistoso	convivial	φιλικός, προσιτός
convocation (n. f.)	invitation to attend	Einberufung	convocatoria	convocação	κλήση, ειδοποίηση
convoquer (v.)	to invite, call	einladen	convocar	convocar	καλώ
coordonnées (n. f. pl.)	contact details	Angaben	señas	coordenadas (morada, telefone ...)	στοιχεία (όνομα, διεύθυνση)
corriger (v.)	to correct	korrigieren	corregir	corrigir	διορθώνω
cotation (n. f.)	quotation, valuation	Notierung	cotización	cotação	εκτίμηση
cotisation patronale (n. f.)	employer's contribution	Arbeitgeberbeiträge	cuota patronal	contribuição patronal	εισφορά εργοδότου
coupon-réponse (n. m.)	reply coupon	Antwortschein	cupón de respuesta pagada	cupão-resposta	απόκομμα απάντησης
coût de la vie (n. m.)	cost of living	Lebenskosten	costo de la vida	custo de vida	κόστος ζωής
couverture d'audience (n. f.)	audience coverage	funkwirksame Berichterstattung	cobertura de auditorio	cobertura de audiência	ακροαματικότητα
couverture médiatique (n. f.)	media coverage	medienwirksame Berichterstattung	cobertura audiovisual	cobertura mediática	κάλυψη από ΜΜΕ
créancier (n. m.)	creditor	Gläubiger	acreedor	credor	πιστωτής
création (n. f.)	creation	Schöpfung	creación	criação	δημιουργία
crédit (n. m.)	credit	Kredit	crédito	crédito	πίστωση, δάνειο
créditer (v.)	to credit	gutschreiben	acreditar	creditar	πιστώνω
créneau horaire (n. m.)	moment, time slot	Zeitlücke	espacio de tiempo	faixa horária	χρονική ψαλίδα
critère (n. m.)	criterion	Kriterium	criterio	critério	κριτήριο
croisière (n. f.)	cruise	Kreuzfahrt	crucero	cruzeiro	κρουαζιέρα
croissance (n. f.)	growth	Wachstum	crecimiento	crescimento	ανάπτυξη
cueillette (n. f.)	gathering, harvest	Ernte	cosecha de frutas	colheita	συγκομιδή
Curriculum Vitæ (CV) (n. m.)	curriculum vitae	Lebenslauf	Curriculum Vitae	currículo vitae	βιογραφικό

D

déballage (n. m.)	unpacking	Auspacken	desembalaje	desempacotamento	άνοιγμα κουτιών
déballer (v.)	to unpack	auspacken	desembalar	desempacotar	ξετυλίγω
débarquement (n. m.)	landing, unloading	Landung	desembarco	desembarque	απόβαση
débiteur (adj.)	debit, in the red	Schuldner	deudor	devedor	οφειλέτης
débouché (n. m.)	opening, opportunity	Absatz	salida, mercado	saída	επαγγελματική προοπτική, άνοιγμα
débutant (n. m.)	beginner	Anfänger	debutante	principiante	αρχάριος
déclarer (v.)	to declare	erklären, angeben	declarar	declarar	δηλώνω

découpage (n. m.)	cutting	Schneiden	recorte, recortado	recorte	κατάτμηση
décourager (v.)	to discourage	entmutigen	desalentar	desencorajar	αποθαρρύνω
décrire (v.)	to describe	beschreiben	describir	descrever	περιγράφω
décrocher (v.)	to pick up (receiver), to take off the hook	abheben	descolgar	levantar (o auscultador)	σηκώνω (ακουστικό)
dédommagement (n. m.)	compensation	Entschädigung	indemnización	indemnização	αποζημίωση
défaut (n. m.)	defect	Fehler	defecto	defeito	ελάττωμα
défectueux (adj.)	defective	fehlerhaft	defectuoso	defeituoso	ελαττωματικός
défi (n. m.)	challenge	Herausforderung	desafío	desafio	πρόκληση
définir (v.)	to define	definieren	definir	definir	ορίζω
dégager (v.)	to clear, to generate	frei machen	obtener, desocupar	desimpedir	ελευθερώνω, πετυχαίνω
dégât (n. m.)	damage	Schaden	daño	dano	ζημιά
dégustation (n. f.)	sampling, tasting	Kostprobe	degustación	prova	δοκιμή γεύσης
délai (n. m.)	time limit, deadline	Frist	plazo	prazo	χρόνος αναμονής, προθεσμία
délégué du personnel (n. m.)	employees' representative	Personalvertreter	delegado del personal	delegado de pessoal	εκπρόσωπος προσωπικού
démarrer (v.)	to start	beginnen	empezar	começar	ξεκινώ
démission (n. f.)	resignation	Rücktritt	dimisión	demissão	παραίτηση
démissionner (v.)	to resign	zurücktreten	dimitir	demitir(-se)	παραιτούμαι
démonstration (n. f.)	demonstration	Vorführung	demostración	demonstração	επίδειξη
département (n. m.)	department	Departement	división territorial en Francia correspondiente más o menos a una provincia	departamento	τμήμα
déplacement (n. m.)	movement, travelling	Reise	traslado	deslocamento	μετακίνηση
déplacer (se) (v.)	to travel	kommen, reisen	trasladarse	deslocar(-se)	μετακινούμαι
dépréciation (n. f.)	vandalism	Beschädigung	depreciación, vandalismo	depreciação	φθορά
dérouler (v.)	to take place	ablaufen	tener lugar	desenrolar	πραγματοποιείται
désagrément (n. m.)	annoyance, trouble	Unannehmlichkeit	disgusto, sinsabor	desagrado	δυσάρεστο συμβάν
désignation (n. f.)	designation	Bezeichnung	nombramiento	designação	προσδιορισμός
destinataire (n. m.)	addressee, consignee	Empfänger	destinatario	destinatário	παραλήπτης
destination (n. f.)	destination	Richtung	destino	destino	προορισμός
détenir (v.)	to hold, control	innehaben	tener, controlar	deter	κατέχω
détérioration (n. f.)	deterioration	Beschädigung	deterioro	deterioração	επιδείνωση
dette (n. f.)	debt	Schuld	deuda	dívida	χρέος
développement (n. m.)	development	Entwicklung	desarrollo	desenvolvimento	ανάπτυξη
développer (v.)	to develop	entwickeln	desarrollar	desenvolver	αναπτύσσω
développeur (n. m.)	developer	Entwickler	persona que desarrolla algo	desenvolvedor (de software)	αναπτύσσει ιστοσελίδες
devis (n. m.)	estimate	Kostenvoranschlag	presupuesto	orçamento	εκτίμηση, προϋπολογισμός έργου
diffuser (v.)	to circulate, broadcast	verteilen	difundir	difundir	διανέμω, εκπέμπω
diffusion (n. f.)	circulation, broadcasting	Ausstrahlung	difusión	difusão	διάδοση, διανομή
diminuer (v.)	to reduce	verkleinern	disminuir	diminuir	ελαττώνω
diminution (n. f.)	reduction	Verkleinerung	disminución	diminuição	ελάττωση
dune (n.f.)	dune	Düne	duna	duna	αμμόλοφος
diplômé (n. m.)	holder of a diploma, graduate	Diplomierter	diplomado	diplomado	διπλωματούχος
directeur administratif et financier (n. m.)	financial director	Finanz- und Verwaltungsdirektor	director administrativo y financiero	director administrativo e financeiro	διοικητικός καί οικονομικός διευθυντής
directeur général (n. m.)	general manager	Generaldirektor	director general	director geral	γενικός διευθυντής
directeur informatique (n. m.)	IT manager	Leiter der Informatikabteilung	director de informática	director informático	διευθυντής πληροφορικής
direction des ressources humaines (n. f.)	human resources manager	Personalleitung	director de personal	direcção de recursos humanos	διεύθυνση ανθρωπίνου δυναμικού
directrice commerciale (n. f.)	(female) sales manager	Verkaufsleiterin	directora comercial	directora comercial	διευθύντρια εμπορικού τμήματος
directrice des ressources humaines (n. f.)	(female) human resources manager	Personaldirektorin	directora del personal	directora de recursos	διευθύντρια ανθρωπίνου δυναμικού
diriger (v.)	to manage	leiten	dirigir	dirigir	διευθύνω
discipline (n. f.)	discipline	Disziplin	disciplina	disciplina	πειθαρχία
discuter (v.)	to discuss	diskutieren	discutir	discutir	συζητώ
disponibilité (n. f.)	free time, liquid assets	Verfügbarkeit	disponibilidad	disponibilidade	διαθεσιμότητα
disposer (v.)	to arrange	verfügen	disponer	dispor	διαθέτω
disquette (n. f.)	diskette	Diskette	disquete	disquete	ντισκέτα
distribuer (v.)	to distribute	verteilen	distribuir	distribuir	διανέμω
distributeur (n. m.)	(cash) distributor	Automat	cajero automático	caixa automático	διανομέας
distribution (n. f.)	distribution	Verteilung	distribución	distribuição	διανομή
diversification (n. f.)	diversification	Erweiterung	diversificación	diversificação	διαποίκιλση, διαφορισμός
domiciliation (n. f.)	domiciliation	Postfach, nur Adresse	domiciliación	domicílio	προσδιορισμός τόπου πληρωμής
donneur d'ordre (n. m.)	principal, contractor	Auftraggeber	dador, librador	contratador, contratante	εντολέας
dresser (v.)	to draw up	aufstellen	redactar	redigir	καταρτίζω, συντάσσω
droit de douane (n. m.)	customs duty	Zollrecht	arancel, derecho de aduana	direito alfandegário	τελωνειακά τέλη
durée (n. f.)	length, duration	Dauer	duración	duração	διάρκεια
dynamiser (v.)	to energize	dynamisieren	dinamizar	dinamizar	προκαλώ δυναμική
dysfonctionnement (n. m.)	malfunctioning, problems	Funktionsstörung	disfunción	disfunção	δυσλειτουργία

E

échantillon (n. m.)	sample	Probe	muestra	amostra	δείγμα
échéance (n. f.)	date, term	Frist	vencimiento	prazo	προθεσμία
échelonnement (n. m.)	spacing out	Staffelung	escalonamiento	escalonamento	κλιμάκωση
éconduire (v.)	to dismiss	abweisen	despedir	despedir	διώχνω, αποκακρύνω
écran (n. m.)	screen	Bildschirm	pantalla	ecrã	οθόνη
édifier (v.)	to build	erstellen	edificar	edificar	εγείρω
effacer (v.)	to delete	wegwischen	borrar	apagar	σβήνω
effectif (n. m.)	personnel	Belegschaft	efectivo	efectivo	αριθμός υπαλλήλων
effectuer (v.)	to make	ausführen	efectuar	efectuar	εκτελώ, πραγματοποιώ
efficace (adj.)	efficient	wirksam	eficaz	eficaz	αποτελεσματικός
élaborer (v.)	to work out, develop	erarbeiten	elaborar	elaborar	επεξεργάζομαι
élection (n. f.)	election	Wahl	elección	eleição	εκλογή
élever (s') (v.)	to rise, go up	sich belaufen	elevarse, alzarse	elevar(-se)	ανέρχομαι
éleveur (n. m.)	breeder	Züchter	ganadero, criador	criador	κτηνοτρόφος
émail (n. m.)	enamel	Email	esmalte	esmalte	σμάλτο

emballage (n. m.)	packaging	Verpackung	embalaje	embalagem	συσκευασία, περιτύλιγμα
emballer (v.)	to pack	verpacken	embalar	embalar	συσκευάζω
embarquement (n. m.)	loading, boarding	Verladen, Einsteigen	embarco	embarque	επιβίβαση
embaucher (v.)	to hire	einstellen	contratar, dar trabajo	empregar	προσλαμβάνω
émetteur (n. m.)	caller	Sender	emisor	emissor	αυτός που καλεί
émettre un chèque (v.)	to write a cheque	Scheck ausstellen	emitir un cheque	emitir um cheque	εκδίδω επιταγή
empêchement (n. m.)	hitch, hold-up	Verhinderung	impedimento, problema	impedimento	εμπόδιο
emplacement (n. m.)	place, site	Stelle	sitio, espacio	sítio	θέση
emploi (n. m.)	employment, job	Arbeit	empleo	emprego	θέση απασχόλησης
emploi du temps (n. m.)	timetable	Stundenplan	programa de trabajo, horario	hor rio	πρόγραμμα
employer (v.)	to employ	beschäftigen	emplear	empregar	χρησιμοποιώ
empresser (s') (v.)	to hurry	sich beeilen	darse prisa	apressar(-se)	βιάζομαι
emprunt (n. m.)	loan, borrowing	Anleihe	préstamo	empréstimo	δάνειο
en ligne (loc. adv.)	online	online	en línea	on line	ον λάιν, σε δίκτυο
encart (n. m.)	insert	Beilage	encarte	encarte	ένθετο
encombrer (v.)	to clutter up	versperren	llenar	obstruir	φορτώνω
endommager (v.)	to damage	beschädigen	dañar	danificar	χαλάω
engagement (n. m.)	commitment	Verpflichtung	empeño, compromiso	compromisso, engajamento	δέσμευση
énoncé (n. m.)	statement	Abgabe	enunciado	enunciado	διατύπωση
enseigne (n. f.)	banner, sign	Schild	letrero	sinal	επιγραφή, διακριτικός τίτλος καταστήματος
entendre (s') (v.)	to agree	sich verstehen	entenderse	entender-se	συμφωνώ
entraîner (v.)	to lead	trainieren	acarrear, ocasionar	treinar	προκαλώ, παρασύρω
entrepôt (n. m.)	warehouse	Lager	depósito	armazém	αποθήκη
entrepreneur (n. m.)	entrepreneur, contractor	Unternehmer	empresario	empreendedor, empresário	επιχειρηματίας
entreprise artisanale (n. f.)	small-scale enterprise	Handwerksbetrieb	empresa artesanal	empresa artesanal	βιοτεχνία
entretien d'embauche (n. m.)	employment interview	Einstellungsgespräch	entrevista de empleo	entrevista para emprego	συνέντευξη πρόσληψης
envisager (v.)	to plan, intend	erwägen	considerar	planejar, contar fazer algo	αντιμετωπίζω
épuiser (v.)	to exhaust	erschöpfen	agotar	esgotar	εξαντλώ
erroné (adj.)	mistaken, incorrect	falsch	erróneo	errôneo	λανθασμένος
escompte (n. m.)	discount	Diskont, Skonto	descuento	desconto	προεξόφληση
essence (n. f.)	essence	Essenz	esencia	essência	απόσταγμα
établir (v.)	to make out, establish	belaufen	establecer	estabelecer	ετοιμάζω
établissement (n. m.)	firm	Einrichtung, Anstalt	establecimiento	estabelecimento	επιχείρηση
étiqueter (v.)	to label	bezeichnen	etiquetar	etiquetar	βάζω ετικέτες
être à l'écoute de (v.)	to be attentive to	zuhören	estar a la escucha de	estar atento a	ακούω
être chargé de (v.)	to be responsible for	beauftragt sein	estar encargado de	esta encarregado de	έχω αναλάβει
être de passage (v.)	to be passing through	momentan da sein	estar de paso	estar de passagem	είμαι περαστικός
être engagé (v.)	to be taken on	verpflichtet sein	estar contratado para un trabajo	estar engajado, comprometido	έχω προσληφθεί
être inscrit (v.)	to be enrolled	eingeschrieben sein	estar inscrito	estar inscrito	είμαι εγγεγραμμένος
étude de marché (n. f.)	market research	Marktstudie	estudio de mercado	pesquisa de mercado	έρευνα αγοράς
évaluer (v.)	to assess, appraise	schätzen	evaluar	avaliar	εκτιμώ
éviter (v.)	to avoid	vermeiden	evitar	evitar	αποφεύγω
évolution (n. f.)	development	Entwicklung	evolución	evolução	εξέλιξη
exclusif (adj.)	exclusive	exklusiv	exclusivo	exclusivo	αποκλειστικός
excursion (n. f.)	excursion	Ausflug	excursión	excursão	εκδρομή
exécuter (v.)	to carry out, execute	ausführen	ejecutar	executar	εκτελώ
exercer la fonction de (v.)	to carry out the duties of	ausüben eine Funktion	ejercer la función de	exercer a função de	εκτελώ καθήκοντα…
exigible (adj.)	due for payment	fällig	exigible	exigível	απαιτητός
expansion (n. f.)	expansion	Ausdehnung	expansión	expansão	επέκταση
expédier (v.)	to send	schicken	expedir, enviar, despachar	expedir	αποστέλλω
expédition (n. f.)	dispatch, consignment	Sendung	expedición	expedição	διεκπεραίωση, αποστολή
expérience professionnelle (n. f.)	professional experience	Berufserfahrung	experiencia profesional	experiência profissional	επαγγελματική εμπειρία
expert comptable (n. m.)	chartered accountant	Wirtschaftsprüfer	perito contador, censor jurado de cuentas	perito em contabilidade	εμπειρογνώμων λογιστής
expertise (n. f.)	expert evaluation, expertise	Begutachtung	pericia, peritaje	perícia	εμπειρογνωμοσύνη
exploser (v.)	to explode	explodieren	explotar	explodir	εκρήγνυμαι
exportation (n. f.)	exportation	Ausfuhr	exportación	exportação	εξαγωγή
exporter (v.)	to export	ausführen	exportar	exportar	εξάγω
exposant (n. m.)	exhibitor	Aussteller	expositor	expositor	εκθέτης
exposition (n. f.)	exhibition	Ausstellung	exposición	exposição	έκθεση
extrait (n. m.)	extract	Auszug	extracto	extracto	απόσπασμα

F

fabricant (n. m.)	manufacturer	Hersteller	fabricante	fabricante	κατασκευαστής
fabrication (n. f.)	manufacturing	Herstellung	fabricación	fabricação	κατασκευή
fabrique (n. f.)	factory	herstellen	fábrica	fábrica	βιοτεχνία
faciliter (v.)	to facilitate	erleichtern	facilitar	facilitar	ευκολύνω
façonnier (n. m.)	home-worker	Former	destajista	empreiteiro	ράφτης με το κομμάτι
facturation (n. f.)	invoicing	Berechnung	facturación	facturamento	σύνταξη λογαριασμού
facture (n. f.)	invoice, bill	Rechnung	factura	factura	λογαριασμός
facturette (n. f.)	slip, receipt	(Kassen)Zettel	facturita, recibo	recibo	αποδειξούλα
faire la queue (v.)	to queue up	Schlange stehen	hacer la cola	fazer a bicha	κάνω ουρά
faire part (v.)	to announce, express	mitteilen	formar parte	comunicar	κοινοποιώ
faire patienter (v.)	to keep waiting	gedulden, warten lassen	hacer esperar	mandar aguardar	ζητώ να περιμένει
farine (n. f.)	flour	Mehl	harina	farinha	αλεύρι
fermeture (n. f.)	closed area	Schliessung	cierre	encerramento	κλείσιμο
fiable (adj.)	reliable	zuverlässig	fiable	fiável	αξιόπιστος
filiale (n. f.)	subsidiary	Filiale	filial	filial	θυγατρική
filière (n. f.)	industry, sector of activity	Weg , Branche	sector de actividad	sector	άξονας καριέρας
filtrer (v.)	to filter	filtern	filtrar	filtrar	επιλέγω φιλτράρω
firme (n. f.)	firm	Firma	firma	firma	επιχείρηση
fixer un rendez-vous (v.)	to arrange a meeting	Termin ausmachen	fijar una cita	marcar um encontro	κλείνω ραντεβού
flacon (n. m.)	small bottle	Fläschchen	frasco	frasco	φυαλίδιο, μπουκαλάκι
flatterie (n. f.)	flattery	Schmeichelei	halago	lisonja	κολακεία
flexibilité (n. f.)	flexibility	Anpassungsfähigkeit	flexibilidad	flexibilidade	ευλυγισία
flexible (adj.)	flexible	anpassungsfähig	flexible	flexível	εύκαμπτος
fluide (adj.)	fluid	flüssig	fluído	fluido	άνετος, ρευστός
foire (n. f.)	fair	Jahrmarkt, Messe	feria	feira	πανηγύρι, έκθεση
fonction (n. f.)	function	Funktion	función	função	υπευθυνότητα, ασχολία
fonctionnaire (n. m.)	civil servant	Beamter	funcionario	funcionário	δημόσιος υπάλληλος

fonctionnement (n. m.)	functioning	Funktionieren	funcionamiento	funcionamento	λειτουργία
fondateur (n. m.)	founder	Gründer	fundador	fundador	ιδρυτής
fonds de commerce (n. m.)	goodwill	Geschäft, Unternehmen	fondo de comercio, negocio	fundo de comércio	αέρας
force de vente (n. f.)	sales force	Verkaufskraft	fuerza de venta, poder de venta	força de venda	επιτελείο πωλητών
forfait (n. m.)	lump sum, package	Pauschale	costo fijo	pacote	τιμή κατ'αποκοπή, πακέτο
formation (n. f.)	training	Ausbildung	formación	formação	επιμόρφωση, εκπαίδευση
forme juridique (n. f.)	legal status	Rechtsform	forma jurídica	forma jurídica	νομικό πλαίσιο
formel (adj.)	formal	formal	formal	formal	τυπικός
fournisseur (n. m.)	supplier	Lieferer	proveedor	fornecedor	προμηθευτής
fourniture (n. f.)	supplies	Versorgung	suministro	material	υλικό
frais d'envoi (n. m. pl.)	forwarding charges	Versandkosten	gastos de envío	despesa de envio	έξοδα αποστολής
frais de port (n. m. pl.)	postage	Versandgebühren	gastos de porte o de transporte	despesa de remessa	κόστος γραμματοσήμων
frais de traitement (n. m. pl.)	processing expenses	Bearbeitungsgebühr	gastos de tratamiento o de tramitación	despesa de tratamento	έξοδα επεξεργασίας
franchise (n. f.)	franchise	Franchising	franquicia	franquia	παροχή ονόματος φίρμας
franco de port (loc. adv.)	carriage-paid	gebührenfrei	franco de porte	porte franqueado	δωρεάν αποστολή
fréquence (n. f.)	frequency	Frequenz	frecuencia	frequência	συχνότητα
fret (n. m.)	freight	Frachtgut	flete	frete	ναύλος
fusion (n. f.)	merger	Fusion	fusión	fusão	συνένωση

G

gamme (n. f.)	range	Bereich, Produkt	gama	gama	ποικιλία, γκάμα
garantir (v.)	to guarantee	garantieren	garantizar	garantia	εξασφαλίζω, εγγυούμαι
gel (n. m.)	(wage) freeze	Frost	congelación	gel	πάγωμα
gêner (v.)	to bother, trouble	behindern	molestar	incomodar	ενοχλώ
gérer (v.)	to manage	verwalten	administrar	gerir, administrar	διαχειρίζομαι
gestion (n. f.)	management	Verwaltung	gestión	gestão, administração	διαχείρηση
graphologie (n. f.)	graphology	Graphologie	grafología	grafologia	γραφολογία
grève (n. f.)	strike	Streik	huelga	greve	απεργία
grille (n. f.)	gate	Tür, Tor	puerta metálica enrejada	portão de metal	σιδερένια πόρτα
grossiste (n. m.)	wholesaler	Grosshändler	mayorista	atacadista	χοντρέμπορος

H

haut-parleur (n. m.)	loud-speaker	Lautsprecher	altavoz	altifalante	μεγάφωνο
hébergement (n. m.)	accommodation	Übernachtung	alojamiento	alojamento	διαμονή
heure supplémentaire (n. f.)	overtime	Überstunde	hora extraordinaria	hora suplementar	υπερωρία
hiérarchie (n. f.)	chain of command	Hierarchie	jerarquía	hierarquia	ιεραρχία
honorer (v.)	to honour	ehren	honrar	honrar	τιμώ
horaire (n. m.)	timetable, schedule	Stundenplan, Zeitplan	horario	horário	ωράριο
horticulture (n. f.)	horticulture	Gärtner	horticultura	horticultura	φυτοκομία, κηπουρική
hôtesse d'accueil (n. f.)	receptionist, hostess	Empfangsdame	recepcionista	recepcionista	συνοδός υποδοχής
huître (n. f.)	oyster	Auster	ostra	ostra	στρείδι

I

illusion (n. f.)	illusion	Illusion	ilusión	ilusão	αυταπάτη
immobilisation (n. f.)	immobilization, fixed assets	Festlegung	inmovilización	imobilização	ακινητοποίηση
impatienter (s') (v.)	to become impatient	ungeduldig machen	impacientarse	impacientar(-se)	ανυπομονώ
impeccable (adj.)	faultless	einwandfrei	impecable	impecável	άψογος
imperméable (adj.)	waterproof	undurchlässig	impermeable	impermeável	αδιάβροχος
implantation (n. f.)	location, establishment	Einpflanzung	implantación, establecimiento	implantação	εγκατάσταση
implanter (v.)	to set up, base	einpflanzen	implantar	implantar	εγκαθίσταμαι
importateur (n. m.)	importer	Importeur	importador	importador	εισαγωγέας
importation (n. f.)	importation	Einfuhr	importación	importação	εισαγωγή
importer (v.)	to import	einführen	importar	importar	εισάγω
importuner (v.)	to bother, disturb	belästigen	importunar	importunar	ενόχληση
imposer (s') (v.)	to impose oneself	aufzwingen	imponerse	impor(-se)	επιβάλλομαι
imprimante (n. f.)	printer	Drucker	impresora	impressora	εκτυπωτής
incident (n. m.)	incident	Zwischenfall	incidente	incidente	δυσάρεστο συμβάν
inciter (v.)	to encourage	veranlassen	incitar	incitar	παρακινώ
inclure (v.)	to include	einschliessen	incluir	incluir	περιλαμβάνω
incontournable (adj.)	inescapable	unumgänglich	ineludible	inevitável	αναπόφευκτος
inconvénient (n. m.)	disadvantage	Unannehmlichkeit	inconveniente	inconveniente	μειονέκτημα όχληση
indemniser (v.)	to compensate	entschädigen	indemnizar	indemnizar	αποζημιώνω
indemnité de transport (n. f.)	travel allowance	Fahrkosten-entschädigung	indemnización o dieta por transporte	abono de transporte	έξοδα μετακίνησης
indice (n. m.)	index	Index, Hinweis	índice	índice	δεί,κτης
indiquer (v.)	to indicate	zeigen	indicar	indicar	δείχνω
informatique (n. m.)	data processing	Informatik	informática	informática	πληροφορική
informer (v.)	to inform	informieren	informar	informar	πληροφορώ
infraction (n. f.)	offence	Verstoss	infracción	infracção	παραβίαση
initiative (n. f.)	initiative	Initiative	iniciativa	iniciativa	πρωτοβουλία
injure (n. f.)	insult	Beleidigung	injuria	injúria	βρισιά
innovation (n. f.)	innovation	Innovation	innovación	inovação	καινοτομία
inscription (n. f.)	enrolment, registration	Einschreibung	inscripción	inscrição	εγγραφή
insolente (adj.)	insolent	unverschämt	insolente	insolente	αναιδής
installation (n. f.)	installation	Einrichtung	instalación	instalação	εγκατάσταση
installer (s') (v.)	to settle	einrichten	instalarse	instalar(-se)	εγκαθίσταμαι
instruction (n. f.)	instruction	Instruktion	instrucción	instrução	οδηγία
intégrant (adj.)	integrating, integral	dazugehörend	integrante	integrante	περιέχων
intention (n. f.)	intention	Absicht	intención	intenção	πρόθεση
intérim (n. m.)	interim, part-time	Übergangszeit	interín	temporário (trabalho)	προσωρινός αντικαταστάτης
interlocuteur (n. m.)	speaker, contact	Gesprächspartner	interlocutor	interlocutor	συνομιλητής, αντικρυστός
intermédiaire (adj.)	intermediate	verbindend	intermediario	intermediário	ενδιάμεσος
internaute (n. m.)	Internet user	Internaut	internauta	internauta	χρήστης διαδικτύου
interroger (v.)	to question	befragen	interrogar	interrogar	ερωτώ
intervenir (v.)	to intervene	eingreifen	intervenir	intervir	παίρνω τον λόγο
intimité (n. f.)	intimacy	Vertrautheit	intimidad	intimidade	προσωπικός χώρος
investissement (n. m.)	investment	Investition	inversión	investimento	επένδυση
irriter (v.)	to irritate	reizen	irritar	irritar	ερεθίζω
ivresse (n. f.)	intoxication, drunkenness	Betrunkenheit	embriaguez	embriaguez	μέθη

J

jeu-concours (n. m.)	quiz, competition	Gewinnspiel	juego que consiste en responder a cierta cantidad de preguntas	concurso	παιχνίδι-διαγωνισμός
joignable (adj.)	able to be contacted	erreichbar	localizable	acessível, possível de encontrar	μπορεί να έρθη σε επαφή
joindre (v.)	to include, to contact	erreichen	localizar, incluir	incluir, contactar	επισυνάπτω
jour chômé (n. m.)	holiday	nicht gearbeiteter Tag	día inhábil	dia de folga	ημέρα απεργίας
jour férié (n. m.)	bank holiday	Feiertag	día feriado	dia feriado	αργία
jour ouvré (n. m.)	day of work	Arbeitstag	día hábil o laborable	dia útil	εργάσιμη μέρα
jury (n. m.)	panel	Jury	jurado	júri	επιτροπή

L

législation douanière (n. f.)	customers legislation	Zollgesetzgebung	legislación aduanera	regulamento aduaneiro	τελωνειακή νομοθεσία
lettre de candidature (n. f.)	letter of application	Bewerbungsbrief	carta de candidatura	carta de candidatura	γράμμα υποψηφιότητας
lettre de change (n. f.)	bill of exchange	Wechsel	letra de cambio	letra de câmbio	συναλλαγματική
lettre de convocation (n. f.)	notice of meeting	Einberufungsbrief	carta de convocatoria	carta de convocação	κλήση, ειδοποίηση
lettre de motivation (n. f.)	letter in support of one's application	Begleitbrief eines Lebenslaufs	carta de motivación	carta de candidatura	γράμμα κινήτρων
lettre de relance (n. f.)	follow-up letter	Mahnung	carta de insistencia	carta de relançamento	υπενθύμιση, αναθέρμανση
lettre recommandée (n. f.)	registered letter	Einschreiben	carta certificada	carta registada	συστημένο
licence (n. f.)	bachelor's degree (B.A.)	Lizenz	licencia	licenciatura	πτυχίο
licence d'exportation (n. f.)	export licence	Exportlizenz	licencia de exportación	licença de exportação	άδεια εξαγωγής
licenciement (n. m.)	dismissal	Entlassung	despido	dispensa	απόλυση
licencier (v.)	to dismiss	entlassen	despedir	dispensar, despedir	απολύω
ligne (n. f.)	line	Linie	línea	linha	τηλεφωνική γραμμή
limite (n. f.)	limit	Begrenzung	límite	limite	όριο
livraison (n. f.)	delivery	Lieferung	entrega	entrega	παράδοση, μεταφορά
livreur (n. m.)	delivery man	Lieferer	repartidor	estafeta	μεταφορέας εμπορευμάτων
local (adj.)	local	örtlich	local	local	χώρος
location (n. f.)	rental	Vermietung	alquiler	aluguer	ενοικίαση
logiciel (n. m.)	software program	Software	software, programa	software	λογισμικό
logistique (n. f.)	logistics	Logistik	logístico	logística	διαχείριση εξοπλισμού
logo (n. m.)	logo	Logo	logotipo	logotipo	λογότυπο
lot (n. m.)	batch	Posten	lote	lote	μερίδα

M

maintenance (n. f.)	maintenance	Wartung	mantenimiento	manutenção	τεχνική συντήρηση
maintenir (se) (v.)	to remain, to keep, to stay	bleiben	mantenerse	manterse	διατηρούμαι
maintien (n. m.)	maintaining	Erhaltung	mantenimiento	conservação, manutenção	διακράτηση
maîtrise (n. f.)	mastery, Master's degree	Beherrschung, Diplom	dominio, diploma obtenido al final del segundo ciclo universitario	domínio, ≈ mestrado	πτυχίο
maîtriser (v.)	to master	beherrschen	dominar	controlar, dominar	κατέχω
manifestation commerciale (n. f.)	sales event	Werbekundgebung	manifestación comercial	manifestação comercial	εμπορική εκδήλωση
manipuler (v.)	to manipulate, handle	manipulieren	manipular	manipular	χειρίζομαι
maraîchage (n. m.)	market gardening	Gemüsegärtnerei	labores de huerto	horticultura	λαχανοκηπευτική
marchandise (n. f.)	merchandise, goods	Waren	mercancía	mercadoria	εμπόρευμα
marchandiseur (n. m.)	merchandiser	Merchandiser	mercandizador, vendedor de productos derivados	que faz merchandising	φροντιστής εμπορευμάτων
marché (n. m.)	market	Markt	mercado	mercado	αγορά
marge (n. f.)	margin	Marge, Spielraum	margen	margem	περιθώριο
maroquinerie (n. f.)	fine leather goods	Lederwarengeschäft	marroquinería	marroquinaria	δερμάτινα είδη
marque (n. f.)	brand	Marke	marca	marca	μάρκα
masquer (v.)	to mask	verdecken	ocultar	tapar	κρύβω
matière première (n. f.)	raw material	Rohmaterial	materia prima	matéria-prima	πρώτη ύλη
matinée (n. f.)	morning	Vormittag	mañana	manhã	πρωινό
méconnue (n. adj.)	unrecognised, little known	Verkannte	desconocida	desconhecida	παραγνωρισμένη
médiaplanneur (n. m.)	media planner	Medienplaner	planificador de una campaña publicitaria audiosivual	responsável publicitário em médias	ειδικός διαφήμισης μέσω MME
médiathèque (n. f.)	multimedia reference library	Mediathek	mediateca	mediateca	κέντρο τεκμηρίωσης οπτικο-ακουστικών μέσων
menacer (v.)	to threaten	bedrohen	amenazar	ameaçar	απειλώ
méprisant (adj.)	disdainful	verächtlich	despreciativo	desdenhoso	περιφρονητικός
mettre au point (v.)	to develop, finalize	berichtigen, klarstellen	poner a punto	dar os últimos retoques	τελειοποιώ, ολοκληρώνω
mettre en attente (v.)	to put on hold	warten lassen	hacer esperar por teléfono	pôr à espera	θέτω σε αναμονή
mettre en œuvre (v.)	to implement	durchführen	poner en práctica	implementar	θέτω σε λειτουργία
mettre en relation (v.)	to put into contact	verbinden	poner en relación	relacionar	φέρνω σε επαφή
mise à jour (n. f.)	update	auf neuestem Stand	puesta al día	actualização	ενημέρωση
mission (n. f.)	mission, assignment	Auftrag	misión	missão	επαγγελματική αποστολή
mi-temps (n. m.)	part-time	Halbzeit	a media jornada	meio expediente	απασχόληση ήμισυ χρόνου
modalité (n. f.)	method, terms	Bestimmungen	modalidad	modalidade	διαδικασία, όροι
mode de paiement (n. m.)	means of payment	Zahlungsart	modo de pago	modo de pagamento	τρόπος πληρωμής
modèle (n. m.)	model	Modell	modelo	modelo	πρότυπο
modification (n. f.)	modification	Änderung	modificación	modificação	μετατροπή
modifier (v.)	to modify	ändern	modificar	modificar	αλλάζω
monnaie (n. f.)	loose change, currency	Währung	moneda, cambio, vuelto	moeda	νόμισμα, ρέστα
montage (n. m.)	assembly	Montage	montaje, instalación	montagem	συναρμολόγηση, συγκρότηση
montant (n. m.)	amount	Betrag	importe	quantia	ποσόν
motif (n. m.)	reason	Motiv	motivo	motivo	λόγος
motivation (n. f.)	motivation	Motivierung	motivación	motivação	κίνητρο
motiver (v.)	to motivate	motivieren	motivar	motivar	δημιουργώ ενδιαφέρον
moule (n. m.)	mould	Form	molde	molde	καλούπι
multiplex (n. m.)	multiplex	Multiplex	sistema múltiple de telecomunicación	multíplex	πολυεπίπεδο
multiplier (v.)	to multiply	malnehmen	multiplicar	multiplicar	πολλαπλασιάζω

N

navette (n. f.)	shuttle	Transportverbindung	vehículo que va y viene de un punto a otro	navette (transporte)	λεωφορειάκι τοπικής εξυπηρέτησης

négocier (v.)	to negotiate	verhandeln	negociar	negociar	διαπραγματεύομαι
non conforme (adj.)	not true to, not in conformity with	nicht konform	no conforme	não conforme	μη σύμφωνο με νόρμα
norme (n. f.)	standard	Norm	norma	norma	κανόνας, νόρμα
note (n. f.)	note, mark	Rechnung	cuenta, factura	nota	σημείωμα
notoriété (n. f.)	reputation	Ruf	notoriedad	notoriedade	φήμη
nulle et non avenue (adj.)	cancelled	null und nichtig	nulo y sin valor	nulo e sem efeito	άκυρη

O

objectif (n. m.)	objective, goal	Ziel	objetivo	objectivo	στόχος
objet (n. m.)	object	Objekt	objeto	objecto	αντικείμενο
observer (v.)	to observe	beobachten	observar	observar	παρατηρώ
occasionner (v.)	to cause	verursachen	ocasionar	ocasionar	προκαλώ
occuper (v.)	to occupy	besetzen, ausüben	ocupar	ocupar	κατέχω
œnologie (n. f.)	study of wine	Weinkunde	enología	enologia	οινολογία
offre d'emploi (n. f.)	job offer	Stellenangebot	oferta de empleo	oferta de emprego	προσφορά εργασίας
opératrice (n. f.)	operator	Bedienerin, Telefonistin	operadora	operadora, telefonista	χειριστής
ordinateur (n. m.)	computer	Computer	ordenador	computador	ηλεκτρονικός εγκέφαλος
ordre de mission (n. m.)	mission statement	Dienstauftrag	permiso administrativo de ausencia	ordem de missão	εντολή επαγγελματικής αποστολής
ordre du jour (n. m.)	agenda	Tagesordnung	orden del día	pauta	ημερήσια διάταξη
organigramme (n. m.)	organization chart	Organigramm	organigrama	organigrama	οργανόγραμμα
organisateur (n. m.)	organizer	Veranstalter	organizador	organizador	οργανωτής
orgueil (n. m.)	pride	Stolz	orgullo	orgulho	περιφάνεια
orienter (v.)	to give directions	orientieren	orientar	orientar	κατευθύνω
ostréiculteur (n. m.)	oyster-farmer	Austernzüchter	ostricultor	ostreicultor	καλλιεργητής στρειδιών

P

paie (n. f.)	pay	Bezahlung, Gehalt	paga	pagamento	μισθός
paiement (n. m.)	payment	Bezahlung	pago	pagamento	πληρωμή
paiement au comptant (loc. adv.)	down payment	Barzahlung	pago al contado	pagamento à vista	πληρωμή μετρητά
panne (n. f.)	breakdown	Panne	avería	avaria	βλάβη
panneau (n. m.)	panel, notice board	Schild	tablero	painel, cartaz	πινακίδα
paquet (n. m.)	parcel	Paket	paquete	pacote	πακέτο
par avance (loc. adv.)	in advance	im Voraus	por adelantado	antecipadamente	εκ των προτέρων
paraître (v.)	to appear	erscheinen	aparecer, salir	aparecer	φαίνομαι
parallèlement (adv.)	at the same time	parallel	paralelamente	paralelamente	παράλληλα
parc hôtelier (n. m.)	total number of hotels	Hotelpark	parque hotelero	hotelaria	αριθμός ξενοδοχείων
parcourir (v.)	to cover, travel	durchlaufen	recorrer	percorrer	διασχίζω
parking souterrain (n. m.)	underground car park	Tiefgarage	aparcamiento subterráneo	parque de estacionamento subterrâneo	υπόγειος χώρος στάθμευσης
paroi de verre (n. f.)	glass wall	Glaswand	tabique de vidrio	parede de vidro	γυάλινο διαχωριστικό
part de marché (n. f.)	market share	Marktanteil	parte de un mercado	fatia de mercado	μερίδα της αγοράς
partenaire (n. m.)	partner	Partner	asociado	parceiro	συνεργάτης
participant (n. m.)	participant	Teilnehmer	participante	participante	συμμετέχων
passif (n. m.)	liabilities	passiv	pasivo	passivo	παθητικό
patron (n. m.)	boss	Chef	dueño, empresario	patrão	αφεντικό
peluche (n. f.)	soft toy	Plüschtier	juguete de felpa	pelúcia	χνουδωτή κούκλα
pénalité (n. f.)	penalty	Strafe	penalidad	penalidade	ποινή
pénétrer (v.)	to enter, penetrate	eindringen	penetrar	penetrar	εισχωρώ
perception (n. f.)	perception, (tax) collection	Wahrnehmung	percepción, recaudación	percepção	είσπραξη
percer (v.)	to break into	durchdringen	hacer carrera	penetrar	διεισδύω
période d'essai (n. f.)	trial period	Probezeit	período de prueba	período de ensaio	δοκιμαστική περίοδος
persévérant (adj.)	persevering	ausdauernd	perseverante	perseverante	επίμονος
personnaliser (v.)	to customize	personalisieren	personalizar	personalizar	προσωποποιώ
personnalité (n. f.)	personality	Persönlichkeit	personalidad	personalidade	προσωπικότητα
personnel (n. m.)	personnel	Personal	personal	pessoal	προσωπικό
perspective (n. f.)	outlook	Perspektive	perspectiva	perspectiva	προοπτική
perte (n. f.)	loss	Verlust	pérdida	perda	απώλεια
perturber (v.)	to disturb	stören	perturbar	perturbar	διαταράσσω
petite annonce (n. f.)	classified ad	kleine Anzeige	anuncio por palabras	pequeno anúncio	μικρή αγγελία
philatélie (n. f.)	stamp collecting	Briefmarkenkunde	filatelia	filatelia	φιλοτέλεια
pianoter (v.)	to tap out	klimpern	teclear	tocar mal piano	πληκτρολογώ
pic d'activité (n. m.)	peak in activity	hohe Aktivität	pico de actividad	pico de actividade	έξαρση δραστηριότητας
pièce (n. f.)	piece, part	Stück	pieza, parte	peça	κομμάτι
pirater (v.)	to pirate	raub kopieren	piratear	piratear	υποκλοπή
pire (adj.)	worse	schlimm	peor	pior	χειρότερος
plainte (n. f.)	complaint	Klage	queja	queixa	παράπονο
plan d'accès (n. m.)	map giving directions	Zugangsplan	plano de acceso	mapa de acesso	σχεδιάγραμμα
plan média (n. m.)	media plan	Medienplan	plan audiovisual	plano de publicidade em média	σχέδιο διαφήμησης στα ΜΜΕ
planifier (v.)	to schedule	planen	planificar	planificar	προγραμματίζω
plébisciter (v.)	to be subject to general approval	für gut befinden	plebiscitar	plebiscitar	υποδέχομαι πανηγυρικά
plein temps (n. m.)	full time	Vollzeit	jornada completa	tempo integral	πλήρης απασχόληση
point fort (n. m.)	strong point	Hauptpunkt	punto o lado fuerte	ponto forte	δυνατό σημείο
positionnement (n. m.)	positioning	Positionierung	posicionamiento	posicionamento	εικόνα, τοποθέτηση
poste (n. m.)	post, position	Posten	puesto	posto, cargo	θέση εργασίας
poste à pourvoir (n. m.)	vacancy	freier Posten	puesto de trabajo por cubrir	vaga a preencher	προτεινόμενη θέση
poste de contrôle (n. m.)	checkpoint	Kontrollposten	puesto de control	posto de controlo	πόστο ελέγχου
potentiel (adj.)	potential	potentiell	potencial	potencial	εν δυνάμει
pourboire (n. m.)	tip	Trinkgeld	propina	gorjeta	φιλοδώρημα
poursuivre (v.)	to pursue	verfolgen	proseguir	prosseguir	ακολουθώ
pré-affranchie (adj.)	ready-stamped	schon frankiert	prefranqueado	pré-paga	προπληρωμένο τέλος
préalablement (adv.)	beforehand	zuvor	previo	previamente	προηγουμένως
préambule (n. m.)	preamble	Vorwort	preámbulo	preâmbulo	πρόλογος
préavis (n. m.)	advance notice	Ankündigung	preaviso	aviso prévio	προειδοποίηση
précaution (n. f.)	precaution	Vorsicht	precaución	precaução	προσοχή
préciser (v.)	to specify	genauer sagen	precisar	precisar	αποσαφηνίζω
prédominante (adj.)	predominant	vorherrschend	predominante	predominante	επικρατούσα
pré-enregistrer (v.)	to pre-record	vor eingeschrieben	preinscrito, preregistrado	pré-gravar	προκαταχωρώ
préférence (n. f.)	preference	Vorzug	preferencia	preferência	προτίμηση
préjudice (n. m.)	loss, damage, prejudice	Schaden	perjuicio	prejuízo	ζημία

prélèvement automatique (n. m.)	standing order	Abbuchung per Dauerauftrag	adeudo automático	levantamento automático	πάγια εντολή πληρωμής
prendre congé (v.)	to leave	sich verabschieden	despedirse	despedir-se	αποχωρώ
prendre en charge (v.)	to take responsibility for	übernehmen	tomar a cargo	encarregar-se	αναλαμβάνω
prendre la parole (v.)	to start speaking	Wort ergreifen	tomar la palabra	tomar a palavra	παίρνω τον λόγο
présence (n. f.)	presence	Anwesenheit	presencia	presença	παρουσία
présentoir (n. m.)	display shelf	Ständer	mueble para exhibir productos y documentación	montra	παρουσιαστήριο
prestataire de service (n. m.)	service provider	Dienstleistungserbringer	prestador de servicios	prestador de serviço	πάροχος υπηρεσίας
prestation (n. f.)	service	Leistung	prestación	prestação	παροχή υπηρεσίας
prestige (n. m.)	prestige	Prestige	prestigio	prestígio	κύρος
prêt (n. m.)	loan	Ausleihe	préstamo	empréstimo	δάνειο
prétendre (v.)	to claim	angeben	pretender	pretender	αξιώνω
prétention (n. f.)	salary expectations	(Gehalts)Vorstellung	pretensiones	pretensão	προσδοκία, αξίωση
prévision (n. f.)	forecast	Vorhersage	previsión	previsão	πρόβλεψη
prévoir (v.)	to plan, anticipate	vorhersehen	prever	prever	προβλέπω
prime d'intéressement (n. f.)	incentive profit-related bonus	gewinnabhängige Prämie	prima de participación	gratificação pelo interesse	πριμ αποδοτικότητας
procédure (n. f.)	procedure	Verfahren	procedimiento	procedimento	διαδικασία
processus (n. m.)	process	Prozess	proceso	processo	διαδικασία
proche (adj.)	close	nahe	cercano	próximo	κοντινός
production (n. f.)	production	Produktion	producción	produção	παραγωγή
produit (n. m.)	product	Produkt	producto	produto	προϊόν
profil (n. m.)	profile	Profil	perfil	perfil	τύπος ανθρώπου
programmation (n. f.)	programming	Programmierung	programación	programação	προγραμματισμός
progresser (v.)	to progress	vorankommen	progresar	progredir	προοδεύω
progression (n. f.)	progression	Fortschritt	progresión	progressão	πρόοδος
prohiber (v.)	to forbid	verbieten	prohibir	proibir	απαγορεύω
projet (n. m.)	project	Projekt	proyecto	projecto	σχέδιο
promotion (n. f.)	promotion	Sonderangebot	promoción, ascenso	promoção	προσφορά
prompte (adj.)	prompt	prompt	pronta, rápida	rápido	ταχεία
prospecter (v.)	to canvass	Kunden werben	hacer una prospección	prospectar	εντοπισμός πελατών
prospection (n. f.)	canvassing	Kundenwerbung	prospectar	prospecção	διερεύνηση
protocole (n. m.)	protocol	Protokoll	protocolo	protocolo	πρωτόκολλο
prototype (n. m.)	prototype	Prototyp	prototipo	protótipo	πρωτότυπο
provision (n. f.)	provision	Deckung	provisión	provisão, reserva	αποθεματικό
provoquer (v.)	to provoke	hervorrufen	provocar	provocar	προκαλώ
publicitaire (adj.)	advertising	Werbe-	publicitario	publicitário	διαφημιστικός
Publicité sur le Lieu de Vente (PLV) (n. f.)	point-of-sale advertising	Werbung am Verkaufsort	publicidad in situ, en el lugar de venta	Publicidade no sítio de venda	Επιτόπια Διαφήμιση
publipostage (n. m.)	mass mailing	Wurfsendung	expedición masiva de publicidad	mala directa	μαζική ταχυδρόμηση
puce (n. f.)	microprocessor	Mikrochip	chip, microchip, pastilla electrónica	chip	τσιπάκι

Q

questions à choix multiple (n. f. pl.)	multiple-choice questions	Multiple-choice-Fragen	preguntas con una sola respuesta correcta entre múltiples respuestas propuestas	perguntas de múltipla escolha	ερωτήσεις πολλαπλών επιλογών
questionnaire (n. m.)	questionnaire	Fragebogen	cuestionario	questionário	ερωτηματολόγιο

R

rabais (n. m.)	discount	Rabatt	rebaja	desconto	έκπτωση
raccrocher (v.)	to hang up	auflegen	colgar	desligar	κλείνω το τηλέφωνο
raffoler (v.)	to be fond of	schwärmen	estar loco por	ser doido por	τρελαίνομαι
raison sociale (n. f.)	corporate name	Firmenname	razón social, firma	razão social (de firma, sociedade)	επωνυμία επιχείρησης
rapport (n. m.)	report	Bericht	relación	relatório	έκθεση, αναφορά
rattacher (v.)	to join, attach	angliedern	relacionar, incorporar	ligar	συνδέω
rayon (n. m.)	department, counter	Abteilung	sección	secção	ράφια, τμήμα καταστήματος
réagir (v.)	to react	reagieren	reaccionar	reagir	αντιδρώ
réaliser (v.)	to realize, achieve	realisieren	realizar	realizar	πραγματοποιώ
réception (n. f.)	reception	Empfang	recepción	recepção	υποδοχή
rechange (n. m.)	spare	Ersatz	repuesto, recambio	sobresselente	ανταλλακτικό
réclamation (n. f.)	complaint	Reklamation	reclamación	reclamação	παράπονο
réclamer (v.)	to complain	reklamieren	reclamar	reclamar	απαιτώ, διαμαρτύρομαι
recommandation (n. f.)	recommendation	Empfehlung	recomendación	recomendação	σύσταση
recommander (v.)	to recommend	empfehlen	recomendar	recomendar	συστείνω
recrutement (n. m.)	recruitment	Einstellung	contratación	recrutamento	πρόσληψη
recruter (v.)	to recruit	einstellen	reclutar	recrutar	προσλαμβάνω
recruteur (n. m.)	recruiting officer	Werber	reclutador	recrutador	ειδικός πρόσληψης
rectificative (adj.)	rectified	richtigstellend	rectificativa	rectificativo(a)	διορθωτική
récupération (n. f.)	recovery	Wiedergewinnung	recuperación	recuperação	επαναχρησιμοποίηση
recycler (v.)	to recycle	wiederverwerten	reciclar	reciclar	ανακυκλώνω
rédiger (v.)	to draft	verfassen	redactar	redigir	γράφω, συντάσσω
réduction (n. f.)	reduction	Ermässigung	reducción	redução	έκπτωση
réduire (v.)	to reduce	verkleinern	reducir	reduzir	μειώνω, μικραίνω
référence (n. f.)	reference	Referenz	referencia	referência	κωδικός, συστάσεις
référencer (v.)	to list, reference	aufführen	dar una referencia	referenciar	πρωτοκολλώ
refuser (v.)	to refuse	weigern	negar	recusar	αρνούμαι
régie de publicité (n. f.)	advertising agency	Werbeveranstalter	administración de publicidad	administração de publicidade	οργανισμός διαφημιστικών χώρων
règle (n. f.)	rule	Regel	regla	regra	κανόνας
règlement intérieur (n. m.)	company rules and regulations	Betriebsordnung	reglamento interno	regulamento interno	εσωτερικός κανονισμός
régler (v.)	to settle, pay	regeln	ordenar	regrar, regular	διακανονίζω, πληρώνω
régresser (v.)	to regress	zurückgehen	retroceder	regredir	συρρικνώνομαι
régression (n. f.)	regression	Rückgang	retroceso	regressão	συρρίκνωση
réinsérer (v.)	to reinsert	wiedereingliedern	reinsertar	reinserir	επανεντάσσω
rejoindre (v.)	to reach	erreichen	llegar a	chegar a, encontrar	συναντώ
relance (n. f.)	boost, follow-up	Mahnung	reactivación	retomada	υπενθύμιση
Relevé d'Identité Bancaire (RIB) (n. m.)	bank account details	(Nachweis über) Bankverbindung	atestado de identificación de cuenta bancaria	Número de Identificação Bancária	Προσδιορισμός Τραπεζικής Ταυτότητας
relever (v.)	to accept (challenge)	annehmen	aceptar	aceitar	καταγράφω
remise (n. f.)	rebate	Nachlass	descuento	desconto, entrega	έκπτωση
rémunération (n. f.)	remuneration	Vergütung	remuneración	remuneração	αμοιβή

rendre (se) (v.)	to go	sich begeben	acudir	ir	πηγαίνω
renommée (n. f.)	fame	Ruf	fama	fama	μετονομάζω
renseigner (v.)	to inform	erkundigen	informar	informar	πληροφορώ
réparateur (n. m.)	repairman	Ausbesserer	reparador	reparador	επιδιορθωτής
repasser (v.)	to come back	zurückkommen	volver a pasar	voltar	ξαναέρχομαι
repérable (adj.)	identifiable	kenntlich	localizable	facilemente localizável, bem visível	εντοπίσιμος
répondeur téléphonique (n. m.)	answering machine	Anrufbeantworter	secretaría telefónica	atendedor de chamadas	τηλεφωνητής
report (n. m.)	deferment	Übertrag	suma, aplazamiento, saldo	adiamento	αναβολή
reporter (v.)	to postpone	übertragen	diferir, trasladar	adiar, transferir	αναβάλλω
représentant (n. m.)	representative	Vertreter	representante	representante	αντιπρόσωπος
représentant du personnel (n. m.)	employees' representative	Vertreter des Personals	representante del personal	representante do pessoal	εκπρόσωπος προσωπικού
reprise (n. f.)	recovery	Aufleben	recuperación	retoma	ανάκαμψη
requête (n. f.)	request	Ersuchen	demanda	pedido, requerimento	αίτηση, παράκληση
réseau (n. m.)	network	Netz	red	rede	δίκτυο
réservation (n. f.)	reservation	Reservierung	reserva	reserva	κράτηση
réserve d'usage (n. f.)	customary reservations	gewöhnliche Rückstellung	reservas acostumbradas	reserva de uso	συνήθεις επιφυλάξεις
réserver (v.)	to reserve	reservieren	reservar	reservar	κάνω κράτηση
résilier (v.)	to terminate	kündigen	rescindir	rescindir, anular	ακυρώνω
résistant (adj.)	tough	widerstandsfähig	resistente	resistente	ανθεκτικός
respecter (v.)	to respect	respektieren	respetar	respeitar	σέβομαι
responsabiliser (v.)	to make someone aware of their responsibilities	verantwortlich machen	responsabilizar	responsabilizar	αναθέτω ευθύνη
responsabilité (n. f.)	responsibility	Verantwortung	responsabilidad	responsabilidade	υπευθυνότητα, ευθύνη
responsable de formation (n. m.)	training officer	Verantwortlicher für Ausbildung	responsable de formación	responsável pela formação	υπεύθυνος επιμόρφωσης
responsable de la fabrication (n. m.)	production manager	Produktionsleiter	responsable de la fabricación	responsável pela fabricação	υπεύθυνος παραγωγής
responsable de projets (n. m.)	project manager	Projektleiter	responsable de proyectos	responsável pelos projectos	υπεύθυνος σχεδίων
responsable des ventes (n. m.)	sales manager	Verkaufsleiter	responsable de las ventas	responsável pelas vendas	υπεύθυνος πωλήσεων
responsable du marketing (n. m.)	marketing manager	Marketingleiter	responsable del marketing	responsável pelo marketing	υπεύθυνος σχεδιασμού διάδοσης προϊόντος
responsable export (n. m.)	export manager	Exportleiter	responsable de exportación	responsável pela exportação	υπεύθυνος εξαγωγών
ressources humaines (n. f. pl.)	human resources	Personalabteilung	personal	recursos humanos	ανθρώπινο δυναμικό
restaurateur (n. m.)	restaurant owner	Restaurantbesitzer	dueño o encargado de un restaurante	restaurador, dono de restaaurante	εστιάτορας
rester stable (v.)	to remain stable	stabil bleiben	quedar en equilibrio	ficar estável	παραμένω σταθερός
résultat (n. m.)	result, earnings, income	Ergebnis	resultado	resultado	αποτέλεσμα
résultat net (n. m.)	net income	Nettoergebnis	resultado neto	resultado líquido	καθαρό κέρδος
rétablissement (n. m.)	return, reinstatement	Wiederherstellung	restitución	restabelecimento	επαναφορά
retard de paiement (n. m.)	arrears	Zahlungsverzug	retraso en el pago	atraso de pagamento	καθυστέρηση πληρωμής
retirer (v.)	to withdraw	abheben	retirar	retirar	αποσύρω
retombées (n. f. pl.)	effects	Auswirkungen	repercusiones	reincidências	επιπτώσεις
revalorisation (n. f.)	increase	Aufwertung	revalorización	revalorização	επαναξιοποίηση
revendeur (n. m.)	retailer	Wiederverkäufer	revendedor	revendedor	μεταπωλητής
ristourne (n. f.)	discount	Preisnachlass	comisión, rebaja	comissão, redução	έκπτωση
rupture de stocks (n. f.)	out of stock	nicht vorrätig haben	agotamiento de existencias	ruptura de stock	εξάντληση αποθεμάτων

S

saisir (v.)	to seize, capture	erfassen	entrar datos en el ordenador	introduzir em, digitar	καταχωρώ
salaire (n. m.)	salary	Gehalt	salario	salário	μισθός
Salaire Minimum Interprofessionnel de Croissance (SMIC) (n. m.)	minimum guaranteed wage	obligatorisches Minimalgehalt	salario mínimo	Salário Mínimo Nacional (SMN)	Ελάχιστο Εγγυημένο Εισόδημα
salarié (n. m.)	employee	Arbeitnehmer	asalariado	assalariado	μισθωτός
salon (n. m.)	exhibition	Messe	salón	salão	σαλόνι, έκθεση
sanction (n. f.)	sanction	Sanktion	sanción	sanção, pena	κύρωση
savoir-faire (n. m.)	know-how	Know-how	competencia profesional	know-how	τεχνογνωσία
secrétaire (n. m. ou f.)	secretary	Sekretärin	secretario/a	secretário(a)	γραμματέας
secrétariat (n. m.)	secretary's office	Sekretariat	secretaría	secretaria	γραμματεία
secteur (n. m.)	sector	Sektor	sector	sector	τομέας
secteur d'activité (n. m.)	business sector	Aktivitätsbereich	sector de actividad	sector de actividade	τομέας δραστηριότητας
sécuriser (v.)	to make secure	sicher machen	dar seguridad	proteger, garantir	φυλάσσομαι
sélection (n. f.)	selection	Auswahl	selección	selecção	επιλογή
sélectionner (v.)	to choose	auswählen	seleccionar	seleccionar	επιλέγω
séminaire (n. m.)	seminar	Seminar	seminario	seminário	σεμινάριο
service (n. m.)	service, department	Service	servicio, departamento	serviço	υπηρεσία, εξυπηρέτηση
service après-vente (n. m.)	after-sales service	Kundendienst	departamento postventa	serviço pós-venda	εξυπηρέτηση μετά πώληση
service d'expédition (n. m.)	dispatch department	Expeditionsabteilung	departamento de expedición	serviço de expedição	υπηρεσία διανομής
service du contentieux (n. m.)	complaints department	Rechtsabteilung	departamento de lo contencioso	serviço de contencioso	νομική υπηρεσία
siège social (n. m.)	registered office	Sitz	sede social	sede social	έδρα επιχείρησης
signal sonore (n. m.)	"beep"	Tonzeichen	señal acústica	sinal sonoro	ηχητικό σήμα
signalétique (n. f.)	signage system	Merkblatt	que contiene la filiación	identificação	σηματοδότηση
signer (v.)	to sign	unterschreiben	firmar	assinar	υπογράφω
significatif (adj.)	significant	bedeutsam	significativo	significativo	σημασιολογικό
site (n. m.)	site	Site	sitio	site	ιστοσελίδα, τόπος
site de production (n. m.)	production site	Produktionssite	lugar de producción	sítio de produção	χώρος παραγωγής
slogan (n. m.)	slogan	Slogan	eslogan	slogan	σύνθημα
société (n. f.)	company	Gesellschaft	sociedad	sociedade	εταιρεία
société anonyme (n. f.)	limited company	Aktiengesellschaft	sociedad anónima	sociedade anónima	ανώνυμη εταιρεία
société de négoce (n. f.)	trading company	Handelsgesellschaft	sociedad comercial	sociedade de negócios	εταιρεία εμπορίου
solderie (n. f.)	discount store	Sonderangebotgeschäft	tienda que sólo vende saldos	loja dos trezentos	μαγαζί εκπτώσεων
solliciter (v.)	to ask, request	ersuchen	solicitar	solicitar	αιτούμαι
sommelier (n. m.)	wine waiter	Kellermeister	sumiller, botillero	sommelier	οινοχόος
sondage (n. m.)	opinion poll	Umfrage	sondeo	sondagem	δημοσκόπηση
sonnerie (n. f.)	ringing, alarm	Klingel	timbre	campainha	κουδούνισμα
souffler (v.)	to blow	blasen	soplar	soprar	φυσσάω
souris (n. f.)	mouse	Maus	ratón	rato	ποντίκι
souscripteur (n. m.)	subscriber	Underwriter	suscriptor	subscritor	υπογράφων, υποψήφιο μέλος
sous-traiter (v.)	to subcontract	Untervertrag abschliessen	ceder o tomar en subcontrato	subcontratar	αναλαμβάνω υπεργολαβία
soutenir (v.)	to support	unterstützen	sostener	suster, apoiar	υποστηρίζω
spacieux (adj.)	spacious	geräumig	espacioso	espaçoso	ευρύχωρος
spot (n. m.)	advert	Spot	espacio	spot (publicitário)	σποτ

stabilisation (n. f.)	stabilization	Stabilisierung	estabilización	estabilização	σταθεροποίηση
stage (n. m.)	training course	Praktikum	cursillo	estágio	πρακτική εξάσκηση
stagnation (n. f.)	stagnation	Stillstand	estancamiento	estagnação	τελμάτωση
stagner (v.)	to stagnate	stagnieren	estancarse	estagnar	λιμνάζω
stand (n. m.)	stand	Stand	puesto, caseta	stand	περίπτερο
standard (n. m.)	switchboard	Zentrale	estandar	central (telefónica), PBX	τηλεφωνικό κέντρο
standardiste (n. m. ou f.)	switchboard operator	TelefonistIn	telefonista	telefonista	τηλεφωνητής (υπάλληλος)
stimulant (adj.)	stimulating	stimulierend	estimulante	estimulante	τονωτικός
stratégie (n. f.)	strategy	Strategie	estrategia	estratégia	στρατηγική
subir (v.)	to suffer	erleiden	sufrir	sofrer	υφίσταμαι
succursale (n. f.)	branch	Zweigstelle	sucursal	sucursal	υποκατάστημα
suggestion (n. f.)	suggestion	Vorschlag	sugestión	sugestão	προτροπή, πρόταση
suivre (v.)	to follow	folgen	seguir	seguir	ακολουθώ
suppression (n. f.)	suppression, redundancy	Unterdrückung	supresión	supressão	κατάργηση
surface (n. f.)	surface area	Oberfläche	superficie	superfície	επιφάνεια
syndicat (n. m.)	trade union	Gewerkschaft	sindicato	sindicato	συνδικάτο
synthèse (n. f.)	synthesis	Synthese	síntesis	síntese	σύνθεση

T

table ronde (n. f.)	round table	runder Tisch	mesa redonda	mesa redonda	στρογγυλό τραπέζι
tâche (n. f)	task, job	Fleck	tarea	tarefa	ασχολία
taper (v.)	to type	tippen	escribir a máquina	bater	δακτυλογραφώ
tarif (n. m.)	price list	Tarif	tarifa	tarifa	διατίμηση
taxe (n. f.)	tax	Steuer	tasa	taxa	φόρος
télécopieur (n. m.)	fax machine	Faxgerät	fax	fax	φαξ
télévendeur (n. m.)	telesales operator	Verkäufer per Telefon	vendedor a distancia	operador de telemarking	πωλητής εξ αποστάσεως
témoin (n. m.)	witness	Zeuge	testigo	testemunha	δείκτης, μάρτυρας
temps de travail (n. m.)	working hours	Arbeitszeit	tiempo de trabajo	tempo de trabalho	χρόνος εργασίας
temps partiel (n. m.)	part-time	Teilzeit	de dedicación parcial	meio expediente	μερική απασχόληση
tendance (n. f.)	trend	Tendenz	tendencia	tendência	τάση
tenir compte (v.)	to take account of	berücksichtigen	tener en cuenta	levar em conta	λαμβάνω υπ' όψη
tenue (n. f.)	dress, clothing	Haltung, Aussehen	vestimenta	roupa	εμφάνιση
terrain (n. m.)	land	Grundstück	terreno	terreno	οικόπεδο
test (n. m.)	test	Test	test, prueba	teste	τεστ
tête de gondole (n. f.)	gondola head	Warenstand	cabeza de estantería en un supermercado	frente de gôndola	κεφαλή σειράς ραφιών
tirage au sort (n. f.)	draw	Verlosung	sorteo	sorteio	κλήρωση
tiré (n. m.)	drawee	Bezogener	librado	sacado	τραβηγμένος
tireur (n. m.)	drawer	Aussteller	librador	sacador	αυτός που τραβάει
titre de participation (n. m.)	equity share	Beteiligungsschein	cupón de participación	título de participação	τίτλος συμμετοχής
titre de propriété (n. m.)	title deed	Besitztitel	título de propiedad	título de propriedade	τίτλος ιδιοκτησίας
tonneau (n. m.)	barrel	Fass	tonel	tonel	βαρέλι
tonnellerie (n. f.)	cooperage	Böttcherei	tonelería	tanoaria	βαρελοποιείο
torréfaction (n. f.)	roasting	Rösten	torrefacción	torrefacção	καβούρδισμα
touche (n. f.)	key	Taste	tecla	tecla	πλήκτρο
trafic (n. m.)	traffic	Verkehr	tráfico	trânsito, tráfico	κυκλοφορία
traite (n. f.)	draft, bill	Tratte	letra de cambio	prestação	δόση
traitement (n. m.)	payment, salary	Bezahlung	sueldo, paga	ordenado	επεξεργασία, μισθός
traiter (v.)	to handle, cover	behandeln	tratar	tratar	επεξεργάζομαι
trajet (n. m.)	route	Strecke	trayecto	trajecto	διαδρομή
transférer (v.)	to transfer	überführen	transferir	transferir	μεταφέρω, μεταβιβάζω
transitaire (n. m.)	forwarding agent	Transithändler	agent de tránsito, de aduanas	transitário	διαμετακομιστικός
transmettre (v.)	to transmit, give (to)	übertragen	transmitir	transmitir	μεταβιβάζω
transmission (n. f.)	transmission	Übertragung	transmisión	transmissão	μεταβίβαση
transport en commun (n. m.)	public transport	öffentliche Verkehrsmittel	transportes públicos	transporte colectivo	δημόσια μέσα μεταφοράς
transporteur (n. m.)	haulier, carrier	Spediteur	transportista, transportador	transportador	μεταφορέας
tremper (v.)	to dip	einweichen	mojar	temperar	βουτάω
tri (n. m.)	sorting	Auslese	clasificación	selecção	διαλογή

U

urgent (adj.)	urgent	dringend	urgente	urgente	επείγον
ustensile (n. m.)	implement, utensil	Gerät	utensilio	utensílio	μαγειρικά σκεύη
utilisateur (n. m.)	user	Benutzer	utilizador	utilizador	χρήστης

V

valoriser (v.)	to increase the standing of (personnel)	aufwerten	valorizar	valorizar	αξιοποιώ
vente par correspondance (n. f.)	mail-order selling	Versandverkauf	venta por correspondencia	venda por correspondência	πώληση δι' αλληλογραφίας
vérification (n. f.)	verification, checking	Überprüfung	verificación	verificação	επαλήθευση
vérifier (v.)	to check	prüfen	verificar	verificar	ελέγχω
vidéo conférence (n. f.)	video conference	Videokonferenz	videoconferencia	videoconferência	βίντεο-σύσκεψη
vidéo projecteur (n. m.)	video projector	Videoprojektor	video proyector	projector de vídeo	μηχάνημα προβολής βίντεο
vigilance (n. f.)	vigilance	Wachsamkeit	vigilancia	vigilância	επαγρύπνηση
vinification (n. f.)	wine-making process	Weingärung	vinificación	vinificação	οινοποίηση
virement bancaire (n. m.)	credit transfer	Überweisung	transferencia o giro bancario	transferência bancária	τραπεζικό έμβασμα
viticulture (n. f.)	wine growing	Weinbau	viticultura	viticultura	αμπελουργία
vitrine (n. f.)	shop case	Schaufenster	escaparate	montra	βιτρίνα
voyage d'affaires (n. m.)	business trip	Geschäftsreise	viaje de negocios	viagem de negócios	επαγγελματικό ταξίδι
Voyageur Représentant Placier (VRP) (n. m.)	commercial traveller	Vertreter	viajante representante corredor	Representante comercial	Αντιπρόσωπος Περιοδεύων Πλασιέ

Z

zone industrielle (n. f.)	industrial estate	Industriezone	zona industrial	zona industrial	βιομηχανική ζώνη

Imprimé en Italie par

LA TIPOGRAFICA VARESE
Società per Azioni
Varese
Dépôt légal n° 48012 -06/2004
Collection 27 - Édition 03
15/5164/7